高等职业教育会计类专业规划教材

基础会计实训教程

（第2版）

主　编　王淑萍

内容介绍

本教材依据中华人民共和国财政部颁布的《企业会计准则——基本准则》《企业会计准则——应用指南》及国家颁布的新的财经法规和规章制度编写而成。全书包括:第一部分章节训练,主要包括会计概述、会计要素和会计等式、会计科目与账户、会计记账方法、借贷记账法下主要经济业务的账务处理、会计凭证、会计账簿、账务处理程序、财产清查、财务报表共10章,每章均有单项选择题、多项选择题、判断题和技能训练题。第二部分综合实训,根据某单位一个月发生的经济业务进行训练,目的是让学生掌握会计核算的基本的账务处理程序。第三部分模拟训练,包括计算分析题和期末模拟题,通过对计算分析题的操作训练,可以使学生系统地掌握会计核算中相关计算问题;通过期末模拟题的操作训练,可以培养学生的综合操作能力。

本教材可作为高职高专院校和其他院校财经商贸类专业学生学习会计的基础教材,亦可供从事财务、会计及其他经济管理工作的人员自学、培训使用。

图书在版编目(CIP)数据

基础会计实训教程 / 王淑萍主编. — 2 版. — 哈尔滨:哈尔滨工程大学出版社, 2021.6

ISBN 978-7-5661-3112-6

Ⅰ. ①基… Ⅱ. ①王… Ⅲ. ①会计学-高等职业教育-教材 Ⅳ. ①F230

中国版本图书馆 CIP 数据核字(2021)第 108299 号

选题策划 马佳佳
责任编辑 宗盼盼
封面设计 李海波

出版发行 哈尔滨工程大学出版社
社　　址 哈尔滨市南岗区南通大街 145 号
邮政编码 150001
发行电话 0451-82519328
传　　真 0451-82519699
经　　销 新华书店
印　　刷 哈尔滨市石桥印务有限公司
开　　本 787 mm×1 092 mm　1/16
印　　张 21.75
字　　数 574 千字
版　　次 2021 年 6 月第 2 版
印　　次 2021 年 6 月第 1 次印刷
定　　价 48.50 元

http://www.hrbeupress.com

E-mail:heupress@hrbeu.edu.cn

前　　言

会计是一门实践性很强的学科，只有加强实践环节，才能提高学生的动手能力，培养实用的会计人才。本教材以《基础会计（第2版）》为依托，以扩展和综合运用教材知识为编写宗旨，使学生通过实训全面掌握教材的基础知识和基本技能，将所学的理论知识与实际操作结合起来，增强学生分析问题和解决问题的能力，为今后的专业课学习打下坚实的基础。

本教材根据财务、会计专业及相关专业教学过程的需要编写，主要有以下特点：

1. 从职业能力分析出发，紧紧围绕完成会计核算工作任务的需要来选择教材内容，按照实际会计工作程序，从基本会计知识、基本会计技能到基本会计操作流程来选择教材内容。

2. 本教材的编写遵循专业教育的培养目标，按照教育部“注重基础，突出适用，增强弹性，精选内容”的要求，在阐述时力求深入浅出，通俗易懂，以符合学生的接受能力和认知过程。

3. 本教材关注实际应用，强调从事会计工作所需的基本知识和基本技能，重视会计基础知识和业务处理能力的培养。

4. 本教材编写体现了基于工作过程的课程设计思想，贯穿了“教、学、做”一体的教育理念。

本教材由甘肃工业职业技术学院王淑萍担任主编，负责拟定大纲并总撰定稿。具体编写分工为：第二章、第五章、第八章、第十章、第二部分及参考答案由甘肃工业职业技术学院王淑萍编写；第一章、第三章及第三部分由甘肃工业职业技术学院马家骊编写；第四章、第六章、第七章及第九章由甘肃工业职业技术学院吴瑶编写。

在教材编写过程中，尽管编者做了大量的努力，但由于会计准则在不断地调整，税收等法规发生了大量变化，涉及许多新的问题，编者对这些问题的理解或有不妥之处，以及在内容安排与语言表述方面可能存在不妥和错误之处，恳请广大教师和读者在教材使用中给予关注，并将意见和建议及时反馈，以便我们进行更正和完善。

编　者
2021年3月

目　录

第一部分　章节训练

第二部分　综合实训

第三部分　模拟训练

第一部分　章节训练

第一章　会计概述

一、单项选择题

1. 会计以(　　)为主要计量单位。

A. 实物　　B. 货币　　C. 劳动量　　D. 价格

2. 会计的基本职能一般包括(　　)。

A. 会计计划与会计决策　　B. 会计预测与会计控制

C. 会计控制与会计决策　　D. 会计核算与会计监督

3. 会计的本质是(　　)。

A. 核算　　B. 监督　　C. 管理活动　　D. 资金运动

4. 会计以货币为主要计量单位,通过确认、计量、记录、报告等环节,对特定主体的经济活动进行记账、算账、报账,为各有关方面提供会计信息的功能称为(　　)。

A. 会计核算职能　　B. 会计监督职能

C. 会计控制职能　　D. 会计预测职能

5. 会计人员在进行会计核算的同时,对特定主体经济活动的合法性、合理性进行审查称为(　　)。

A. 会计评价职能　　B. 会计核算职能

C. 会计监督职能　　D. 会计分析职能

6. (　　)界定了从事会计工作和提供会计信息的空间范围。

A. 会计职能　　B. 会计对象　　C. 会计内容　　D. 会计主体

7. 在可预见的未来,会计主体不会破产清算,所持有的资产将正常营运,所负有的债务将正常偿还,这属于(　　)。

A. 会计主体假设　　B. 持续经营假设

C. 会计分期假设　　D. 货币计量假设

8. 在我国,会计期间分为年度、半年度、季度和月度,它们均按(　　)确定。

A. 公历起讫日期　　B. 农历起讫日期

C. 7 月制起讫日期　　D. 4 月制起讫日期

9. 会计核算和监督的内容是特定主体的(　　)。

A. 经济活动　　B. 实物运动　　C. 资金运动　　D. 经济资源

10. 会计主体从(　　)上对会计核算范围进行了有效界定。

A. 空间　　B. 时间　　C. 空间和时间　　D. 内容

11. (　　)作为会计的基本假设,就是将一个会计主体持续经营的生产经营活动划分为若干个相等的会计期间。

A. 会计分期　　B. 会计主体　　C. 会计年度　　D. 持续经营

12. 企业资产以历史成本计价而不以现行成本或清算价格计价,依据的会计基本假设是(　　)。

A. 会计主体　　B. 持续经营　　C. 会计分期　　D. 货币计量

13. 下列项目中,不属于会计核算具体内容的是(　　)。

A. 有价证券的收付　　B. 财物的使用

C. 制订下年度管理费用开支计划　　D. 资本的增减

14. 企业在生产经营过程中,将按照既定的用途使用资产和既定的合约条件清偿债务,会计人员在此基础之上选择会计原则和方法,是基于(　　)假设。

A. 会计主体　　B. 持续经营　　C. 会计分期　　D. 货币计量

15. 基于会计分期假设运用的特殊会计方法包括应收、应付和(　　)等。

A. 购入、售出　　B. 投入、产出

C. 预收、预付　　D. 收入、支出

16. 采用权责发生制时,下列业务中不能确认为当期收入的有(　　)。

A. 收到当期销货款　　B. 销售商品,货款尚未收到

C. 销售商品,同时收到货款　　D. 收到以前月份的销货款

17. 采用权责发生制时,下列业务中能确认为当期费用的有(　　)。

A. 支付下年的报纸杂志费　　B. 预提本月短期借款利息

C. 预付下季度房租　　D. 支付上月电费

18. 在收付实现制下不能确认为当期费用的项目是(　　)。

A. 支付下年的报纸杂志费　　B. 预提本月短期借款利息

C. 支付全年的财产保险费　　D. 支付当月管理部门房屋租金

19. (　　)假设为会计核算提供了必要手段。

A. 会计主体　　B. 持续经营　　C. 会计分期　　D. 货币计量

20. (　　)假设为解决会计核算中的财产计价方法和费用分配方法等提供了前提条件。

A. 会计主体　　B. 持续经营　　C. 会计分期　　D. 货币计量

21. 在货币计量前提下,我国企业的会计核算可以选用一种外币作为记账本位币,但其编制的财务会计报告应折算为(　　)反映。

A. 记账本位币　　B. 功能货币　　C. 人民币　　D. 某种外币

22. 企业在取得资产时,一般应按(　　)计量。

A. 历史成本　　B. 重置成本　　C. 可变现净值　　D. 现值

23. 企业在面临不确定性的因素的情况下,应充分估计到各种风险和损失,既不高估资产或者收益,也不低估负债或者费用,这符合信息质量要求中的(　　)。

A. 相关性原则　　B. 适用性原则　　C. 明晰性原则　　D. 谨慎性原则

24. 会计人员进行会计核算应当以某一范围内发生的经济业务为对象,记录和反映该范围内的各项经济业务活动,这是(　　)假设的要求。

A. 会计主体　　B. 持续经营　　C. 会计分期　　D. 货币计量

25. 资金以货币资金为起点,经过供、产、销三个过程,最后又转换为货币资金的过程,称为(　　)。

A. 资金的循环　　B. 资金的周转　　C. 资金的运动　　D. 资金的退出

26. 下列关于会计产生的表述中,正确的是(　　)。

A. 会计最早可以追溯到奴隶社会

B. 在原始社会就产生了独立的会计

C. 在原始社会有专门从事会计工作的人员

D. 会计是随着社会生产力的不断发展逐步从生产职能中分离出来的

27. 下列各项中,属于近代会计产生的标志是(　　)。

A. 司会的设立

B. 英国工业革命的兴起

C.《中华人民共和国证券法》和《证券交易法》的颁布

D. 复式记账法的产生和"簿记论"的问世

28. 下列关于企业资金投入的表述中,正确的是(　　)。

A. 企业的资金投入是指企业所有者投入的资金

B. 企业的资金投入是指企业债权人投入的资金

C. 企业所有者投入的资金形成企业的所有者权益

D. 企业债权人投入的资金形成企业的所有者权益

29. 下列关于企业资金运用的表述中,正确的是(　　)。

A. 企业的资金运用就是从货币资金开始依次转化为储备资金的过程

B. 企业的资金运用就是从货币资金开始依次转化为储备资金、生产资金的过程

C. 企业的资金运用是指资金投入企业后,在供应生产和销售等环节不断循环与周转

D. 企业的资金运用就是从货币资金开始依次转化为储备资金、生产资金、产品资金的过程

30. 下列各项中,既是会计主体又是法律主体的是(　　)。

A. 分公司　　B. 子公司

C. 子公司内设机构　　D. 企业管理的证券投资基金

31. 下列关于变更会计核算方法的表述中,正确的是(　　)。

A. 前后各期可以任意变更

B. 前后各期应当一致,不得变更

C. 前后各期应当一致,不得随意变更

D. 前后各期可以变更,但需经过批准

32. 在会计信息质量要求中,要求企业合理核算可能发生的费用和损失的是(　　)。

A. 可比性　　B. 及时性　　C. 重要性　　D. 谨慎性

33. 在会计信息质量要求中,要求企业应当按照交易或者事项的经济实质进行确认、计量和报告的是(　　)。

A. 可比性　　B. 及时性　　C. 重要性　　D. 实质重于形式

34. 在会计信息质量要求中,要求企业提供的会计信息应当清晰明了,便于财务会计报告使用者理解和使用的是(　　)。

A. 谨慎性　　B. 及时性　　C. 重要性　　D. 可理解性

35. 在会计信息质量要求中,要求企业对于已经发生的交易或者事项,应当及时进行确认、计量和报告的是(　　)。

A. 谨慎性　　B. 及时性　　C. 重要性　　D. 可理解性

36. 在会计信息质量要求中,要求企业提供的会计信息应当与财务报告使用者的经济决策需要相关的是(   )。

A. 谨慎性　　B. 及时性　　C. 相关性　　D. 可理解性

37. 在会计信息质量要求中,要求企业提供的会计信息应当反映与企业财务状况、经营成果和现金流量有关的所有重要交易或事项的是(   )。

A. 重要性　　B. 及时性　　C. 相关性　　D. 可理解性

38. 企业分期核算经营成果,采用的会计基础是(   )。

A. 收付实现制　　B. 实地盘点制　　C. 权责发生制　　D. 永续盘存制

39. 下列不属于会计核算方法的是(   )。

A. 成本计算　　B. 复式记账　　C. 财产清查　　D. 签订生存合同

40. 某企业 7 月份发生下列经济业务(不考虑相关税费):

(1)销售材料一批,计货款 8 000 元,当即存入银行。

(2)销售产品一批,计货款 20 000 元,当即收回 16 000 元存入银行,其余货款暂欠。

(3)预付 7 到 12 月份的企业财产保险费 12 000 元。

(4)收到上月份的应收销货款 8 000 元。

(5)收到购货单位预付的购货款 16 000 元,下月交货。

按收付实现制计算,该企业 7 月份的收入为(   )元。

A. 56 000　　B. 48 000　　C. 28 000　　D. 2 000

41. 某企业 7 月份发生下列经济业务(不考虑相关税费):

(1)销售材料一批,计货款 8 000 元,当即存入银行。

(2)销售产品一批,计货款 20 000 元,当即收回 16 000 元存入银行,其余货款暂欠。

(3)预付 7 到 12 月份的企业财产保险费 12 000 元。

(4)收到上月份的应收销货款 8 000 元。

(5)收到购货单位预付的购货款 16 000 元,下月交货。

按收付实现制计算,该企业 7 月份的费用为(   )元。

A. 14 000　　B. 12 000　　C. 4 000　　D. 24 000

42. 某企业 7 月份发生下列经济业务(不考虑相关税费):

(1)销售材料一批,计货款 8 000 元,当即存入银行。

(2)销售产品一批,计货款 20 000 元,当即收回 16 000 元存入银行,其余货款暂欠。

(3)预付 7 到 12 月份的企业财产保险费 12 000 元。

(4)收到上月份的应收销货款 8 000 元。

(5)收到购货单位预付的购货款 16 000 元,下月交货。

按权责发生制计算,该企业 7 月份的收入为(   )元。

A. 56 000　　B. 48 000　　C. 28 000　　D. 24 000

43. 某企业 7 月份发生下列经济业务(不考虑相关税费):

(1)销售材料一批,计货款 8 000 元,当即存入银行。

(2)销售产品一批,计货款 20 000 元,当即收回 16 000 元存入银行,其余货款暂欠。

(3)预付 7 到 12 月份的企业财产保险费 12 000 元。

(4)收到上月份的应收销货款 8 000 元。

(5)收到购货单位预付的购货款 16 000 元,下月交货。

按权责发生制计算，该企业7月份的费用为(　　)元。

A. 14 000　　B. 12 000　　C. 4 000　　D. 2 000

二、多项选择题

1. 下列项目中，可以作为一个会计主体进行核算的有(　　)。

A. 母公司　　B. 分公司

C. 母公司和子公司组成的企业集团　　D. 销售部门

2. 下列项目中，属于会计基本假设的有(　　)。

A. 会计主体　　B. 持续经营　　C. 会计分期　　D. 货币计量

3. 下列说法正确的是(　　)。

A. 会计核算过程中采用货币为主要计量单位

B. 我国企业的会计核算只能以人民币为记账本位币

C. 业务收支以外币为主的单位可以选择某种外币为记账本位币

D. 在境外设立的中国企业向国内报送的财务报告，应当折算为人民币

4. 会计核算职能是指会计以货币为主要计量单位，通过(　　)等环节，对特定主体的经济活动进行记账、算账、报账。

A. 确认　　B. 记录　　C. 计算　　D. 报告

5. 会计期间可以分为(　　)。

A. 月度　　B. 季度　　C. 年度　　D. 半年度

6. 会计监督职能是指会计人员在进行会计核算的同时，对经济活动的(　　)进行审查。

A. 合法性　　B. 合理性　　C. 时效性　　D. 盈利性

7. 下列会计处理方法中，基于会计分期假设的有(　　)。

A. 应收　　B. 应付　　C. 预提　　D. 待摊

8. 采用权责发生制时，下列业务中能确认为当期收入的有(　　)。

A. 收到购货方前欠销货款　　B. 销售商品，货款尚未收到

C. 销售商品，同时收到货款　　D. 收到以前年度的销货款

9. 采用权责发生制时，下列业务中不能确认为当期费用的有(　　)。

A. 支付下年的报纸杂志费　　B. 预提本月短期借款利息

C. 预付下季度房租　　D. 支付上月电费

10. 会计期间通常分为年度和中期，中期财务会计报告包括(　　)。

A. 周报　　B. 月报　　C. 季报　　D. 半年报

11. 下列项目中，属于会计核算具体内容的有(　　)。

A. 款项和有价证券的收付　　B. 财物的收发、增减和使用

C. 债权债务的发生和结算　　D. 收入、支出、费用、成本的计算

12. 下列项目中属于会计核算方法的有(　　)。

A. 成本计算　　B. 会计分析　　C. 复式记账　　D. 登记账簿

13. 下列关于会计特征的表述中，正确的有(　　)。

A. 会计是一种经济管理活动

B. 会计是一个经济信息系统

C. 会计采用一系列专门的方法

D. 会计以货币作为主要计量单位

14. 下列各项中,属于会计对象的有(　　)。

A. 资金运动

B. 价值运动

C. 社会再生产过程中的所有经济活动

D. 社会再生产过程中能以货币表现的经济活动

15. 下列各项中,属于资金运动的具体表现过程的有(　　)。

A. 资金投入　　B. 资金运用　　C. 资金退出　　D. 资金消失

16. 下列关于会计目标的表述中,正确的为(　　)。

A. 会计目标也称会计目的

B. 会计目标是要求会计工作完成的任务或达到的标准

C. 会计目标之一是反映企业管理层受托责任履行情况

D. 会计目标之一是向财务会计报告使用者提供决策有关信息

17. 下列各项中,属于会计核算方法的有(　　)。

A. 复式记账　　B. 成本计算　　C. 财产清查　　D. 编制财务会计报告

18. 下列各项中,属于会计信息使用者的有(　　)。

A. 投资者　　B. 债权人

C. 企业管理者　　D. 政府及其相关部门

19. 下列各项中,属于会计信息质量要求的有(　　)。

A. 可靠性　　B. 相关性　　C. 谨慎性　　D. 可比性

20. 下列关于会计信息质量的重要性要求表述中,正确的有(　　)。

A. 重要性的应用需要依赖职业判断

B. 交易或事项是否重要仅取决于项目的性质

C. 交易或事项是否重要仅取决于金额的大小

D. 交易或事项是否重要既取决于项目的性质又取决于金额大小

21. 下列各项中,属于会计信息质量的可比性要求的有(　　)。

A. 同一企业不同时期可比　　B. 不同企业相同会计期间可比

C. 不同企业不同会计期间可比　　D. 不同企业相同经济业务可比

22. 2020年12月1日,一公司用银行存款6 500元购买甲材料一批,材料已经验收入库。对于该项业务的会计处理,需要用到的会计方法和技术有(　　)。

A. 复式记账　　B. 成本计算　　C. 财产清查　　D. 平行登记

23. 下列做法不符合会计制度规定的有(　　)。

A. 甲公司的会计人员除承担本公司会计工作之外,还在外兼职其他公司的会计工作

B. 乙公司是季节性生产的企业,将4月1日至第二年的3月31日作为企业的会计年度

C. 丙公司因业绩急剧下滑,已进入破产程序,但根据持续经营的要求,不应该改变企业会计核算方法

D. 丁公司是美国独资企业,所以报送财务报告时,应当以美元反映

24. 下列可以采用收付实现制的有(　　)。

A. 合伙企业　　B. 上市公司　　C. 行政单位　　D. 事业单位

25. 下列说法正确的是(　　)。

A. 会计人员只能核算和监督所在主体的经济业务

B. 会计主体可以是企业中的一个特定部分,也可以是几个企业组成的企业集团

C. 会计主体一定是法律主体

D. 会计主体假设界定了从事会计工作和提供会计信息的空间范围

26. 关于权责发生制表述正确的是(　　)。

A. 凡是当期已经实现的收入,无论是否款项收到,都应当记入当期的收入

B. 凡是当期已经发生或应当负担的费用,无论是否款项支付,都应当确认为当期的费用

C. 企业应当按实际收到的款项确认收入

D. 企业应当按实际支付的款项确认费用

27. 关于"会计分期"表述正确的有(　　)。

A. 会计分期是对会计主体持续经营活动时间范围的界定

B. 会计期间分为年度、半年度、季度和月度

C. 会计年度、半年度、季度和月度均按公历起讫日期确定

D. 会计分期是指将一个会计主体持续经营的生产经营活动划分成若干相等的会计期间

28. 下列关于会计核算基本前提的表述中,正确的有(　　)。

A. 会计分期确定了会计核算的时间范围

B. 一个会计主体必然是一个法律主体

C. 货币计量为会计核算提供了必要手段

D. 会计主体确立了会计核算的空间范围

29. 关于会计主体的表述,下列说法正确的是(　　)。

A. 会计主体可以是独立法人,也可以是非法人

B. 会计主体可以是一个企业,也可以是企业内部的某一个单位

C. 会计主体可以是一个单一企业,也可以是由几个企业组成的企业集团

D. 会计主体的活动与主体所有者个人的活动应合并为一个会计主体核算

30. 会计核算方法主要包括设置会计科目和账户、复式记账、填制和审核凭证、(　　)。

A. 登记账簿　　B. 成本计算

C. 财产清查　　D. 编制财务会计报告

31. 以货币表现的经济活动通常称为资金运动,下列关于资金运动的表述正确的有(　　)。

A. 资金的投入是指投资者投入资金,是资金运动的起点

B. 资金的循环周转通常包括供应、生产和销售三个阶段

C. 资金的储存可以体现为银行存款

D. 资金的退出主要包括偿还各项债务,依法缴纳各项税费以及向所有者分配利润等

32. 资金运动在通常情况下包括(　　)。

A. 资金投入　　B. 资金运用　　C. 资金退出　　D. 资金增值

33. 下列关于会计的表述中,正确的有(　　)。

A. 会计的基本职能是对经济活动进行核算和监督

B. 会计的主要计量单位是货币

C. 会计是一种经济管理活动

D. 企业法人、非法人单位都可以成为会计主体

三、判断题

1. 会计是指以货币为主要计量单位,反映和监督一个单位经济活动的经济管理工作。(　　)

2. 会计核算和监督的内容就是指企业发生的所有的经济活动。(　　)

3. 会计的监督职能是会计人员在进行会计核算的同时,对特定会计主体经济活动的合法性、合理性进行审查。(　　)

4. 各单位必须根据实际发生的经济业务事项进行会计核算,编制财务会计报告。(　　)

5. 会计主体是指企业法人。(　　)

6. 会计主体一般都是法律主体,但法律主体不一定是会计主体。(　　)

7. 会计的职能只有两个,即会计核算与会计监督。(　　)

8. 我国企业会计采用的计量单位只有一种,即货币计量。(　　)

9. 在我国境内设立的企业,会计核算都必须以人民币作为记账本位币。(　　)

10. 凡是特定主体能够以货币表现的经济活动都是会计对象。(　　)

11. 会计主体是进行会计核算的基本前提之一,一个企业可以根据具体情况确定一个或若干个会计主体。(　　)

12. 会计核算职能是指会计以货币为主要计量单位,对特定主体的经济活动进行确认、计量和报告。(　　)

13. 会计监督职能是指对特定主体经济活动和相关会计核算的真实性、合法性和合理性进行审查。(　　)

14. 会计循环是指企业将一定时期发生的所有经济业务,依据一定的步骤和方法,加以记录、分类、汇总的过程。(　　)

15. 在持续经营假设下,会计确认、计量和报告应当以企业持续、正常的经济活动为前提。(　　)

16. 我国的会计年度是公历1月1日至12月31日。(　　)

17. 会计只能以货币作为计量单位。(　　)

18. 我国会计核算以人民币为记账本位币。(　　)

19. 会计基础是指会计确认、计量和报告的基础,包括权责发生制和收付实现制。(　　)

20. 根据收付实现制,凡是不属于当期的收入和费用,即使款项已在当期收付,也不应当作为当期的收入和费用。(　　)

21. 权责发生制是以收到或支付现金作为确认收入和费用的标准。(　　)

22. 企业投资者通常关心企业的盈利能力和发展能力,他们需要借助会计信息等相关信息来决定是否调整投资、更换管理层和加强企业的内部控制等。(　　)

23. 企业贷款人、供应商等债权人通常关心企业的偿债能力和财务风险，他们需要借助会计信息等相关信息来判断企业能否按约支付所欠货款、偿还贷款本金和支付利息等。（　　）

24. 企业管理者是会计信息的重要使用者，他们需要借助会计信息等相关信息来管理企业，对企业进行控制，做出财务决策。（　　）

25. 作为经济管理和经济监管的政府及其有关部门，需要会计信息来监管企业的有关活动、制定税收政策、进行税收征管和国民经济统计等。（　　）

26. 社会公众也关心企业的生产经营活动，包括企业对其所在地经济发展的贡献，如增加就业、刺激消费、提供社会服务等。（　　）

27. 我国的企业会计准则体系包括基本准则和具体准则。（　　）

28. 企业会计准则——基本准则的主要内容有财务会计报告的目标、会计基本假设、会计信息质量要求、会计要素及其确认标准、会计计量属性与运用原则和财务会计报告要求等。（　　）

29. 企业会计准则——具体准则分别规范了存货、长期股权投资、固定资产、投资性房地产、金融工具确认和计量等的会计处理。（　　）

30. 会计是以货币为主要计量单位，运用专门方法，监督一个单位经济活动的一种行政管理工作。（　　）

31. 企业的资金退出包括偿还各项债务、缴纳各项税费、向所有者分配利润等。（　　）

32. 会计的职能是指会计在经济管理过程中所具有的功能。（　　）

33. 短期借款利息在预提和实际支付时均通过"短期借款"账户核算。（　　）

34.《小企业会计准则》一般适用于在我国境内依法设立、经济规模较小的企业。（　　）

35.《事业单位会计准则》要求事业单位采用权责发生制进行会计核算。（　　）

36. 会计主体可以是法人，也可以是非法人。（　　）

37. 我国企业会计准则规定，企业可以权责发生制为基础，也可以收付实现制为基础进行会计确认、计量和报告。（　　）

38. 成本和费用在数量上是相等的。（　　）

39. 会计上的资本专指所有者权益中的实收资本。（　　）

40. 财务成果的计算和处理一般包括利润的计算、利润分配，不包括亏损弥补。（　　）

41. 企业资金运动过程包括资金投入、资金循环与周转、资金退出三个阶段。（　　）

42. 债务一般包括各项借款、应付和预收款项、预付款项以及应交款。（　　）

43. 货币是会计核算的唯一计量单位。（　　）

四、技能训练题

实训一　权责发生制与收付实现制的确认（一）

1. 实训目的

理解会计核算基础——权责发生制与收付实现制，判断各项业务的性质。

2. 实训资料(表1－1)

表1－1　实训资料(一)

单位:元

经济业务	权责发生制		收付实现制	
	收入	费用	收入	费用
1. 本期销售产品50 000元,存入银行				
2. 购买办公用品550元,支付现金				
3. 用银行存款支付下半年财产保险费126 000元				
4. 采购员王鑫预借差旅费,支付现金1 500元				
5. 用银行存款20 000元预付下月电费				
6. 收到购货单位归还上个月所欠货款44 000元,存入银行				
7. 计算提取应由本月负担但尚未支付的借款利息2 440元				
8. 摊销以前支付但应由本月负担的专利权购入费用10 000元				
9. 销售产品100 000元,收到转账支票60 000元,存入银行,其余暂时未收				
10. 销售产品50 000元,尚未收到				
11. 总经理报销差旅费2 000元(原借款2 000元)				
12. 用银行存款支付本月水费10 000元				
13. 用银行存款支付上月的电话费2 000元				
合计				

3. 实训要求

用权责发生制和收付实现制这两个会计核算基本原理,进行如下操作:

(1)判断各项业务的性质。

(2)用权责发生制和收付实现制分别计算收入和费用,并将结果填入表1－1中。

实训二　权责发生制与收付实现制的确认(二)

1. 实训目的

练习权责发生制和收付实现制。

2. 实训资料(表1－2)

表1－2　实训资料(二)

单位:元

经济业务	权责发生制		收付实现制	
	收入	费用	收入	费用
1. 支付上月的水电费5 600元				
2. 收到上月销售产品的货款6 500元				
3. 预付明年一季度的房屋租金1 800元				
4. 支付本季度借款利息3 300元				
5. 预收销货款80 000元				
6. 销售产品一批,售价56 000元,已收回货款36 000元,其余尚未收回				
7. 本月分摊财产保险费2 000元				
8. 计算本月应付职工薪酬12 000元				
合计				
利润额				

3. 实训要求

用权责发生制和收付实现制这两个会计核算基本原理,进行如下操作:

(1)判断各项业务的性质。

(2)用权责发生制和收付实现制分别计算收入和费用,并将结果填入表1－2中。

实训三　确认会计对象

1. 实训目的

掌握会计核算和监督的内容,判断哪些属于江南公司会计核算和监督的经济活动。

2. 实训资料(表1－3)

表1－3　实训资料(三)

单位:元

经济业务	属于会计核算和监督的金额
1. 人力资源部部长报销差旅费3 000元	
2. 支付电视台广告费30 000元	
3. 仓库将采购的原材料验收入库,总价值200 000元	
4. 总经理和供货单位就第二季度材料供应签订500 000元的意向书	
5. 预付3 600元,预订下一年度的报纸杂志	
6. 董事会研究决定初步达成向甲公司投资10 000 000元的意向	
7. 收到销货款56 000元,存入银行	

表1-3(续)

经济业务	属于会计核算和监督的金额
8. 销售部收到订单,订单金额100 000元	
9. 供应部门签订一项购货合同,财会部门同时支付定金30 000元	
10. 收到外单位前欠货款100 000元	
11. 公司计划于下年度购置一台价值200 000元的机器设备	
12. 公司计划购入技术专利一项,预计花费100 000元	
13. 天地公司打电话称其准备捐赠电脑3台,价值10 000元	
合计	

3. 实训要求

(1)判断哪些属于江南公司会计核算和监督的内容。

(2)计算属于江南公司会计核算和监督内容的金额合计。

第二章　会计要素和会计等式

一、单项选择题

1. 以下各项中，不属于企业财物的是(　　)。

A. 燃料　　B. 在产品　　C. 设备　　D. 专利技术

2. 债务是指由过去的交易或事项形成的，企业需要以(　　)等偿付的现时义务。

A. 资产或劳务　　B. 资本或劳务　　C. 资产或债权　　D. 收入或劳务

3. 成本是企业为生产产品、提供劳务而发生的各种耗费，是(　　)了的费用。

A. 加总计算　　B. 计算分析　　C. 对象化　　D. 日常核算

4. 以下应作为债权处理的项目是(　　)。

A. 其他应收款　　B. 预收账款　　C. 应付账款　　D. 应交税费

5. 以下说法不正确的是(　　)。

A. 财物包括原材料和固定资产等

B. 财物是企业进行正常生产经营活动的经济资源

C. 财物必须具有实物形态

D. 包装物应作为固定资产

6. 费用中能予以对象化的部分构成(　　)。

A. 期间费用　　B. 资产　　C. 成本　　D. 所有者权益

7. 企业收到购货单位归还前欠货款，存入银行，该笔业务属于(　　)变化类型。

A. 资产内部此增彼减　　B. 权益内部此增彼减

C. 资产和权益同时增加　　D. 资产和权益同时减少

8. 会计要素中的资产、负债和所有者权益是企业财务状况的(　　)。

A. 动态反映　　B. 直接反映　　C. 静态反映　　D. 一般反映

9. 下列项目中，不属于无形资产的是(　　)。

A. 专利技术　　B. 非专利技术　　C. 土地使用权　　D. 商誉

10. 会计科目按其所(　　)不同，分为资产类、负债类、所有者权益类、成本类、损益类五大类。

A. 反映的会计对象　　B. 反映的经济业务

C. 归属的会计要素　　D. 提供信息的详细程度及其统驭关系

11. 下列属于经营成果的会计要素是(　　)。

A. 资产　　B. 所有者权益　　C. 负债　　D. 费用

12. 利得是由企业的非日常活动所形成的、会导致(　　)增加的、与所有者投入资本无关的经济利益的流入。

A. 利润　　B. 资产　　C. 所有者权益　　D. 营业外收入

13. 下列符合费用定义的是(　　)。

A. 销售商品时结转的已销商品的成本　　B. 库存商品因自然灾害发生的损失

C. 出售无形资产发生净损失　　　　D. 罚款支出

14. 资产是过去的交易或事项形成的,并由企业拥有或控制的,预期会给企业带来(　　)的资源。

A. 经济利益　　B. 经济资源　　C. 经济效果　　D. 经济效益

15. 下列各项中,属于反映企业财务状况的会计要素是(　　)。

A. 收入　　B. 所有者权益　　C. 费用　　D. 利润

16. 下列各项中,不作为企业资产加以核算和反映的是(　　)。

A. 准备出售的机器设备　　　　B. 委托加工物资

C. 经营租出的设备　　　　D. 待处理财产损益

17. "税金及附加"按其归属的会计要素应为(　　)。

A. 成本类　　B. 负债类　　C. 资产类　　D. 损益类

18. 下列项目中,不属于所有者权益类科目的是(　　)。

A. 实收资本　　B. 资本公积　　C. 盈余公积　　D. 应付利润

19. 费用是企业在日常活动中发生的,它可以表现为(　　)。

A. 资产的减少或负债的增加　　　　B. 资产的增加或负债的减少

C. 所有者权益的增加或负债的减少　　　　D. 所有者权益的减少或负债的减少

20. 下列说法中正确的是(　　)。

A. 成本是对象化了的费用　　　　B. 出售固定资产形成企业的收入

C. 经济利益的流入必然是由收入形成的　　D. 费用就是成本

21. 关于利润,下列说法中错误的是(　　)。

A. 利润是指企业在一定会计期间的经营成果

B. 直接计入当期利润的利得和损失,是指应当计入当期损益、会导致所有者权益发生增减变动的、与所有者投入资本或者向所有者分配利润无关的利得或者损失

C. 利润项目应当列入利润表

D. 利润金额取决于收入和费用的计量,不涉及利得和损失金额的计量

22. 下列会计科目中,(　　)属于负债类科目。

A. 资本公积　　B. 预付账款　　C. 生产成本　　D. 预收账款

23. 以下(　　)不属于利得。

A. 企业接受政府补助取得的资产　　　　B. 处理固定资产的净收益

C. 销售原材料获取的收益　　　　D. 政府补助收入

24. 下列各项中,符合会计要素收入定义的是(　　)。

A. 出售材料收入　　　　B. 出售无形资产净收益

C. 转让固定资产净收益　　　　D. 向购货方收取的增值税销项税额

25. "管理费用"科目按其所归属的会计要素不同,属于(　　)类科目。

A. 损益　　B. 成本　　C. 资产　　D. 所有者权益

26. 流动资产是指变现或耗用期限在(　　)的资产。

A. 一年以内

B. 一个营业周期以内

C. 一年内或超过一年的一个营业周期以内

D. 超过一年的一个营业周期内

27. 下列内容中,不属于期间费用的是(　　)。

A. 管理费用　B. 制造费用　C. 销售费用　D. 财务费用

28. 下列各项中,不属于收入要素内容的是(　　)。

A. 销售商品取得的收入　B. 提供劳务取得的收入

C. 出租固定资产取得的收入　D. 营业外收入

29. 下列项目中属于非流动负债项目的是(　　)。

A. 应付票据　B. 长期借款　C. 应付股利　D. 应付职工薪酬

30. 资产、负债和所有者权益是(　　)。

A. 表示企业财务状况的会计要素　B. 表示企业经营状况的会计要素

C. 表示企业经营成果的会计要素　D. 表示企业财务成果的会计要素

31. 下列项目中,符合资产定义的是(　　)。

A. 购入的某项专利权　B. 经营租入的设备

C. 待处理的财产损失　D. 计划购买的某项设备

32. 下列属于企业"收入"定义的有(　　)。

A. 债券利息收入　B. 出租固定资产租金收入

C. 出售无形资产净收入　D. 罚款收入

33. 下列不属于流动负债的是(　　)。

A. 应付账款　B. 应交税费　C. 预付账款　D. 预收账款

34. 依据《企业会计准则》的规定,下列有关收入和利得的表述中正确的有(　　)。

A. 收入会影响利润,利得也一定会影响利润

B. 收入源于日常活动,利得源于非日常活动

C. 收入会导致所有者权益的增加,利得不一定会导致经济利益的流入

D. 收入会导致所有者权益的增加,利得不一定会导致所有者权益的增加

35. 广义的权益一般包括(　　)。

A. 资产和所有者权益　B. 资产和债权人权益

C. 所有者权益　D. 债权人权益和所有者权益

36. 下列说法中,正确的有(　　)。

A. 制造费用属于企业的期间费用

B. 生产成本均可以直接计入产品成本

C. 自然灾害造成财产毁损属于期间费用

D. 费用表现为资产的减少或负债的增加,或者两者兼而有之,最终导致所有者权益的减少

37. "生产成本"账户的期末余额,应归属于(　　)类会计要素。

A. 资产　B. 负债　C. 所有者权益　D. 利润

38. "累计折旧"账户应属于(　　)。

A. 负债类账户　B. 资产类账户

C. 所有者权益类账户　D. 成本类账户

39. 下列说法正确的是(　　)。

A. 收入是指企业销售商品、提供劳务及让渡资产使用权等活动中形成的经济利益的总流入

B. 所有者权益增加一定表明了企业获得了收入

C. 收入包括营业外收入

D. 收入会导致所有者权益的增加,但其仅仅考虑的是收入本身;如果考虑收入扣除费用后,有可能导致所有者权益的增加,也有可能导致所有者权益的减少

40. 企业对会计要素计量时,一般采用(　　)。

A. 现值　　B. 重置成本　　C. 历史成本　　D. 公允价值

41. 当一笔经济业务只涉及负债要素发生增减变化时,会计等式两边的金额(　　)。

A. 一方增加,一方减少　　B. 不变

C. 同减　　D. 同增

42. 下列等式中,不正确的是(　　)。

A. 资产 = 负债 + 所有者权益 = 权益

B. 期末资产 = 期末负债 + 期初所有者权益

C. 期末资产 = 期末负债 + 期初所有者权益 + 所有者权益本期发生额

D. 债权人权益 + 所有者权益 = 负债 + 所有者权益

43. 一个企业的资产总额与权益总额(　　)。

A. 只有在期末时相等　　B. 有时相等

C. 必然相等　　D. 不会相等

44. 所有者权益在数量上等于(　　)。

A. 全部资产减去全部负债后的净额　　B. 所有者的投资

C. 实收资本与资本公积之和　　D. 实收资本与未分配利润之和

45. 下列经济业务中,会引起资产类项目和所有者权益类项目同时增加的是(　　)。

A. 赊购原材料　　B. 接受投资者投入的现金资产

C. 赊购商品　　D. 用银行存款归还企业的银行短期借款

46. 最基本的会计等式是(　　)。

A. 收入 - 费用 = 利润

B. 资产 = 负债 + 所有者权益

C. 期初余额 + 本期增加额 - 本期减少额 = 期末余额

D. 资产 = 负债 + 所有者权益 + (收入 - 费用)

47. 下列经济业务中,能引起资产和负债同时减少的是(　　)。

A. 把现金存入银行　　B. 赊购材料一批

C. 用银行存款偿还银行借款　　D. 收到某企业的欠款并存入银行

48. 一项资产增加,一项负债增加的经济业务发生后,会引起资产与权益原来的金额(　　)。

A. 发生不等额变动　　B. 发生同减的变动

C. 发生同增的变动　　D. 不会变动

49. 某企业所有者权益总额为 700 万元,负债总额为 200 万元。那么该企业的资产总额为(　　)万元。

A. 900　　B. 100　　C. 500　　D. 以上答案都不对

50. 投资人投入的资金和债权人投入的资金,投入企业后,形成企业的(　　)。

A. 成本　　B. 费用　　C. 资产　　D. 负债

51. 下列各项中,属于表现企业资金运动状态的会计要素是(　　)。

A. 收入　　B. 负债　　C. 资产　　D. 所有者权益

52. 下列各项中,属于企业在对会计要素进行计量时一般应当采用的计量属性的是(　　)。

A. 历史成本　　B. 重置成本　　C. 可变现净值　　D. 公允价值

53. 下列各项中,会导致会计等式左右两边同时增加的经济业务是(　　)。

A. 从银行提取现金　　B. 从银行借入现金

C. 用资本公积转增资本　　D. 签发商业汇票支付前欠货款

54. 下列项目不属于资产要素的是(　　)。

A. 应收账款　　B. 预收账款　　C. 预付账款　　D. 专利权

55. 负债是指企业由过去的交易或事项形成的(　　)。

A. 现时义务　　B. 过去义务　　C. 将来义务　　D. 永久义务

56. 资产按照预计从其持续使用和最终处置中所产生的未来净现金流入量的折现金额计量,其会计计量属性是(　　)。

A. 现值　　B. 可变现净值　　C. 历史成本　　D. 公允价值

57. 某企业 2020 年利润总额 8 万元,年末结账后资产总额 22 万元,负债总额 8 万元,资本公积 3 万元,盈余公积 2 万元,未分配利润 1 万元,则实收资本为(　　)万元。

A. 8　　B. 10　　C. 12　　D. 42

58. 资金运动的第二层次是(　　)。

A. 会计科目　　B. 会计对象　　C. 会计要素　　D. 会计核算

59. 按反映经济内容的性质不同,“本年利润”科目属于(　　)。

A. 资产类科目　　B. 所有者权益类科目

C. 成本类科目　　D. 损益类科目

60. 企业收回 A 公司前欠的购货款,表现为(　　)。

A. 一项资产增加,另一项资产减少,资产总额不变

B. 一项资产增加,另一项资产减少,资产总额增加

C. 一项资产增加,另一项负债增加

D. 一项资产减少,另一项资产增加,资产总额减少

二、多项选择题

1. 下列项目中,属于债权的有(　　)。

A. 应收款项　　B. 应付款项　　C. 预付款项　　D. 预收款项

2. 下列项目中,属于债务的有(　　)。

A. 各项借款　　B. 应收款项　　C. 应付款项　　D. 预收款项

3. 下列项目中,属于资产要素特征的有(　　)。

A. 预期能给企业带来未来经济利益的资源

B. 过去的交易或事项形成的

C. 必须拥有所有权

D. 必须是有形的

4. 财物是财产、物资的简称,下列属于财物的有(　　)。

A. 库存商品　　B. 固定资产　　C. 无形资产　　D. 应收及预付款

5. 下列各项中,属于款项的是(　　)。

A. 货币资金　　B. 银行存款　　C. 信用卡存款　　D. 短期借款

6. 下列不属于实物资产的有(　　)。

A. 应收账款　　B. 原材料　　C. 固定资产　　D. 无形资产

7. 关于资产的确认,下列说法不正确的有(　　)。

A. 必须能为企业提供未来经济利益的资源

B. 必须是企业所拥有的

C. 必须是具有实物形态的

D. 包括未来将要取得的资产

8. 下列项目中,属于所有者权益的有(　　)。

A. 股本　　B. 资本溢价　　C. 未分配利润　　D. 应付股利

9. 下列属于反映企业经营成果的动态要素的有(　　)。

A. 收入　　B. 利润　　C. 负债　　D. 费用

10. 下列项目中,属于流动资产的有(　　)。

A. 货币资金　　B. 交易性金融资产　　C. 预付账款　　D. 存货

11. 下列项目中,属于所有者权益来源的有(　　)。

A. 收入　　B. 不应计入当期损益的利得或者损失

C. 留存收益　　D. 所有者投入的资本

12. 收入的实现可能引起(　　)。

A. 资产的增加　　B. 负债的增加

C. 所有者权益的增加　　D. 资产的增加和负债的减少

13. 下列项目中,属于流动负债的有(　　)。

A. 预收款项　　B. 应交税费

C. 预付款项　　D. 一年内到期的非流动负债

14. 下列项目中,属于长期负债的是(　　)。

A. 应付票据　　B. 应付债券　　C. 长期借款　　D. 长期应付款

15. 企业取得的下列款项中,符合"收入"会计要素定义的有(　　)。

A. 出租固定资产收取的租金　　B. 出售固定资产收取的价款

C. 出售原材料收取的价款　　D. 出售自制半成品收取的价款

16. 下列各项中,企业能够确认为资产的有(　　)。

A. 已经收到发票,但尚在运输途中的购入原材料

B. 融资租入的设备

C. 经营租出的设备

D. 预付的购货款

17. 下列项目中,属于非流动资产的有(　　)。

A. 固定资产　　B. 无形资产　　C. 长期股权投资　　D. 存货

18. 不属于会计计量属性的有(　　)。

A. 生产成本　　B. 重置成本　　C. 销售成本　　D. 公允价值

19. 企业在取得收入时可能会影响到的会计要素是(　　)。

A. 资产　　B. 负债　　C. 所有者权益　　D. 费用

20. 下列属于反映企业财务状况的静态要素的有(　　)。

A. 所有者权益　　B. 负债　　C. 资产　　D. 利润

21. 下列项目中,影响利润金额计量的有(　　)。

A. 资产　　B. 收入

C. 费用　　D. 直接计入当期损益的利得或损失

22. 会计要素主要反映企业(　　)。

A. 经营成果　　B. 偿债能力　　C. 持续经营　　D. 财务状况

23. 企业生产过程中的期间费用包括(　　)。

A. 管理费用　　B. 制造费用　　C. 营业费用　　D. 财务费用

24. 留存收益包括(　　)。

A. 法定盈余公积　　B. 任意盈余公积

C. 应付股利　　D. 未分配利润

25. 下列各项中,属于利得的有(　　)。

A. 处置固定资产产生的净收益

B. 投资者的出资额大于其在被投资单位注册资本中所占份额的金额

C. 出租无形资产取得的收益

D. 出售无形资产取得的收益

26. 计算和判断单位经营成果及其盈利状况的依据主要有(　　)。

A. 收入核算　　B. 支出核算　　C. 费用核算　　D. 成本核算

27. 下列各项中,符合“费用”会计要素定义的是(　　)。

A. 企业专设的销售机构的固定资产折旧费

B. 处置固定资产净损失

C. 自然灾害损失

D. 董事会费

28. 收入包括(　　)。

A. 商品销售收入　　B. 劳务收入

C. 营业外收入　　D. 他人使用本企业资产所取得的租金收入

29. 按我国企业会计准则规定,下列项目中不应确认为收入的有(　　)。

A. 销售商品收取的增值税

B. 出售飞机票时代收的保险费

C. 旅行社代客户购买景点门票收取的款项

D. 销售商品代垫的运杂费

30. 负债具有(　　)特征。

A. 负债是企业拥有或者控制的

B. 负债是由企业过去的交易或事项所形成的当前的债务

C. 负债是企业将来要清偿的义务

D. 负债需要企业在将来以转移资产或提供劳务清偿

31. 下列项目中,属于费用要素特点的有(　　)。

A. 企业在日常活动中发生的经济利益的总流出

B. 会导致所有者权益减少

C. 与向所有者分配利润无关

D. 会导致所有者权益增加

32. 下列各项中,属于企业债务的有(　　)。

A. 企业向银行的借款　　B. 应收保险公司的赔偿款

C. 预付职工的差旅费　　D. 应交而未交的税费

33. 反映企业资金运动动态表现的会计要素是(　　)。

A. 资产　　B. 费用　　C. 所有者权益　　D. 利润

34. 下列各项中,属于流动负债的是(　　)。

A. 应付债券　　B. 预付账款　　C. 应付账款　　D. 预收账款

35. 下列属于我国企业会计准则规定的会计计量属性有(　　)。

A. 历史成本　　B. 重置成本　　C. 现值　　D. 终值

36. 下列各项中,构成企业收入的有(　　)。

A. 取得罚款收入400元　　B. 销售低值易耗品收入500元

C. 销售商品一批,价款80万元　　D. 出租包装物,租金收入1 000元

37. 下列各项中,会导致资产与负债同时增加的经济业务有(　　)。

A. 以存款6 000元偿还前欠货款

B. 向银行借入长期借款10万元存入银行

C. 购买材料8 000元,货款暂欠(假定不考虑增值税因素)

D. 接受某单位机器一台作为投资,价值10万元

38. 下列各项中,仅引起资产项目一增一减的经济业务有(　　)。

A. 从银行借款10万元

B. 将现金500元存入银行

C. 以现金10万元支付职工工资

D. 以银行存款2 000元购入固定资产(假定不考虑增值税因素)

39. 下列关于会计等式的表述中,正确的有(　　)。

A. 资产 = 所有者权益

B. 资产 = 负债 + 所有者权益。

C. 资产 = 负债 + 所有者权益 + (收入 - 费用)

D. 资产 = 权益

40. 下列各项中,属于反映企业财务状况的会计要素有(　　)。

A. 资产　　B. 收入　　C. 所有者权益　　D. 利润

41. 下列各项中,属于资产的基本特征的有(　　)。

A. 资产应为企业拥有或控制的资源

B. 资产预期会给企业带来经济利益

C. 资产是由企业过去的交易或者事项形成的

D. 资产是由企业将要发生的交易或者事项形成的

42. 下列各项中,应确认为企业资产的有(　　)。
A. 购入的无形资产
B. 融资租入的固定资产
C. 计划下个月购入的材料
D. 已霉烂变质无使用价值的存货
43. 下列各项中,属于企业所有者权益组成部分的有(　　)。
A. 股本　B. 资本公积　C. 盈余公积　D. 应付股利
44. 以下属于收入类会计要素的有(　　)。
A. 处置固定资产收入　B. 让渡资产使用权收入
C. 提供劳务收入　D. 出售商品收入
45. 下列关于会计要素变动情况,说法中正确的有(　　)。
A. 取得了收入,会表现为资产和收入同时增加
B. 发生了费用,会表现为增加费用同时减少资产
C. 取得了收入,会表现为增加收入的同时负债减少
D. 发生了费用,会表现为增加费用同时负债增加
46. 下列反映企业财务状况的会计要素是(　　),同时也反映了企业资金运动的静态表现。
A. 资产　B. 收入　C. 负债　D. 所有者权益
47. 反映企业在一定时期内经营成果的会计要素是(　　),同时也反映了企业资金运动的动态表现。
A. 收入　B. 费用　C. 利润　D. 权益
48. 留存收益包括(　　)。
A. 盈余公积　B. 资本溢价　C. 拨款转入　D. 未分配利润
49. 甲企业用银行存款向乙企业投资 100 万元,下列表述正确的有(　　)。
A. 乙企业资产增加,所有者权益增加
B. 甲企业一项资产减少,另一项资产增加
C. 甲企业所有者权益增加,资产减少
D. 乙企业一项资产增加,另一项资产减少
50. "资产 = 负债 + 所有者权益"是(　　)的理论基础。
A. 编制利润表　B. 编制资产负债表
C. 编制现金流量表　D. 复式记账
51. 根据会计恒等式的原理,下列表述中,正确的有(　　)。
A. 债权人权益增加,所有者权益减少,资产不变
B. 资产有增有减,权益不变
C. 资产增加,负债减少,所有者权益不变
D. 资产不变,负债增加,所有者权益增加
52. 某项经济业务的发生引起负债的增加,则可能引起(　　)。
A. 资产增加　B. 所有者权益增加
C. 收入增加　D. 费用增加

三、判断题

1. 资本是投资者为开展生产经营活动而投入的资金,会计上的资本既包括投入资本也包括借入资本。 ( )

2. 支出是企业发生的各项开支,以及在正常生产经营活动以外的支出和损失。( )

3. 财物是财产、物资的简称,包括原材料、机器设备和应收款项。 ( )

4. 只要有经济利益流入,就是企业的收入。 ( )

5. 成本是企业为生产产品、提供劳务而发生的各种耗费,因而企业发生的各项费用都是成本。 ( )

6. 银行汇票、银行本票和信用证都属于有价证券。 ( )

7. 现金和银行存款都是货币资金,股票则应作为有价证券。 ( )

8. 各项借款、应付和预付款项都是企业的债务。 ( )

9. 企业拥有的商标权均应作为企业的无形资产反映。 ( )

10. 某项财产物资要成为企业的资产,只要该企业拥有其所有权就能将其确认为资产。 ( )

11. 盈余公积是指按照国家有关规定从资本中提取的公积金。 ( )

12. 收入可以表现为企业资产的增加或负债的清偿,或两者兼而有之,比如销售商品收到的货款和增值税就可以确认为企业的收入。 ( )

13. 费用与成本是既有联系又有区别的两个概念,费用与特定计量对象相联系,而成本则与特定的会计期间相联系。 ( )

14. 期间费用是指不能计入产品成本,而应直接计入当期损益,从当期利润中扣除的费用,例如管理费用、销售费用和制造费用。 ( )

15. 盈余公积是指企业按规定从营业利润中提取的各种累计资金。 ( )

16. 所有者权益是指企业投资人对企业资产的所有权。 ( )

17. "本年利润"科目按照会计要素分类属于利润类账户。 ( )

18. 所有者权益与负债都是企业资产的来源。 ( )

19. 收入的特点之一是企业在日常活动中形成的经济利益总流入,所以企业处置固定资产、无形资产产生的经济利益流入均不构成收入。 ( )

20. 根据收入要素的确认标准,凡是与企业日常经营活动无关的收入,均不属于收入要素的内容。 ( )

21. 费用是企业在全部经济活动中所发生的经济利益的流出。 ( )

22. 收入、费用和利润三项会计要素表现相对动态的资金运动,能够反映企业的盈利状况。 ( )

23. 收入是指企业在经营活动过程中形成的、会导致所有者权益增加的、与向所有者投入资本无关的经济利益的总流入。 ( )

24. 收入要素包括主营业务收入、其他业务收入、营业外收入。 ( )

25. 利润是收入与成本配比相抵后的差额,是经营成果的最终要素。 ( )

26. 资产是指企业过去的交易或者事项形成的,由企业拥有或者控制的,预期会给企业带来经济利益的资源。 ( )

27. 损失即费用,计入损失即计入当期费用。 ( )

28. 负债是指企业过去的交易或事项形成的，预期会导致经济利益流出企业的永久义务。（　）

29. 收入是指企业在经济活动中形成的经济利益的总流入，包括主营业务收入、其他业务收入和营业外收入。（　）

30. 利润是指企业在一定会计期间的经营成果。通常情况下，如果企业实现了利润，表明企业的所有者权益将增加，业绩得到了提升；反之，如果企业发生了亏损，表明企业的所有者权益将减少，业绩下降。（　）

31. 按现值进行会计计量，是指资产按照预计从其持续使用中所产生的未来净现金流入量的折现金额计量，负债按照预计期限内需要偿还和未来净现金流出折现金额计量。（　）

32. 按公允价值进行会计计量，是指资产和负债按照在公平交易中，不熟悉情况的交易双方自愿进行资产交换或者债务清偿的金额计量。（　）

33. 经济业务的发生，可能引起资产与权益总额发生变化，但是不会破坏会计基本等式的平衡关系。（　）

34. 负债是过去的交易或事项形成的，预期会导致经济利益流入企业的现时义务。（　）

35. 本期发生的管理费用和制造费用均会全额影响本期损益。（　）

36. 企业的利得和损失，包括直接记入所有者权益的利得和损失，以及直接记入当期利润的利得和损失。（　）

37. 企业的利得和损失应直接记入当期损失。（　）

38. 会计要素的历史成本计量，要求应当基于经济业务的实际交易成本，而不考虑随后市场价格变动的影响。（　）

39. 期初余额、本期增加发生额、本期减少发生额、期末余额称为账户的四个金额要素。（　）

40. 对会计要素具体内容进行总括分类核算，提供总括金额指标的账户简称总账账户。（　）

41. 账户按反映的经济内容可分为资产类、负债类、收入类、费用类、利润类。（　）

42. 所有者权益简称为权益。（　）

43. 财务状况是指企业一定时期的资产及权益情况，是资金运动相对静止状态的表现。（　）

44. 从数量上看，有一定数额的资产，就必定有一定数额的权益；反之，有一定数额的权益，却不一定有相等数额的资产。（　）

45. 权益通常分为两类：一类是债权人对企业资产的要求权，称为债权人权益或企业负债；另一类是企业所有者对剩余资产的要求权，称为所有者权益。（　）

46. 收入往往表现为货币资金流入，但并非所有货币资金的流入都是收入。（　）

47. 会计要素是对会计对象的基本分类，是会计核算对象的具体化。（　）

48. 收入是在日常经营活动中形成的经济利益的总流入。（　）

49. 费用包括生产费用和期间费用。（　）

四、技能训练题

实训一 会计要素的确认(一)

1. 实训目的

掌握制造业有哪些会计要素,掌握会计要素的分类方法,判断会计核算内容所属会计要素的类型。

2. 实训资料

江南公司相关会计要素项目(关于财务状况),见表2-1。

表2-1 江南公司相关会计要素项目(关于财务状况)

单位:元

内容	资产	负债	所有者权益
1. 厂房一栋,价值3 600万元			
2. 机器设备10台,价值1 200万元			
3. 办公用房一栋,价值1 800万元			
4. 企业资产中有7 200万元是投资者投入的			
5. 各种材料价值660万元			
6. 在产品价值300万元			
7. 库存产成品价值900万元			
8. 企业保险柜中有现金12万元			
9. 银行存款960万元			
10. 企业资产中有1 200万元是从银行借入的			
11. 因销售商品而产生450万元的债权未收回			
12. 因购买商品而产生550万元的债务未支付			
13. 以前年度未分配利润1 002万元			
14. 向银行借款(期限9个月)而形成的债务10万元			
15. 购入准备短期持有的股票25万元			
16. 欠职工工资10万元			
17. 向用户收取包装物押金5万元			
18. 购入5年期的国库券50万元			
19. 企业的商标权10万元			
20. 向销货单位支付预购订金10万元			
合计			

3. 实训要求

(1)资料中所列内容各属于资产、负债、所有者权益中的哪一个项目?

(2)在相应的项目上写其会计要素对应的金额,加总后检查其平衡关系。

实训二　会计要素的确认(二)

1. 实训目的

掌握制造业有哪些会计要素,掌握会计要素的分类方法,判断会计核算内容所属会计要素的类型。

2. 实训资料

江南公司 2020 年 12 月份的损益情况,见表 2－2。

表 2－2　2020 年 12 月份的损益情况

单位:元

序号	项目	金额	序号	项目	金额
1	购买办公用品	150	9	出租房屋收入	5 000
2	广告费	1 000	10	销售人员工资	4 000
3	管理人员工资	6 000	11	所得税费用	10 000
4	管理部门水电费	300	12	向灾区捐款	20 000
5	销售 HA 产品成本	54 000	13	对外加工取得收入	6 800
6	销售 HB 产品成本	36 000	14	出售废品取得收入	300
7	销售 HA 产品收入	90 000	15	管理用房屋折旧费	500
8	销售 HB 产品收入	60 000	16	职工损害赔偿收入	200

3. 实训要求

(1)根据以上所给经济业务填写表 2－3。

表 2－3　2020 年 12 月份会计要素(关于经营成果)分类表

单位:元

收入		费用		利润	
序号	金额	序号	金额	序号	金额
合计		合计		合计	

(2)计算收入总额、费用总额和利润总额。

实训三 会计等式(一)

1. 实训目的

掌握会计等式及经济业务的发生对会计等式的影响。

2. 实训资料

江南公司2020年12月份发生了下列经济业务：

(1)将现金5 000元存入银行。

(2)收到某单位投资款共计100 000元存入银行。

(3)用银行存款购入甲材料花费10 000元。

(4)以银行存款偿还前欠甘肃省核工业机电研究所的货款5 000元。

(5)向银行借款20 000元(期限9个月),偿还前欠长城开关有限公司购料款。

(6)以银行存款归还短期借款2 000元。

(7)张三出差预借差旅费2 000元,用现金支付。

(8)企业销售产品获得收入50 000元,货款存入银行存款户(假设不考虑增值税)。

3. 实训要求

分析上述各项经济业务引起会计要素发生增减变动的项目及其金额,证明各项经济业务发生后,不会破坏会计等式。

实训四 会计等式(二)

1. 实训目的

判断经济业务所涉及的会计要素对会计等式的影响。

2. 实训资料

江南公司2020年12月份部分业务如下：

(1)借入一年期借款100 000元。

(2)投资者投入货币资金50 000元。

(3)购买办公用品花费130元现金。

(4)计划购入技术专利一项,预计花费100 000元。

(5)思雨公司打电话称其准备捐赠电脑3台,价值10 000元。

(6)招聘生产工人10名,组织培训,预计花费20 000元。

(7)出售边角料取得收入730元。

(8)购买生产用材料款42 000元,其中2 000元货款尚未支付。

(9)当月生产领用材料25 000元

(10)支付工资共计30 000元,其中行政管理人员工资6 000元,销售人员工资4 000元,生产工人工资20 000元。

(11)支付广告费20 000元。

(12)月末计算出应付利息2 000元。

(13)出售产品取得收入70 000元,其中30 000元尚未收到。

(14)当月完工入库产品总成本60 000元。

(15)当月销售产品成本为42 000元。

3.实训要求

根据2020年12月份业务判断其所属的会计要素类别并确定其发生额(减少数用“－”表示),计算各会计要素当月净增加额,并验算会计等式,填写表2－4。

表2－4　2020年12月份所涉及的会计要素及发生额

单位:元

项目序号	资产	负债	所有者权益	收入	费用	利润
净增加额						

第三章　会计科目与账户

一、单项选择题

1. 会计科目是指对(　　)的具体内容进行分类核算的项目。
A. 经济业务　　B. 会计对象　　C. 会计账户　　D. 会计要素
2. 对会计要素具体内容进行总括分类、提供总括信息的会计科目称为(　　)。
A. 备查科目　　B. 明细分类科目　　C. 二级科目　　D. 总分类科目
3. 二级科目是介于(　　)之间的科目。
A. 总分类科目和明细分类科目　　B. 总分类科目
C. 明细分类科目　　D. 总账与明细账
4. "应交税费"科目,属于(　　)类会计科目。
A. 资产　　B. 负债　　C. 所有者权益　　D. 损益
5. 下列会计科目中,(　　)属于成本类科目。
A. 管理费用　　B. 生产成本
C. 主营业务成本　　D. 其他业务成本
6. (　　)是进行会计核算和提供会计信息的基础。
A. 会计科目　　B. 填制和审核会计凭证
C. 财产清查　　D. 设置会计科目和账户
7. 按现行会计制度规定,下列项目中属于会计科目的是(　　)。
A. 利润分配　　B. 投入资本　　C. 现金　　D. 应付购货款
8. (　　)不是设置会计科目的原则。
A. 合法性原则　　B. 相关性原则　　C. 实用性原则　　D. 重要性原则
9. 总分类科目一般按(　　)进行设置。
A. 企业管理的需要　　B. 统一会计制度的规定
C. 会计核算的需要　　D. 经济业务的种类不同
10. 关于会计科目,下列说法中不正确的是(　　)。
A. 会计科目是对会计要素的进一步分类
B. 会计科目按其所提供信息的详细程度及其统驭关系不同,分为总分类科目和明细分类科目
C. 会计科目可以根据企业的具体情况自行设定
D. 会计科目是设置账户的依据
11. 总分类账户与明细分类账户的主要区别在于(　　)。
A. 记录经济业务的详细程度不同　　B. 记账的依据不同
C. 记账的方向不同　　D. 记账的期间不同
12. 下列属于费用类科目的是(　　)。
A. 制造费用　　B. 主营业务成本　　C. 生产成本　　D. 累计折旧

13. 下列账户中，期末无余额的账户有(　　)。

A. 实收资本　　B. 应付账款　　C. 固定资产　　D. 管理费用

14. 会计科目按其(　　)不同，分为资产类、负债类、共同类、所有者权益类、成本类、损益类六大类。

A. 反映的会计对象　　B. 反映的经济业务

C. 归属的会计要素　　D. 提供信息的详细程度及其统驭关系

15. "应收账款"账户的期末余额等于(　　)。

A. 期初余额 + 本期借方发生额 - 本期贷方发生额

B. 期初余额 - 本期借方发生额 - 本期贷方发生额

C. 期初余额 + 本期借方发生额 + 本期贷方发生额

D. 期初余额 - 本期借方发生额 + 本期贷方发生额

16. 下列关于会计科目，说法不正确的是(　　)。

A. 会计科目是复式记账的基础，也为编制会计报表提供了条件

B. 对会计对象具体内容进行分类核算的项目称为会计科目

C. 会计科目是编制记账凭证的基础

D. 会计科目是对企业资金运动第三层次的划分

17. 负债和所有者权益类账户的期末余额一般在(　　)。

A. 借方　　B. 借方或贷方　　C. 贷方　　D. 无余额

18. 某企业本月发生管理费用开支合计 58 万元，月末借平"管理费用"账户，则"管理费用"账户(　　)。

A. 月末借方余额 58 万元　　B. 本月月末余额为 0

C. 月末贷方余额 58 万元　　D. 以上都不对

19. 下列有关总分类账户与明细分类账户关系的表述中，错误的是(　　)。

A. 总分类账户与其所属的明细分类账户在总金额上应当相等

B. 明细分类账户对总分类账户具有补充说明作用

C. 总分类账户对明细分类账户具有统驭控制作用

D. 总分类账户与明细分类账户登记的依据不同

20. 某企业 2020 年 10 月 1 日，"本年利润"账户的期初贷方余额为 20 万元，表明(　　)。

A. 该企业 2020 年 12 月份的净利润为 20 万元

B. 该企业 2020 年 9 月份的净利润为 20 万元

C. 该企业 2020 年 1 到 9 月份的净利润为 20 万元

D. 该企业 2020 年全年的净利润为 20 万元

21. 在下列项目中，与管理费用属于同一科目的是(　　)。

A. 固定资产　　B. 盈余公积　　C. 应付账款　　D. 主营业务收入

22. "制造费用"科目按其所归属的会计要素不同，属于(　　)类科目。

A. 资产　　B. 负债　　C. 损益　　D. 成本

23. 下列关于会计科目分类的说法中，正确的有(　　)。

A. 会计科目按统驭关系的不同，分为总分类科目和明细分类科目

B. 会计科目按会计要素的不同，分为资产类、负债类、所有者权益类、收入类和费用类

C. "存货跌价准备""坏账准备""资产减值损失"都属于资产类科目

D. 为了适应企业管理精细化的要求,每一个总账科目下都应设置明细科目

24. 企业所设置的会计科目应当为提供有关各方所需要的会计信息服务,满足对外报告和对内管理的要求,指的是会计科目设置的(　　)。

A. 合法性原则　　B. 可比性　　C. 相关性原则　　D. 实用性原则

25. 下列科目,属于损益类的是(　　)。

A. 制造费用　　B. 本年利润　　C. 利润分配　　D. 税金及附加

26. 下列关于会计科目设置原则的表述正确的有(　　)。

A. 合法性原则是指所设置的会计科目应当符合会计行政法规

B. 相关性原则以可靠性为基础,会计信息在可靠性前提下,尽可能地做到相关,以满足对外报告的要求

C. 会计科目设置原则包括合法性、相关性、实用性和可比性

D. 实用性原则是指所设置的会计科目应符合单位自身特点,满足单位实际情况

27. 下列有关账户的表述中,不正确的是(　　)。

A. 会计科目和账户所反映的会计对象的具体内容是完全相同的

B. 会计科目是账户设置的依据

C. 按照会计科目提供核算资料的详细程度,账户可分为总分类账户和明细分类账户

D. 账户是根据会计科目设置的,它没有格式和结构

28. 各账户之间最本质的差别在于(　　)。

A. 反映的经济内容不同　　B. 结构不同

C. 记账符号不同　　D. 经济用途不同

29. 账户的余额按照表示的时间不同可分为(　　)。

A. 期初余额和本期增加发生额

B. 期初余额和本期减少发生额

C. 本期增加发生额和本期减少发生额

D. 期初余额和期末余额

30. 下列科目中,属于二级科目的是(　　)。

A. 应交税费——应交增值税　　B. 应交税费——应交增值税(进项税额)

C. 应交税费——应交增值税(销项税额)　　D. 应交税费

31. 会计科目和会计账户的本质区别在于(　　)。

A. 反映的经济业务不同　　B. 记录资产和权益的内容不同

C. 记录资产和权益的方法不同　　D. 会计账户有结构,而会计科目无结构

32. 账户的左方和右方,哪一方登记增加,哪一方登记减少,取决于(　　)。

A. 所记经济业务的重要程度　　B. 开设账户时间的长短

C. 所记金额的大小　　D. 所记录的经济业务和账户的性质

33. 有关会计科目与账户的关系,下列说法中不正确的是(　　)。

A. 没有账户,就无法发挥会计科目的作用

B. 两者口径一致、性质相同

C. 账户是设置会计科目的依据

D. 会计科目不存在结构,而账户则具有一定的格式和结构

34. 下列表述中,正确的是(　　)。

A. 明细账户根据明细分类科目设置

B. 总账的余额不一定等于其所属明细账的余额的合计数

C. 所有资产类总账的余额合计数应等于所有负债类总账的余额合计数

D. 会计科目和账户的共同点是它们都具有一定的格式

35. 根据明细分类科目设置的,用来对会计要素具体内容进行明细分类核算的账户称为(　　)。

A. 总账账户　　B. 明细账户　　C. 综合账户　　D. 备查账户

36. 某账户的期初余额为 900 元,期末余额为 5 000 元,本期减少发生额为 600 元,则本期增加发生额为(　　)元。

A. 3 500　　B. 300　　C. 4 700　　D. 5 300

37. 账户是根据(　　)设置的,具有一定格式和结构,用于分类反映会计要素增减变动情况及其结果的载体。

A. 会计对象　　B. 会计信息　　C. 会计科目　　D. 会计要素

38. 开设明细分类账户的依据是(　　)。

A. 总分类科目　　B. 明细分类科目

C. 试算平衡表　　D. 会计要素内容

39. 根据总分类科目设置的,用于对会计要素具体内容进行总括分类核算的账户称为(　　)。

A. 总账　　B. 明细账　　C. 备查账　　D. 综合账

40. 会计科目和账户之间的联系是(　　)。

A. 互不相关　　B. 内容相同　　C. 结构相同　　D. 格式相同

41. 一个账户的增加发生额与该账户的期末余额一般都应在该账户的(　　)。

A. 借方　　B. 贷方　　C. 相同方向　　D. 相反方向

42. 下列属于损益类科目的是(　　)。

A. 管理费用　　B. 生产成本　　C. 应收账款　　D. 本年利润

43. 下列各项中,属于损益类科目的是(　　)。

A. 盈余公积　　B. 固定资产　　C. 制造费用　　D. 销售费用

44. 企业"库存现金"期初余额为 5 000 元,本期增加发生额为 3 000 元,期末余额为 2 000 元,则本期减少发生额为(　　)元。

A. 3 000　　B. 4 000　　C. 5 000　　D. 6 000

45. 下列各项中,属于总分类账户与明细分类账户主要区别的是(　　)。

A. 记账内容不同　　B. 记账方向不同

C. 记账依据不同　　D. 记录的详细程度不同

46. 下列关于会计科目与会计账户关系的表述中,正确的是(　　)。

A. 两者结构相同　　B. 两者格式相同

C. 两者内容相同　　D. 两者互不相关

47. 下列各项,属于会计对象的第三层次的是(　　)。

A. 会计要素　　B. 会计科目　　C. 会计分录　　D. 资金运动

48. 下列关于账户和会计科目的表述中,错误的是(　　)。
A. 账户是会计科目的名称,会计科目是账户的具体应用
B. 两者之间的区别在于账户具有一定的格式和结构
C. 实际工作中,对账户和会计科目不加严格区别,而是互相通用
D. 账户能反映会计要素增减变化的情况及其结果,而会计科目不能

二、多项选择题

1. 下列项目中,属于会计科目设置原则的有(　　)。
A. 相关性原则　　B. 真实性原则
C. 合法性原则　　D. 实用性原则
2. 下列会计科目中属于损益类的有(　　)。
A. 待处理财产损益　　B. 制造费用
C. 资产减值损失　　D. 管理费用
3. 下列不属于会计科目设置原则的是(　　)。
A. 合法性原则　　B. 合理性原则
C. 相关性原则　　D. 有用性原则
4. 下列科目中可以作为“原材料”明细科目的是(　　)。
A. 甲产品　　B. 甲材料　　C. 乙材料　　D. A 公司
5. 下列属于所有者权益科目的是(　　)。
A. 实收资本　　B. 应收账款　　C. 资本公积　　D. 留存收益
6. 关于总分类科目与明细分类科目,表述正确的是(　　)。
A. 总分类科目是概括地反映会计对象的具体内容
B. 明细分类科目是详细反映会计对象的具体内容
C. 总分类科目对明细分类科目具有控制作用
D. 明细分类科目是对总分类科目的补充和说明
7. 在下列项目中,与管理费用属于同一类科目的是(　　)。
A. 制造费用　　B. 销售费用　　C. 财务费用　　D. 其他应收款
8. 设置会计科目应遵循的原则是(　　)。
A. 合法性　　B. 实用性
C. 相关性　　D. 统一性与灵活性相结合
9. 账户是用来记录经济业务的,它的作用有(　　)。
A. 分门别类地记载各项经济业务
B. 提供日常会计核算资料和数据
C. 为编制财务报表提供依据
D. 根据会计科目来设置
10. 下列属于总分类科目的是(　　)。
A. 应收账款　　B. 未分配利润　　C. 应交所得税　　D. 累计折旧
11. 下列关于账户的表述中,正确的有(　　)。
A. 账户具有一定格式和结构
B. 账户是根据会计科目设置的

C. 账户是用于分类反映会计要素增减变动情况及其结果的载体

D. 账户可根据其核算的经济内容、提供信息的详细程度及其统驭关系进行分类

12. 下列关于同一账户的四个金额要素之间基本关系的表述中，正确的有(　　)。

A. 本期期末余额 = 本期期初余额 + 本期增加发生额 - 本期减少发生额

B. 本期期末余额 - 本期期初余额 = 本期增加发生额 - 本期减少发生额

C. 本期期末余额 - 本期期初余额 - 本期增加发生额 = 本期减少发生额

D. 本期期末余额 + 本期减少发生额 = 本期期初余额 + 本期增加发生额

13. 下列各项中，通常属于账户组成部分的有(　　)。

A. 账户名称　　B. 凭证字号

C. 日期及摘要　　D. 增加额、减少额和余额

14. 下列关于会计科目和会计账户关系的表述中，正确的有(　　)。

A. 没有账户，会计科目就无法发挥作用

B. 会计科目是账户的名称，也是设置账户的依据

C. 会计科目不存在结构，账户则具有一定的格式和结构

D. 两者都是对会计对象具体内容项目的分类，两者核算内容一致、性质相同

15. 下列各项中，属于资产类科目的有(　　)。

A. 预收账款　　B. 库存现金　　C. 应收账款　　D. 预付账款

16. 下列各项中，属于成本类科目的有(　　)。

A. 生产成本　　B. 管理费用　　C. 制造费用　　D. 长期待摊费用

17. 下列各项中，属于所有者权益类科目的有(　　)。

A. 实收资本　　B. 盈余公积　　C. 利润分配　　D. 本年利润

18. 下列关于明细分类科目的表述中，正确的有(　　)。

A. 明细分类科目也称一级会计科目

B. 明细分类科目是对会计要素进行总括分类的科目

C. 明细分类科目是对总分类科目做进一步分类的科目

D. 明细分类科目是能提供更加详细具体会计信息的科目

19. 下列关于账户的说法错误的有(　　)。

A. 账户是根据会计要素设置的，用于分类反映会计要素增减变动情况及其结果的载体

B. 总分类账户统驭和控制所属明细分类账户，明细分类账户从属总分类账户

C. 期初余额、期末余额、借方发生额和贷方发生额统称为账户的四个基本要素

D. 会计科目与账户都是对会计对象具体内容的分类，两者核算内容一致、性质相同

20. 下列会计科目中，属于损益类科目的是(　　)。

A. 应付利息　　B. 管理费用　　C. 其他应收款　　D. 营业外收入

21. 下列会计科目中，属于资产类科目的是(　　)。

A. 无形资产　　B. 生产成本　　C. 短期借款　　D. 固定资产

22. 账户基本结构具体包括(　　)。

A. 账户的名称　　B. 日期及记账凭证编号

C. 经济业务摘要　　D. 增减金额及余额

23. 会计科目按其提供信息的详细程度及其统驭关系的不同，可以分为(　　)。

A. 总分类科目　　B. 明细分类科目　　C. 资产类科目　　D. 负债类科目

24. 会计科目按其所归属的会计要素不同,分为(　　)和损益类。

A. 资产类　　B. 负债类

C. 所有者权益类　　D. 成本类

25. 按反映经济内容的性质不同,下列科目属于损益类科目的有(　　)。

A. 主营业务成本　　B. 生产成本　　C. 制造费用　　D. 管理费用

26. 关于账户与会计科目的联系和区别,下列表述中正确的有(　　)。

A. 会计科目是账户的名称,账户是会计科目的具体运用

B. 会计科目与账户两者口径一致,性质相同

C. 会计科目不存在结构,账户则具有一定的格式和结构

D. 会计科目可以记录经济业务的增减变化及其结果

27. 下列说法正确的有(　　)。

A. 账户的期末余额等于期初余额

B. 余额一般与增加额在同一方向

C. 账户的左方发生额等于右方发生额

D. 如果一个账户的左方记增加额,右方就记减少额

28. 账户中各项金额的关系可用(　　)表示。

A. 本期期末余额 = 期初余额 + 本期增加发生额 - 本期减少发生额

B. 期初余额 + 本期增加发生额 = 本期期末余额 + 本期减少发生额

C. 本期期末余额 = 本期增加发生额 + 本期减少发生额

D. 本期期初余额 = 上期期末余额

29. 资产类科目包括(　　)。

A. 利润分配　　B. 银行存款　　C. 资本公积　　D. 累计折旧

30. 以下属于按照会计科目归属的会计要素不同进行分类的有(　　)。

A. 明细分类科目　　B. 总分类科目　　C. 损益类　　D. 成本类

31. 以下有关明细分类科目的表述中,正确的有(　　)。

A. 明细分类科目也称一级科目

B. 明细分类科目是对总分类科目做进一步分类的科目

C. 明细分类科目是对会计要素具体内容进行总括分类的科目

D. 明细分类科目是能提供更加详细、更加具体的会计信息的科目

32. 下列属于负债类科目的是(　　)。

A. 应付票据　　B. 应交税费

C. 材料成本差异　　D. 其他应付款

33. 下列属于资产类科目的是(　　)。

A. 原材料　　B. 存货跌价准备

C. 坏账准备　　D. 固定资产清理

34. 关于总分类科目与明细分类科目关系的下列表述中,正确的是(　　)。

A. 总分类科目与明细分类科目所反映的经济业务是相同的

B. 总分类科目与明细分类科目所反映的经济业务的详细程度是相同的

C. 明细分类科目对所属的总分类科目起着统驭控制作用

D. 明细分类科目对有关总分类科目起着补充说明作用

三、判断题

1. 会计科目设置应当遵循的相关性原则，是指所设置的会计科目应符合单位自身特点，满足单位实际需要。（　　）

2. 企业应根据国家统一会计制度的规定和单位交易或事项的具体内容设置明细账户。（　　）

3. 会计科目只是对会计对象具体内容进行分类的项目和名称，不能进行具体的会计核算。（　　）

4. 会计科目为成本计算与财产清查提供了前提条件。（　　）

5. 为了满足管理的需要，企业的会计账户设置得越细越好。（　　）

6. 在设置会计科目时，应当符合国家统一的会计制度规定。（　　）

7. 会计科目是对会计要素的具体内容进行分类核算的项目，是进行会计核算和提供会计信息的基础。（　　）

8. 会计科目按其提供信息的详细程度及其统驭关系，可以分为总分类科目和明细分类科目。（　　）

9. 设置会计科目的相关性原则，是指所设置的会计科目应当符合国家统一的会计制度的规定。（　　）

10. 所有的总分类科目都应该设置明细科目，进行明细核算。（　　）

11. 总分类科目对明细分类科目起着补充说明和统驭控制的作用。（　　）

12. 根据核算的经济内容不同，账户分为资产类账户、负债类账户、共同类账户、所有者权益类账户、成本类账户和损益类账户六类。（　　）

13. 账户的功能在于连续、系统、完整地提供企业经济活动中各会计要素增减变动及其结果的具体信息。（　　）

14. 各企业、单位应根据各自经济业务的实际需要自行设置总账科目。（　　）

15. 会计科目与账户最根本的区别是账户有结构而会计科目没有。（　　）

16. 根据一级会计科目开设的账户称为总账，而所有的总账必须设置明细账。（　　）

17. 期初余额、本期增加发生额、本期减少发生额、期末余额称为账户的四个金额要素。（　　）

18. 对会计要素具体内容进行总括分类核算，提供总括金额指标的账户简称总账账户。（　　）

19. 账户按反映的经济内容可分为资产类、负债类、收入类、费用类、利润类。（　　）

20. 会计科目与账户核算内容相同，两者口径一致、性质相同，属于同一概念。（　　）

21. 对于明细科目较多的总账科目，可在总分类科目下设置二级科目或多级科目。（　　）

22. 在会计核算的具体方法中，设置账户占有重要位置，它决定着会计科目的开设，是正确进行会计核算的一个重要条件。（　　）

23. 账户按其所反映的经济业务内容分类，可分为总分类账户和明细分类账户。（　　）

24. 明细分类账户是根据明细分类科目设置的，用于对会计要素具体内容进行总括分类核算的账户。（　　）

25. 会计科目都是根据会计账户设置的。 ( )

26. 会计账户的各项金额的关系可用“本期期末余额 = 本期期初余额 + 本期增加发生额 - 本期减少发生额”表示。 ( )

27. 在不违反国家统一会计制度的前提下,明细会计科目可以根据企业内部管理的需要自行制定。 ( )

28. “应收账款”账户的期末余额 = 期初余额 + 本期贷方发生额 - 本期借方发生额。 ( )

29. 明细分类科目是对总分类科目进一步分类、提供更详细、更具体的会计信息。 ( )

30. 总分类账户是根据总分类科目设置的,为了保持会计信息的一致性、可比性,目前总分类账户一般根据国家统一的会计制度规定总分类科目设置。 ( )

31. 在实际工作中,对会计账户与会计科目一般不严格区分,两者可以通用。 ( )

四、技能训练题

实训一 会计科目的分类

1. 实训目的

掌握账户名称,判断账户的性质,分析会计科目的类型。

2. 实训资料

江南公司2020年12月末总账账户余额,见表3-1。

表3-1 2020年12月末总账账户余额

单位:元

序号	会计科目	2020年12月末余额	
		借方	贷方
1	长期股权投资	1 800 000	
2	长期借款		5 000 000
3	短期借款		500 000
4	固定资产	10 200 000	
5	坏账准备		5 836.2
6	库存商品	77 152	
7	库存现金	1 963.02	
8	累计摊销		90 000
9	累计折旧		1 581 500
10	利润分配		1 964 163.8
11	其他应付款		33 772.2
12	其他应收款	600	
13	实收资本		8 000 000
14	无形资产	450 000	

表 3-1(续)

序号	会计科目	2020 年 12 月末余额	
		借方	贷方
15	银行存款	95 060.2	
16	应付利息		3 550
17	应付利润		680 000
18	应付票据		290 000
19	应付账款		2 500
20	应付职工薪酬		64 488.82
21	应交税费		268 994.22
22	应收票据	5 514 808	
23	应收账款	40 716	
24	盈余公积		896 929.8
25	预付账款	129 600	
26	原材料	36 611	
27	在建工程	1 035 224.82	
	合计	19 381 735.04	19 381 735.04

3. 实训要求

(1)判断各个账户属于哪一类,将各类账户名称(会计科目)及其金额填入表 3-2。

表 3-2　资产负债表(简表)

单位:元

资产	金额	负债和所有者权益	金额
资产类:		负债类:	
		负债合计	
		所有者权益类:	
		所有者权益合计	
资产合计		资产和所有者权益合计	

(2)计算资产、负债和所有者权益的总额。

注:(1)坏账准备是资产类账户,是应收账款的被抵账户。在填列应收账款时,应该根据应收账款金额减去坏账准备金额后填列。

(2)累计折旧是资产类账户,是固定资产的被抵账户。在填列固定资产金额时,应该根据固定资产金额减去累计折旧金额后填列。

(3)累计摊销是资产类科目,是无形资产账户的被抵账户。在填列无形资产金额时,应该根据无形资产金额减去累计摊销金额后填列。

实训二 会计科目的确认

1. 实训目的

掌握会计科目的名称及所核算的内容。

2. 实训资料

江南公司日常业务核算所涉及的项目,见表3-3。

表3-3 日常业务核算所涉及的项目

序号	项目	序号	项目
1	企业出纳保管的现金	22	期限在一年以上的借款
2	存入开户银行的现金	23	应支付的材料款
3	存放在证券交易所的投资款	24	应支付的工资
4	赊销产品尚未收到的款项	25	应交的各种税费
5	预收的销售款	26	预付的材料采购款
6	应收职工赔偿款	27	投资者对企业的投资
7	出差人员预借的差旅费	28	销售产品或提供劳务取得的收入
8	购入的准备随时出售的股票	29	销售产品或提供劳务的成本
9	销售商品收到的商业汇票	30	出售边角废料取得的收入
10	购入生产用的主要材料和原料	31	出售边角废料的成本
11	正在生产加工的产品成本	32	行政管理部门的办公费、工资款
12	生产车间的照明用电费	33	广告费
13	生产车间管理人员工资	34	销售部门人员工资
14	完工入库的产品成本	35	日常经营借款利息
15	所用机器设备的原始价值	36	罚款收入
16	提取的折旧	37	对外的捐赠
17	正在建造的房屋成本	38	支付的罚款
18	购买的专利权、商标权的价值	39	所得税
19	期限在一年内的借款	40	当前经营成果
20	采购材料开出的商业汇票	41	以前年度经营成果
21	发行的股票价值	42	发行的长期债券

3. 实训要求

将上述核算内容所属会计科目名称填入表3－4，能写出明细科目的要写出明细科目。

表3－4　会计科目表

序号	会计科目		序号	会计科目	
	总账科目	明细科目		总账科目	明细科目
1			22		
2			23		
3			24		
4			25		
5			26		
6			27		
7			28		
8			29		
9			30		
10			31		
11			32		
12			33		
13			34		
14			35		
15			36		
16			37		
17			38		
18			39		
19			40		
20			41		
21			42		

实训三　账户结构及关系

1. 实训目的

掌握账户的基本结构，并学会计算账户的期末余额。

2. 实训资料

相关账户的期初余额、本期发生额和期末余额情况，见表3－5。

表3-5　相关账户的期初余额、本期发生额和期末余额情况

单位:元

账户名称	期初余额	本期增加额	本期减少额	期末余额
库存商品	250 000		640 000	180 000
应收账款	90 000	350 000	400 000	
应付账款	50 000	420 000		70 000
固定资产	980 000		60 000	1 350 000
短期借款	100 000	200 000	170 000	
实收资本	1 500 000		0	1 790 000

3. 实训要求

(1)根据账户结构和期末余额的计算公式,计算表3-5空格中的数字。

(2)将计算结果填入空格中。

实训四　账户的结构及登记

1. 实训目的

掌握各类账户的基本结构和登记方法。

2. 实训资料

(1)2020年12月1日江南公司有关账户余额,见表3-6。

表3-6　期初余额表

单位:元

账户	借贷方向	期初余额
银行存款	借	98 520
应付账款	贷	90 000
实收资本	贷	1 500 000

(2)2020年12月,江南公司发生下列有关银行存款增减变动的经济业务:

①1日,向银行送存现金122 400元;

②3日,用银行存款支付购买材料款84 000元;

③8日,从银行提取现金60 000元,准备发放工资;

④16日,因销售产品收到转账支票一张,金额96 000元存入银行;

⑤22日,收到银行通知,第三季度银行存款利息185元;

⑥26日,开出金额15 600元的转账支票一张,用以支付水电费。

(3)2020年12月,江南公司发生下列有关应付账款增减变动的经济业务:

①2日,购入甲材料一批,货款128 400元,尚未支付;

②9日,偿还所欠供应单位部分货款66 000元;

③16日,归还所欠甲材料货款68 400元;

④22 日,因 2 日购入的甲材料部分有质量问题,经与供应商协商,其中 60 000 元甲材料已经退货;

⑤28 日,购入数控机床一台,价款 169 000 元,货款尚未支付。

(4)2020 年 12 月,江南公司发生下列有关实收资本增减变动的经济业务:

①2 日,接收投资者投入资金 300 000 元;

②15 日,经批准减少注册资本 450 000 元,已返还投资者;

③30 日,以资本公积 160 000 元转增资本。

(5)2020 年 12 月,江南公司发生下列有关产品销售收入增减变动的经济业务:

①6 日,销售甲产品 30 件,单价 380 元,价款 11 400 元;

②12 日,销售乙产品 150 件,单价 260 元,价款 39 000 元;

③18 日,6 日售出的甲产品因质量问题有 10 件已经退货,退货款 3 800 元;

④28 日,销售乙产品 200 件,单价 250 元,价款 50 000 元;

⑤30 日,将本月份的产品销售收入净额转出,以便与费用配比计算损益。

3. 实训要求

(1)根据上述资料,分别开设“银行存款”“应付账款”“实收资本”“主营业务收入”账户,并登记期初余额,见表 3-7。

表 3-7　2020 年江南公司总分类账

会计科目:银行存款　　　　单位:元

年		凭证字号	摘要	借方	贷方	借或贷	余额
月	日						

会计科目:应付账款

年		凭证字号	摘要	借方	贷方	借或贷	余额
月	日						

表3-7(续)

会计科目:实收资本

年		凭证字号	摘要	借方	贷方	借或贷	余额
月	日						

会计科目:主营业务收入

年		凭证字号	摘要	借方	贷方	借或贷	余额
月	日						

(2)将本月发生的经济业务记入上述账户并随时结出余额。

(3)月末,结计上述账户的本月借、贷方发生额和期末余额。

第四章　会计记账方法

一、单项选择题

1. 根据资产与权益的恒等关系，以及借贷记账法的记账规则，检查所有账户记录是否正确的过程称为（　　）。

A. 记账　　B. 试算平衡　　C. 对账　　D. 结账

2. 借贷记账法的发生额试算平衡公式是（　　）。

A. 每个账户的借方发生额 = 每个账户的贷方发生额

B. 全部账户期初借方余额合计 = 全部账户期初贷方余额合计

C. 全部账户本期借方发生额合计 = 全部账户本期贷方发生额合计

D. 全部账户期末借方余额合计 = 全部账户期末贷方余额合计

3. 在借贷记账法下，账户的贷方用来登记（　　）。

A. 大部分收入类账户的减少

B. 大部分所有者权益类账户的增加

C. 大部分负债类账户的减少

D. 大部分成本类账户的增加

4. 下列关于借贷记账法的表述中，正确的是（　　）。

A. 漏记一项经济业务通过试算平衡可以发现

B. 借贷记账法是复式记账法的一种

C. 在借贷记账法下，负债增加记借方，减少记贷方

D. 在借贷记账法下，“借”代表增加，“贷”代表减少

5. 下列会计分录形式中，属于简单会计分录的是（　　）。

A. 一借一贷　　B. 一借多贷　　C. 一贷多借　　D. 多借多贷

6. 下列错误中，能够通过试算平衡发现的是（　　）。

A. 重记经济业务　　B. 漏记经济业务

C. 借贷方向写反　　D. 借贷金额不等

7. 在借贷记账法下，成本类账户的期末余额一般在（　　）。

A. 借方　　B. 增加方　　C. 贷方　　D. 减少方

8. 目前，我国采用的复式记账法主要是（　　）。

A. 单式记账法　　B. 增减记账法　　C. 收付记账法　　D. 借贷记账法

9. 在借贷记账法下，所有者权益类账户的期末余额等于（　　）。

A. 期初余额 - 借方发生额 - 贷方发生额

B. 期初余额 - 借方发生额 + 贷方发生额

C. 期初余额 + 借方发生额 - 贷方发生额

D. 期初余额 + 借方发生额 + 贷方发生额

10. 下列记账错误中,不能通过试算平衡检查发现的是(　　)。

A. 将某一账户的借方发生额600元,误写成6 000元

B. 某一账户的借贷方向写反

C. 借方的金额误记到贷方,使得贷方金额大于借方金额

D. 漏记了借方的发生额

11. 复式记账法对于每项经济业务都以相等的金额在(　　)中进行登记。

A. 一个账户　　B. 两个账户

C. 全部账户　　D. 两个或两个以上的账户

12. 账户发生额试算平衡方法是根据(　　)。

A. 借贷记账法的记账规则　　B. 资产 = 负债 + 所有者权益

C. 收入 - 费用 = 利润　　D. 平行登记原则

13. 复式记账法是以(　　)为记账基础的一种记账方法。

A. 试算平衡　　B. 资产和权益平衡关系

C. 会计科目　　D. 经济业务

14. 下列会计分录中,属于复合会计分录的是(　　)。

A. 借:生产成本　　20 000

　　贷:制造费用　　20 000

B. 借:银行存款　　50 000

　　贷:实收资本——A公司　　20 000

　　　　　　　——B公司　　30 000

C. 借:原材料——甲材料　　15 000

　　　　　——乙材料　　10 000

　　贷:银行存款　　25 000

D. 借:管理费用　　3 000

　　　制造费用　　5 000

　　贷:累计摊销　　8 000

15. 对某项经济业务事项标明应借、应贷账户名称及其金额的记录称为(　　)。

A. 对应关系　　B. 对应账户　　C. 会计分录　　D. 账户

16. 某企业资产总额为100万元,发生下列三笔经济业务:(1)向银行借款20万元存入银行;(2)用银行存款偿还债务5万元;(3)收回应收账款4万元存入银行。此三笔经济业务发生后,其资产总额为(　　)万元。

A. 115　　B. 119　　C. 111　　D. 71

17. 某企业月初权益总额为200万元,假定本月仅发生一笔以银行存款20万元偿还短期借款的业务,则该企业月末资产总额为(　　)万元。

A. 180　　B. 200　　C. 190　　D. 240

18. 某公司期初资产总额为500万元,当期期末负债总额比期初减少20万元,期末所有者权益比期初增加25万元,则该企业期末资产总额为(　　)万元。

A. 500　　B. 480　　C. 505　　D. 525

19. 某公司资产总额为20万元,负债总额为5万元,以银行存款2万元偿还短期借款,并以银行存款2万元购买设备。则上述业务入账后,该公司的负债总额为(　　)万元。

A. 2　　B. 3　　C. 25　　D. 15

20. 下列各项中，属于我国目前企业所用的记账方法是(　　)。

A. 收付记账法　　B. 增减记账法

C. 借贷记账法　　D. 单式记账法

21. 下列关于资产类账户结构的表述中，正确的是(　　)。

A. 增加记贷方　　B. 增加记借方

C. 减少记借方　　D. 期末无余额

22. 下列关于所有者权益类账户结构的表述中，正确的是(　　)。

A. 增加记贷方　　B. 增加记借方

C. 减少记贷方　　D. 期末无余额

23. 下列各项中，可以通过编制试算平衡表发现的记账错误是(　　)。

A. 颠倒记账方向

B. 漏记某项经济业务

C. 错误地使用应借记的会计科目

D. 只登记会计分录的借方或贷方，漏记另一方

24. 下列有关复式记账法的表述中，不正确的是(　　)。

A. 复式记账法对发生的每一笔经济业务都要在同一会计期间内进行登记

B. 复式记账法是唯一的记账方法

C. 复式记账能够完整记录经济业务

D. 复式记账法是对经济交易与事项记录的一种方法

25. 在借贷记账法下，费用类会计科目(　　)。

A. 借方登记费用的增加额　　B. 贷方登记费用的增加额

C. 期末余额在借方　　D. 期末余额在贷方

26. “应付账款”科目的期末余额等于(　　)。

A. 期初余额 + 本期借方发生额 - 本期贷方发生额

B. 期初余额 - 本期借方发生额 - 本期贷方发生额

C. 期初余额 - 本期借方发生额 + 本期贷方发生额

D. 期初余额 + 本期借方发生额 + 本期贷方发生额

27. 某企业“累计折旧”科目的年初贷方余额为 600 万元，假设该企业“累计折旧”当年的借方发生额为 200 万元，贷方发生额为 300 万元，则该企业“累计折旧”的年末余额为(　　)。

A. 贷方 500 万元　　B. 借方 500 万元

C. 贷方 700 万元　　D. 借方 700 万元

28. 年末所有损益类科目的余额均为零，表明(　　)。

A. 当年利润一定是负数

B. 当年利润一定是正数

C. 损益类科目发生额在结账时均已转入“本年利润”科目

D. 当年利润一定是零

29. 某企业在“原材料”总分类账户下开设了“甲材料”“乙材料”和“丙材料”3 个明细账户。本月“原材料”总分类账户的贷方发生额为 2 500 万元，“甲材料”明细分类账户的贷

方发生额为850万元,“乙材料”明细分类账户的贷方发生额为730万元,则本月“丙材料”明细分类账户的贷方发生额应当是(　　)。

A. 2 620万元　　B. 2 380万元　　C. 920万元　　D. 4 080万元

30. 下列科目中与“制造费用”科目不可能发生对应关系的是(　　)。

A. 生产成本　　B. 本年利润
C. 累计折旧　　D. 应付职工薪酬或原材料

31. 余额试算平衡法下的平衡关系有(　　)。

A. 全部会计科目的本期借方发生额合计 = 全部会计科目的本期贷方发生额合计
B. 全部会计科目的期初借方余额合计 = 全部会计科目的期末贷方余额合计
C. 全部明细账分类科目期末余额合计 = 总分类账科目分类账户期末余额
D. 全部会计科目的期末借方余额合计 = 全部会计科目的期末贷方余额合计

32. “预收账款”账户期初贷方余额20 000元,本期贷方发生额18 000元,本期借方发生额24 000元。该账户期末则为(　　)。

A. 借方余额10 000元　　B. 借方余额26 000元
C. 贷方余额14 000元　　D. 贷方余额26 000元

33. 在借贷记账法下,“借”表示(　　)。

A. 资产的减少　　B. 费用的增加
C. 负债的增加　　D. 收入的增加

34. 经济业务的发生,若只涉及资产、负债、所有者权益内部一个项目增加,另一个项目减少,则不会影响会计等式两端总额的平衡,而且原来的总额(　　)。

A. 增加　　B. 减少　　C. 不变　　D. 变化无规律

35. 总账余额试算平衡的理论依据是(　　)。

A. 记账符号　　B. 会计等式　　C. 记账规则　　D. 科目分类

36. 发生额试算平衡的理论依据是(　　)。

A. 记账规则　　B. 记账符号
C. 会计等式　　D. 会计科目分类

37. “应收账款”账户期初余额为借方2 000元,本期借方发生额1 000元,本期贷方发生额8 000元,该账户的期末余额为(　　)。

A. 借方3 000元　　B. 贷方8 000元
C. 借方5 000元　　D. 贷方5 000元

38. 借贷记账法下,发生额平衡法是由(　　)决定的。

A. 有借必有贷,借贷必相等　　B. 账户的结构
C. 资产 = 权益的会计等式　　D. 平行登记要点

二、多项选择题

1. 下列关于单式记账法的表述中,正确的有(　　)。

A. 单式记账法不便于检查账户记录的正确性和完整性
B. 单式记账法的记账手续简单,但没有一套完整的账户体系
C. 单式记账法是指对发生的每一项经济业务,只在一个账户中加以登记的记账方法
D. 单式记账法不能全面、系统地反映各项会计要素增减变动情况和经济业务的来龙

去脉

2. 下列关于复式记账法的表述中，正确的有（　　）。

A. 复式记账法能够进行试算平衡，便于查账和对账

B. 复式记账法可以通过账户记录，完整、系统地反映经济活动的过程和结果

C. 复式记账法可以全面、系统地反映各项会计要素的增减变动和经济业务的来龙去脉

D. 复式记账法对于每一项经济业务，都要在两个或两个以上的账户中进行相互联系地记录

3. 下列关于账户结构的表述中，正确的有（　　）。

A 资产类账户借方登记减少数　　B. 负债类账户借方登记减少数

C. 收入类账户贷方登记增加数　　D. 费用类账户借方登记减少数

4. 下列各项中，属于会计分录的形式有（　　）。

A. 多借多贷　　B. 一借多贷　　C. 多借一贷　　D. 一借一贷

5. 下列各项中，属于在借贷记账法下，可以在账户借方登记的有（　　）。

A. 资产的增加　　B. 负债的增加

C. 收入的增加　　D. 所有者权益的减少

6. 下列关于试算平衡公式的表述中，正确的有（　　）。

A. 资产类账户借方发生额合计 = 资产类账户贷方发生额合计

B. 负债类账户借方发生额合计 = 负债类账户贷方发生额合计

C. 全部账户的借方期初余额合计 = 全部账户的贷方期初余额合计

D. 全部账户本期借方发生额合计 = 全部账户本期贷方发生额合计

7. 下列说法正确的有（　　）。

A. 资产类账户增加记贷方，减少记借方

B. 负债类账户增加记贷方，减少记借方

C. 收入类账户增加记贷方，减少记借方

D. 费用类账户增加记贷方，减少记借方

8. 会计分录的内容包括（　　）。

A. 经济业务内容摘要　　B. 账户名称

C. 经济业务发生额　　D. 应借应贷方向

9. 下列错误不会影响借贷双方的平衡关系的是（　　）。

A. 漏记某项经济业务　　B. 重记某项经济业务

C. 记错方向，把借方计入贷方　　D. 借贷错误巧合，正好抵消

10. 会计分录的格式正确的有（　　）。

A. 先借后贷

B. 借方在上，贷方在下

C. 在一借多贷和多借多贷的情况下，借方或贷方的文字要对齐

D. 在一借多贷和多借多贷的情况下，借方或贷方的数字要对齐

11. 下列账户中期末余额在贷方的有（　　）。

A. 预收账款　　B. 应收账款　　C. 应付账款　　D. 累计摊销

12. 根据借贷记账方法的账户结构，账户借方登记的内容有（　　）。

A. 收入的增加　　B. 所有者权益的减少

C. 资产的增加　　D. 负债的增加

13. 借贷记账法的记账规则是(　　)。

A. 有借必有贷　　B. 借贷必相等

C. 借方登记增加额　　D. 贷方登记减少额

14. 下列账户中,期末结转后应无余额的账户有(　　)。

A. 主营业务收入　　B. 主营业务成本

C. 一借一贷　　D. 长期待摊费用

15. 下列关于平行登记的说法正确的有(　　)。

A. 总账账户的期初余额 = 明细账账户期初余额合计

B. 计入总分类账户的金额与计入其所属明细分类账户的合计金额相等

C. 总账账户的本期发生额 = 所属明细账账户本期发生额合计

D. 总账账户的期末余额 = 所属明细账账户期末余额合计

16. 下列应计入贷方的有(　　)

A. 资产的增加额　　B. 负债的增加额

C. 所有者权益的增加额　　D. 费用的增加额

17. 用公式表示试算平衡关系,正确的是(　　)。

A. 全部账户本期借方发生额合计 = 全部账户本期贷方发生额合计

B. 全部账户的借方期初余额合计 = 全部账户的贷方期初余额合计

C. 负债类账户借方发生额合计 = 负债类账户贷方发生额合计

D. 资产类账户借方发生额合计 = 资产类账户贷方发生额合计

18. 在借贷记账法下,可以在账户借方登记的有(　　)。

A. 资产的增加　　B. 负债的增加

C. 收入的增加　　D. 所有者权益的减少

19. 与单式记账法相比,复式记账法的优点有(　　)。

A. 有一套完整的账户体系

B. 可以清楚地反映经济业务的来龙去脉

C. 可以对记录的结果进行试算平衡,以检查账户记录是否正确

D. 记账手续简单

20. 某企业月末编制试算平衡表时,因"原材料"账户的余额计算不正确,导致试算平衡中月末借方余额合计为65 000元,而全部账户月末贷方余额合计为60 000元,则"原材料"账户(　　)。

A. 余额多记5 000元　　B. 余额少记5 000元

C. 为贷方余额　　D. 为借方余额

21. 在借贷记账法下,当借记"银行存款"时,下列会计科目中可能成为其对应科目的有(　　)。

A. 实收资本　　B. 库存现金　　C. 主营业务成本　　D. 本年利润

22. 对于大多数资产、成本类账户而言(　　)。

A. 增加记借方　　B. 增加记贷方　　C. 减少记贷方　　D. 期末无余额

23. 下列关于复式记账法观点正确的有(　　)。

A. 以会计等式作为记账基础

B. 不能全面系统地反映各会计要素的增减变动情况以及经济业务的来龙去脉

C. 对于发生的每一项经济业务，都要在两个账户中登记

D. 可以对账户记录的结果进行试算平衡，以便检查账户记录的正确性

24. 借方登记本期减少发生额的账户有(　　)。

A. 资产类账户　　B. 负债类账户　　C. 收入类账户　　D. 费用类账户

25. 下列账户内部关系中，正确的是(　　)。

A. 资产类账户期末余额 = 借方期初余额 + 本期借方发生额 - 本期贷方的发生额

B. 资产类账户期末余额 = 借方期初余额 + 本期贷方发生额 - 本期借方的发生额

C. 权益类账户期末余额 = 贷方期初余额 + 本期借方发生额 - 本期贷方的发生额

D. 权益类账户期末余额 = 贷方期初余额 + 本期贷方发生额 - 本期借方的发生额

26. 下列错误事项不能通过试算平衡查找的有(　　)。

A. 某项经济业务未入账　　B. 某项经济业务重复记账

C. 应借应贷账户中借贷方向颠倒　　D. 应借应贷账户中金额不等

27. 下列错误中能通过试算平衡发现的是(　　)。

A. 某项经济业务未入账　　B. 漏记某个会计科目

C. 借贷方向颠倒　　D. 借贷金额不等

28. 下列关于会计分录表述正确的是(　　)。

A. 一笔会计分录主要包括三个要素，即会计科目、记账符号和金额

B. 根据会计科目对应关系的不同情况，会计分录可以分为简单会计分录和复合会计分录

C. 存在对应关系的会计科目被称为总分类科目与明细分类科目

D. 复合分录一般不能编制多借多贷分录，但某些特殊情况例外

29. 下列各观点中，不正确的是(　　)。

A. 从某个企业看，其全部借方会计科目与全部贷方会计科目之间互为对应科目

B. 从某个会计分录看，其借方会计科目与贷方会计科目之间互为对应科目

C. 在实际工作中，编制会计分录是通过填制记账凭证来完成的

D. 简单会计分录只涉及一项经济业务，复合会计分录涉及多项经济业务

30. 借贷记账法下，(　　)的依据是“资产 = 负债 + 所有者权益”。

A. 全部账户的期初借方余额合计 = 全部账户的期初贷方余额合计

B. 全部账户的期末借方余额合计 = 全部账户的期末贷方余额合计

C. 全部账户的期初借方余额合计 + 全部账户本期借方发生额合计 = 全部账户的期末借方余额合计

D. 全部账户的期初贷方余额合计 + 全部账户本期贷方发生额合计 = 全部账户的期末贷方余额合计

31. 下列关于借贷记账法含义的说法中，正确的有(　　)。

A. “借”“贷”只是一种记账符号，不表示任何经济意义

B. 借贷记账法建立在“资产 = 负债 + 所有者权益”会计等式的基础上

C. 借贷记账法以“有借必有贷、借贷必相等”为记账规则

D. 借贷记账法中，“借”表示增加还是“贷”表示增加，取决于会计要素的性质和结构

32. 下列错误中，能够通过试算平衡发现的有(　　)。

A. 一项经济业务被漏记了贷方金额　　B. 应借应贷科目的方向颠倒

C. 借方多计了金额　　　　　　　　　　　D. 借贷双方同时多计了金额

33. “借贷记账法”的基本特征有(　　)。

A. 采用“借”“贷”作为记账符号

B. 以“资产 = 负债 + 所有者权益”作为理论依据

C. 记账规则是“有借必有贷,借贷必相等”

D. 是我国企业会计核算的法定记账方法

34. 表4－1为某企业12月编制试算平衡表。

表4－1　某企业12月编制试算平衡表

单位:元

账户名称	期初余额		本期发生额		期末余额	
	借方	贷方	借方	贷方	借方	贷方
银行存款	(1)		60 000	20 000	70 000	
固定资产	100 000		(2)		(3)	
原材料	70 000		30 000		100 000	
应付账款				60 000		60 000
实收资本		(4)		50 000		250 000
合计	(5)	200 000	(6)	130 000	(7)	310 000

(1)下列计算正确的是(　　)。

A. 固定资产的本期借方发生额为100 000元

B. 固定资产的期末借方余额为200 000元

C. 固定资产的本期借方发生额为40 000元

D. 固定资产的期末借方余额为140 000元

(2)经推算,银行存款、实收资本的期初余额计算正确的是(　　)。

A. 银行存款的期初余额为借方50 000元

B. 实收资本期初贷方余额为300 000元

C. 银行存款的期初余额为借方30 000元

D. 实收资本期初贷方余额为200 000元

三、判断题

1. 在借贷记账法下,所有者权益类账户与费用类账户的结构截然相反。(　　)

2. 在借贷记账法下,是“借”表示增加,还是“贷”表示增加,取决于账户的性质与所记录经济内容的性质。(　　)

3. 账户的对应关系是指采用借贷记账法对每笔交易或事项进行记录时,相关账户之间形成的应借、应贷的相互关系,存在对应关系的账户称为对应账户。(　　)

4. 记账时,将借贷方向记错,会影响借贷双方的平衡关系。(　　)

5. 试算平衡时可以肯定账户记录或计算一定正确。(　　)

6. 编制试算平衡表时,也应该包括只有期初余额而没有本期发生额的账户。(　　)

7. 记账时，将借贷方向记错，不会影响借贷双方的平衡关系。（　）

8. 试算平衡时，如果试算平衡了，就说明账户记录是绝对正确的。（　）

9. 复式记账法是指对于发生的每一项经济业务，都要以相等的金额同时在相互联系的两个账户中进行登记的一种记账方法。（　）

10. 对于一项经济业务，总分类账户登记在借方，其所属明细分类账户可以登记在贷方。（　）

11. 在借贷记账法中，“贷”字表示收入的增加、费用的减少和负债的增加。（　）

12. 损益类账户的期末余额 = 期初余额 + 本期贷方发生额 - 本期借方发生额。（　）

13. 总分类账户期初余额与其所属明细分类账的期初余额有时会不一致。（　）

14. 某企业银行存款期初借方余额为 10 万元，本期借方发生额为 5 万元，本期贷方发生额为 3 万元，则期末借方余额为 12 万元。（　）

15. 各种复式记账法的根本区别在于记账符号不同。（　）

16. 在借贷记账法下，成本类科目的借方登记增加数，贷方登记减少数，期末无余额。（　）

17. 复式记账法就是对每一项经济业务，都以相等的金额同时在总账及其所属的明细账中进行登记的一种方法。（　）

18. 标明某项经济业务应借应贷会计科目名称及其金额的一种记录，称为会计分录。（　）

19. 在借贷记账法下，“借”和“贷”只是记账符号，至于是表示增加还是减少，取决于账户的结构。（　）

20. 复式记账法具有能够反映资金运用全貌、有完整的会计科目体系和便于检查会计科目记录正确性的特点。（　）

21. 借贷记账法的试算平衡公式分为发生额平衡公式和差额平衡公式。（　）

22. 费用类账户结构与资产类账户结构类同，即借方登记增加数，贷方登记减少数，期末结转后无余额。（　）

23. 我国会计制度规定，所有的单位记账都采用借贷记账法。（　）

24. 复式记账是以资产和权益的平衡关系为记账基础，对每一项经济业务都以相等的金额同时在相互联系的两个账户中进行登记的一种方法。（　）

25. 目前我国主要采用的是复式记账法，但对于个别企业、组织也可以采用单式记账法进行会计核算。（　）

26. 会计科目与账户核算内容相同，两者口径一致，性质相同，属于同一概念。（　）

27. “本年利润”账户属于所有者权益账户。（　）

28. “累计折旧”账户的余额在贷方，所以其属于负债类账户。（　）

四、技能训练题

实训一　复式记账原理应用

1. 实训目的

掌握借贷记账法的基本内容，也就是如何建立“T”型账户，如何编制会计分录，并学会

“T”型账户的登记方法。

2. 实训资料

(1)江南公司全部账户期初余额,见表4-2。

表4-2 全部账户期初余额

单位:元

账户名称	借方余额	账户名称	贷方余额
库存现金	100	短期借款	230 000
银行存款	250 000	应付账款	126 000
应收账款	87 500	应交税费	1 600
库存商品	120 000	实收资本	700 000
固定资产	600 000		
合计	1 057 600		1 057 600

(2)江南公司发生的经济业务,见表4-3。

表4-3 江南公司发生的经济业务

业务	分录
1. 从银行提取现金3 000元备用	
2. 以存款购入材料,价款80 000元,增值税税额10 400元,材料已验收入库(不考虑增值税)	
3. 从星宇公司购入材料,价款50 000元,增值税税额6 500元,材料已验收入库,货款尚未支付(不考虑增值税)	
4. 收回大宇公司前欠购货款45 200元存入银行	
5. 采购员张明向企业预借差旅费2 000元,企业以现金支付	
6. 从银行取得6个月期的借款50 000元,存入银行以备使用	
7. 以银行存款12 000元偿还前欠购料款	
8. 收到某公司投入的货币资金300 000元,存入银行	

3. 实训要求

(1)根据以上资料编制会计分录。

(2)根据期初余额与所编制的会计分录,开设并登记“T”型账户,结出本期发生额及期末余额。

实训二　试算平衡表的编制(一)

1. 实训目的

掌握试算平衡表的编制方法。

2. 实训资料

总分类账户试算平衡表,见表4－4。

表4-4 总分类账户试算平衡表

单位:元

账户名称	期初余额		本期发生额		期末余额	
	借方	贷方	借方	贷方	借方	贷方
合计						

3. 实训要求

根据实训一的实训资料所提供的账户记录,编制总分类账户试算平衡表。

实训三 试算平衡表的编制(二)

1. 实训目的

掌握试算平衡表的编制方法。

2. 实训资料

(1)江南公司2020年11月30日总分类账户余额,见表4-5。

表 4-5　2020 年 11 月 30 日总分类账记余额

单位:元

资产类账户	余额	负债及所有者权益	余额
库存现金	5 000	短期借款	230 000
银行存款	200 000	应付账款	190 000
应收账款	150 000	应交税费	15 000
原材料	50 000	实收资本	300 000
生产成本	50 000		
库存商品	100 000		
固定资产	180 000		
合计	735 000		735 000

(2)江南公司 2020 年 12 月份发生下列经济业务:

①用银行存款支付上月未交税费款 15 000 元。

②从银行提取现金 4 000 元,备用。

③收回某企业前欠货款 10 000 元存入银行。

④以银行存款支付前欠某企业货款 18 000 元。

⑤购进原材料 26 000 元,货款未付。

⑥职工张三出差预借差旅费 2 000 元,出纳员用现金支付。

⑦向银行借入短期借款 100 000 元,存入银行。

⑧银行将短期借款 300 000 元转作对本企业的投资。

⑨生产 A 产品领用材料 20 000 元。

⑩A 产品完工入库,结转其生产成本 30 000 元。

(3)试算平衡表,见表 4-6。

表 4-6　试算平衡表

科目名称	期初 借方余额	期初 贷方余额	本期 借方发生额	本期 贷方发生额	期末 借方余额	期末 贷方余额
库存现金						
银行存款						
应收账款						
原材料						
生产成本						
库存商品						
固定资产						
短期借款						
应付账款						
应交税费						

表4-6(续)

科目名称	期初 借方余额	期初 贷方余额	本期 借方发生额	本期 贷方发生额	期末 借方余额	期末 贷方余额
实收资本						
其他应收款						
合计						

3. 实训要求

(1)根据上述经济业务编制会计分录;

(2)根据期初余额建立"T"型账户;

(3)根据会计分录登记"T"型账户;

(4)计算本期发生额及期末余额;

(5)编制试算平衡表。

第五章　借贷记账法下主要经济业务的账务处理

一、单项选择题

1. 下列各项中，不通过管理费用核算的是（　　）。

A. 开办费　　B. 职工差旅费　　C. 广告费　　D. 印花税

2. 某公司本会计期间的主营业务收入为 1 700 万元，主营业务成本为 1 190 万元，税金及附加为 170 万元，销售费用为 110 万元，管理费用为 100 万元，财务费用为 19 万元，营业外收入为 16 万元，营业外支出为 25 万元，其他业务收入为 200 万元，其他业务成本为 100 万元，应交所得税按利润总额 25% 计算，其营业利润、利润总额、企业净利润分别为（　　）万元。

A. 111，232，174　　B. 211，202，151.5

C. 356，232，74　　D. 111，202，151.5

3. 企业生产发生的间接费用，应先在"制造费用"科目归集，期末再按一定的标准和方法分配记入（　　）科目。

A. 管理费用　　B. 生产成本　　C. 本年利润　　D. 库存商品

4. 企业购进材料开出银行承兑汇票进行结算，应通过的科目是（　　）。

A. 应付票据　　B. 应收票据　　C. 应收账款　　D. 应付账款

5. 冲销无法支付的应付账款，应该借记（　　）科目。

A. 应付账款　　B. 应收账款　　C. 营业外支出　　D. 营业外收入

6. 企业取得的罚款，应计入（　　）。

A. 主营业务收入　　B. 营业外收入　　C. 其他业务收入　　D. 补贴收入

7. 某公司 2020 年 3 月份发生如下业务：销售商品收入 20 万元，已经收款 15 万元，收回上月欠货款 2 万元，则本年结转至本年利润的主营业务收入金额为（　　）。

A. 15 万元　　B. 22 万元　　C. 17 万元　　D. 20 万元

8. 甲公司 2020 年初"利润分配——未分配利润"科目的余额在借方，金额为 50 万元，2020 年实现净利润 200 万元，提取盈余公积 20 万元，分配利润 50 万元，则 2020 年末未分配利润的数额为（　　）万元。

A. 130　　B. 150　　C. 80　　D. 180

9. 企业销售产品时，以银行存款代购货方垫付包装费、运杂费时，应借记（　　）科目。

A. 银行存款　　B. 其他应收款　　C. 销售费用　　D. 应收账款

10. "利润分配——未分配利润"科目的借方余额表示（　　）。

A. 本期实现的净利润　　B. 本期发生的净亏损

C. 累计尚未分配的利润　　D. 累计尚未弥补的亏损

11. 某日，新华公司通过银行转账支付业务招待费 100 000 元，则新华公司应当编制的会计分录是（　　）。

A. 借：管理费用　　100 000

　　贷：银行存款　　　100 000

B. 借:销售费用　　100 000
　　贷:银行存款　　100 000
C. 借:主营业务成本　　100 000
　　贷:银行存款　　100 000
D. 借:其他业务成本　　100 000
　　贷:银行存款　　100 000

12. 某企业2020年5月份发生长期待摊费用5 000元,制造费用25 000元,销售费用15 000元,管理费用20 000元。该企业当月期间费用为(　　)元。

A. 6 500　　B. 60 000　　C. 35 000　　D. 40 000

13. 企业购进已付款的商品(不考虑增值税),必然会导致(　　)。

A. 一项资产增加的同时另一项资产减少　　B. 增加资产的同时也增加了债务
C. 资产增加的同时也增加了所有者权益　　D. 负债和所有者权益同时减少

14. 下列引起所有者权益项目同时增减的经济业务是(　　)。

A. 以银行存款偿还应付账款　　B. 以银行存款支付投资者的利润
C. 接受捐赠的固定资产　　D. 经批准将盈余公积转增资本

15. 企业在核对往来账款时发现,“应收账款”期末借方余额500 000元,“坏账准备”期末贷方余额1 000元,按5‰的比例计提坏账准备,本月应计提坏账准备金为(　　)元。

A. 2 500　　B. 1 500　　C. 250　　D. 150

16. A公司计提2020年3月份车间管理人员工资,对该项经济业务进行账务处理时,应记入的借方账户是(　　)。

A. 生产成本　　B. 财务费用　　C. 管理费用　　D. 制造费用

17. A公司销售产品10件,每件售价200元,发票上注明该批产品的价款为2 000元,该公司收到一张已承兑的包含全部款项的商业汇票,该笔销售满足收入确认的条件,不考虑相关税费,下列关于确认收入的账务处理中正确的是(　　)。

A. 借:主营业务收入　　3 000
　　贷:应收票据　　3 000
B. 借:主营业务收入　　3 000
　　贷:应收账款　　3 000
C. 借:应收账款　　3 000
　　贷:主营业务收入　　3 000
D. 借: 应收票据　　3 000
　　贷:主营业务收入　　3 000

18. A公司用银行存款支付2020年3月份广告费5 000元,下列关于该项经济业务账务处理中,正确的是(　　)。

A. 借:管理费用　　5 000
　　贷:银行存款　　5 000
B. 借:销售费用　　5 000
　　贷:银行存款　　5 000
C. 借:财务费用　　5 000
　　贷:银行存款　　5 000

D. 借:制造费用　　　　　　　　　　5 000

　　贷:银行存款　　　　　　　　　　5 000

19. A公司2020年3月份损益类账户的余额如下:营业收入(贷方)55 000元,营业外收入(贷方)5 000元,投资收益(贷方)15 000元,销售费用(借方)3 000元,营业成本(借方)21 000元,则该公司3月份的营业利润为(　　)元。

A. 51 000　　B. 46 000　　C. 31 000　　D. 34 000

20. 经批准,A公司用盈余公积10 000元已转增资本,下列关于该项经济业务的账务处理中,正确的是(　　)。

A. 借:实收资本　　　　　　　　　　10 000

　　贷:盈余公积　　　　　　　　　　10 000

B. 借:资本公积　　　　　　　　　　10 000

　　贷:盈余公积　　　　　　　　　　10 000

C. 借:盈余公积　　　　　　　　　　10 000

　　贷:资本公积　　　　　　　　　　10 000

D. 借:盈余公积　　　　　　　　　　10 000

　　贷:实收资本　　　　　　　　　　10 000

21. A公司年初累计亏损20万元,当年实现净利润100万元,则提取公积金的基数为(　　)万元。

A. 80　　B. 90　　C. 100　　D. 120

22. 大华公司为一般纳税人,购入一台不需要安装的设备,取得的增值税专用发票上注明的设备买价为100 000元,增值税税额为13 000元,支付的运输费为2 000元。假定该固定资产的增值税允许抵扣,则大华公司取得该固定资产的成本为(　　)元。

A. 119 000　　B. 95 000　　C. 102 000　　D. 113 000

23. 甲公司为一般纳税人,2020年12月31日购入一台需要安装的生产设备,当日投入使用。该设备价款为360万元,增值税税额为46.8万元,运输费为2万元,专业人员服务费为1万元,安装调试费为5万元。该设备交付使用时的入账价值为(　　)万元。

A. 362　　B. 368　　C. 424.2　　D. 360

24. 某饮料生产企业为增值税一般纳税人,年末将本企业生产的一批饮料发放给职工作为福利。该饮料市场售价为12万元(不含增值税),增值税税率为13%,实际成本为10万元。假定不考虑其他因素,该企业应确认的应付职工薪酬为(　　)万元。

A. 10　　B. 11.3　　C. 12　　D. 13.56

25. 企业"应交税费"科目的借方余额反映的是(　　)。

A. 企业未交的税费　　B. 企业多交的税费

C. 企业已交的税费　　D. 企业少交的税费

26. 销售费用不包括(　　)。

A. 汇兑损失　　B. 包装费

C. 广告费　　D. 专设的销售机构发生的职工薪酬、折旧费

27. 某企业为一般纳税人,销售甲产品60件,单价1 500元,增值税税额为11 700元,款项尚未收到,应编制的会计分录为(　　)

A. 借:银行存款　　　　　　　　　　101 700

贷:主营业务收入 90 000

应交税费——应交增值税(销项税额) 11 700

B. 借:应收账款 101 700

贷:主营业务收入 90 000

应交税费——应交增值税(进项税额) 11 700

C. 借:应收账款 101 700

贷:主营业务收入 101 700

D. 借:应收账款 101 700

贷:主营业务收入 90 000

应交税费——应交增值税(销项税额) 11 700

28. 财务部小张到外地参加财务培训,用转账支票支付机票款600元,该项业务的会计分录为(　　)。

A. 借:销售费用 600

贷:银行存款 600

B. 借:管理费用 550.49

应交税费——应交增值税(进项税额) 49.51

贷:银行存款 600

C. 借:销售费用 600

贷:库存现金 600

D. 借:财务费用 600

贷:库存现金 600

29. 下列关于"生产成本"科目的表述中,错误的是(　　)。

A. 基本生产成本应当分别按照基本生产车间和成本核算对象设置明细账

B. "生产成本"科目期末贷方表示已验收入库的产成品以及入库的自制半产品,期末借方无余额

C. "生产成本"科目可分为基本生产成本和辅助生产成本

D. 企业管理部门和其他部门提供的劳务和产品,在期末也应该按照一定的分配标准分配给各受益对象记入本科目借方

30. 企业为车间管理人员交纳的失业保险费应记入(　　)。

A. 管理费用　　B. 制造费用　　C. 销售费用　　D. 财务费用

31. 下列关于固定资产折旧的论述中,正确的是(　　)。

A. 当月增加的固定资产,当月应计提折旧

B. 提前报废的固定资产,应当不提折旧

C. 计提折旧应当以月初应计提折旧的固定资产账面原价为依据

D. 应计提折旧总额是指应当计提折旧的固定资产的原始价值

32. 结算本月应付职工工资103 000元,其中直接生产工人工资80 000元,车间管理人员工资8 000元,企业管理人员工资15 000元,会计处理正确的是(　　)。

A. 借:生产成本 88 000

管理费用 15 000

贷:应付职工薪酬 103 000

B. 借:生产成本　　80 000
　　管理费用　　23 000
　贷:应付职工薪酬　　103 000

C. 借:生产成本　　80 000
　　制造费用　　8 000
　　管理费用　　15 000
　贷:应付职工薪酬　　103 000

D. 借:制造费用　　103 000
　贷:应付职工薪酬　　103 000

33. 直接参加产品生产工人的职工薪酬应计入(　　)科目。

A. 生产成本　　B. 制造费用　　C. 管理费用　　D. 生产费用

34. 下列各项中,不在“税金及附加”科目核算的是(　　)。

A. 城市维护建设税　　B. 资源税　　C. 消费税　　D. 增值税

35. 2020 年 4 月 1 日,B 公司因生产经营的临时性需要,从银行取得借款 40 000 元,借款期限为 6 个月,借款年利率为 6%,利息按季结算,确认 4 月份利息费用的会计分录为(　　)。

A. 借:财务费用　　200
　贷:短期借款　　200

B. 借:管理费用　　200
　贷:应付利息　　200

C. 借:财务费用　　200
　贷:应付利息　　200

D. 借:应付利息　　200
　贷:银行存款　　200

36. 丁公司向银行借入为期 14 个月的借款,应贷记(　　)科目。

A. 短期借款　　B. 长期借款　　C. 银行存款　　D. 长期应付款

37. 甲企业收到乙企业以设备投入的资本。甲企业的注册资本为 100 万元。该设备的原价为 50 万元,已提折旧 6 万元,投资合同约定该设备的价款为 30 万元(假定是公允的),占注册资本的 20%,则甲企业应做的会计分录是(　　)。

A. 借:固定资产　　400 000
　贷:实收资本　　400 000

B. 借:固定资产　　440 000
　贷:实收资本　　440 000

C. 借:固定资产　　300 000
　贷:实收资本　　200 000
　　资本公积　　100 000

D. 借:固定资产　　500 000
　贷:累计折旧　　100 000
　　实收资本　　400 000

38. 当新投资者加入有限责任公司时,其出资额大于约定比例计算的,在注册资本中所占的份额部分,应计入(　　)。

A. 实收资本　　B. 营业外收入　　C. 资本公积　　D. 盈余公积

39. 某企业2020年发生亏损100万元,2021年实现税前会计利润600万元,其中包括国债利息收入50万元,在营业外支出中有税收滞纳金罚款70万元,所得税税率为25%,不考虑其他因素,则企业2021年的所得税费用为(　　)。

A. 130　　B. 171.6　　C. 155　　D. 520

40. 甲公司2020年初未分配的利润为100万元,本年净利润为500万元,公司股东大会决议,按净利润的10%提取法定盈余公积,按5%提取任意盈余公积,并宣告分配现金股利80万元。甲公司根据股东大会决议提取法定公积时,正确的会计分录是(　　)。

A. 借:利润分配——提取法定盈余公积　600 000
　　贷:盈余公积　600 000

B. 借:利润分配——法定盈余公积　600 000
　　贷:盈余公积——提取法定盈余公积　600 000

C. 借:利润分配——提取法定盈余公积　500 000
　　贷:盈余公积——法定盈余公积　500 000

D. 借:利润分配——法定盈余公积　500 000
　　贷:盈余公积——提取法定盈余公积　500 000

二、多项选择题

1. 下列各项属于其他业务收入的有(　　)。

A. 固定资产出售收入　　B. 技术转让收入

C. 包装物出租收入　　D. 材料销售收入

2. 固定资产处置会计处理中,最终的损益应作为(　　)处理。

A. 资本公积　　B. 营业外收入　　C. 其他业务收入　　D. 营业外支出

3. 下列经济业务中,属于资产内部增减变动的有(　　)。

A. 购买一批材料,款项尚未支付

B. 购买一批材料,以银行存款支付货款(不考虑增值税)

C. 从银行提取现金备用

D. 接受现金捐赠,款项存入银行

4. 下列各项中,属于企业应付职工薪酬的有(　　)。

A. 工会经费　　B. 企业医务人员的工资

C. 住房公积金　　D. 辞退福利

5. 下列应通过“应付账款”账户核算的是(　　)。

A. 应付租金　　B. 应付购入包装物的款项

C. 应付存入保证金　　D. 应付接受劳务的款项

6. 下列各项开支中,不通过“应付职工薪酬”反映的是(　　)。

A. 诉讼费　　B. 职工生活困难补助

C. 职工食堂补助费用　　D. 业务招待费

7. 下列费用应计入管理费用的有(　　)。

A. 厂部管理人员的工资　　B. 车间管理人员的工资

C. 厂部房屋的折旧费　　D. 厂部的办公费

8. 工业企业在经营活动中,需要在“销售费用”账户中核算的有( )。

A. 广告费
B. 展览费
C. 专设销售机构的人员工资
D. 专设销售机构的房屋租金

9. 应计入产品成本的费用有( )。

A. 生产工人工资及福利费
B. 车间管理人员工资及福利费
C. 企业管理人员工资及福利费
D. 离退休人员的退休金

10. 企业计提短期借款利息时,可能涉及的会计科目有( )。

A. 短期借款 B. 应付利息 C. 财务费用 D. 销售费用

11. 产品成本项目一般包括( )。

A. 直接材料 B. 直接人工 C. 制造费用 D. 管理费用

12. “财务费用”账户的贷方登记( )。

A. 期末结转到“本年利润”的本期各项筹资费用
B. 汇兑收益
C. 应冲减财务费用的利息收入
D. 发行股票溢价收入

13. 下列业务应该计入营业外支出的有( )。

A. 出售固定资产净损失
B. 固定资产盘亏净损失
C. 无形资产摊销
D. 捐赠支出

14. 产成品的核算过程中,可能涉及的账户包括( )。

A. 生产成本
B. 制造费用
C. 应付职工薪酬
D. 库存商品

15. 下列通过其他货币资金核算的有( )。

A. 银行汇票 B. 商业汇票 C. 银行本票 D. 信用卡存款

16. 某企业2020年初未分配利润余额为零,2020年实现净利润600 000元。如果以净利润的10%提取法定盈余公积,以8%计提任意盈余公积,向投资者宣告分配利润300 000元,则下列说法中正确的有( )。

A. 宣告分配现金股利的账务处理为

借:利润分配 300 000
  贷:应付股利 300 000

B. 2020年末“利润分配”账户余额为192 000元
C. 2020年共提取盈余公积108 000元
D. 提取盈余公积账务处理为

借:利润分配 108 000
  贷:盈余公积 108 000

17. 某企业销售一批自产产品,该产品售价100 000元,成本70 000元,款项已经收到,存入银行。假设不考虑增值税等相关税费,下列关于此业务的账务处理正确的有( )。

A. 借:银行存款 100 000
  贷:主营业务收入 100 000
B. 借:库存商品 70 000
  贷:主营业务成本 70 000

C. 借:银行存款　　10 000
　　贷:预收账款　　10 000
D. 借:主营业务成本　　70 000
　　贷:库存商品　　70 000

18. 企业核算交易性金融资产的现金股利时,可能涉及的会计科目有(　　)。
A. 交易性金融资产　　B. 投资收益
C. 应收股利　　D. 银行存款

19. 下列费用中,应计入制造费用的有(　　)。
A. 车间办公费　　B. 车间设备折旧费
C. 车间机物料消耗　　D. 车间管理人员的工资

20. 下列各项中,属于企业在进行生产业务账务处理时通常设置的账户有(　　)。
A. 生产成本　　B. 制造费用
C. 库存商品　　D. 应付职工薪酬

21. 下列各项中,属于企业确认商品销售收入时必须同时符合条件的有(　　)。
A. 相关的已发生或将发生的成本能够可靠地计量
B. 企业已将商品所有权上的主要风险和报酬转移给购货方
C. 收入的金额能够可靠地计量,且相关的经济利益很可能流入企业
D. 企业既没有保留通常与商品所有权相联系的继续管理权,也没有对已售出的商品实施控制

22. 下列关于"主营业务收入"账户的表述中,正确的有(　　)。
A. 该账户属于损益类账户,期末结转后无余额
B. 该账户用以核算企业确认的销售商品、提供劳务等主营业务的收入
C. 该账户贷方登记企业实现的主营业务收入,即主营业务收入的增加额
D. 该账户借方登记期末转入本年利润账户的主营业务收入,以及发生销售退回和销售折让时应冲减本期的主营业务收入

23. 下列各项中,属于按照投资主体不同划分的投入资本金有(　　)。
A. 国家资本金　　B. 法人资本金
C. 个人资本金　　D. 外商资本金

24. 下列各项中,应计入营业外支出的有(　　)。
A. 资产减值损失　　B. 债务重组损失
C. 公益性捐赠支出　　D. 非流动资产处置损失

25. 下列关于"本年利润"账户的表述中,正确的有(　　)。
A. 借方登记期末转入的各项费用　　B. 贷方登记期末转入的各项收入
C. 贷方余额为本年实现的净利润　　D. 借方余额表示本年发生的亏损

26. 下列关于利润分配顺序的表述中,正确的有(　　)。
A. 首先计算可供分配的利润
B. 如果可供分配利润为正数,才能进行后续的分配
C. 提取法定盈余公积后,经股东会或者股东大会决议,可提取任意盈余公积
D. 提取法定盈余公积和任意盈余公积后,可向投资者分配利润

27. 下列关于“利润分配”账户的表述中，正确的有（　　）。

A. 期末借方余额反映企业未弥补的亏损额，期末贷方余额反映企业未分配利润

B. 该账户属于所有者权益类账户，用以核算企业利润分配（或亏损的弥补）和历年分配（或弥补）后余额

C. 该账户贷方登记用盈余公积弥补的亏损额等于其他转入数，以及年末从“本年利润”账户转入的全年实现的净利润额

D. 该账户借方登记实际分配的利润额，包括提取的盈余公积和分配给投资者的利润，以及年末从“本年利润”账户转入的全年累计亏损额

28. 从银行取得借款 5 000 元，直接归还前欠货款。下列关于此项经济业务账务处理的表述中，正确的有（　　）。

A. 借记“银行存款”5 000 元　　B. 贷记“短期借款”5 000 元

C. 借记“应付账款”5 000 元　　D. 贷记“应付账款”5 000 元

29. 下列关于固定资产特征的表述中，正确的有（　　）。

A. 固定资产为有形资产

B. 固定资产的变现能力很弱

C. 固定资产使用寿命超过一个会计年度

D. 固定资产是为生产商品、提供劳务、出租时而持有的

30. 收到投资者投入的固定资产 20 万元，下列关于此项经济业务账务处理的表述中，正确的有（　　）。

A. 借记“固定资产”20 万元　　B. 贷记“实收资本”20 万元

C. 贷记“固定资产”20 万元　　D. 借记“实收资本”20 万元

31. 下列关于“材料采购”账户的表述中，正确的有（　　）。

A. 计算材料采购成本的账户

B. 借方登记材料的买价和采购费用

C. 贷方登记入库材料的实际成本

D. 期末如有余额在借方，表示在途材料的实际成本

32. 下列应记入营业外支出的有（　　）。

A. 罚款支出　　B. 出售无形资产支出

C. 捐款支出　　D. 向投资者支付利润支出

33. 下列税金，企业通过“应交税费”科目核算的有（　　）。

A. 增值税　　B. 印花税

C. 企业所得税　　D. 城市维护建设税

34. 公司因营业执照年检过期被工商行政管理局罚款 1 200 元，年检费用 250 元，一并以现金支付完毕。则涉及的会计科目是（　　）。

A. 营业外支出　1 200　　B. 管理费用　250

C. 库存现金　1 450　　D. 其他业务成本　1 450

35. “库存商品”科目用于核算企业库存产成品和（　　）收发结存情况。

A. 外购商品　　B. 存放在门市部准备出售的商品

C. 发出展览的商品　　D. 寄存在外的商品

36. 属于营业外收入的有(　　)。

A. 取得的政府补助收入　　B. 银行存款利息收入

C. 收到的捐赠款　　D. 出售原材料取得的收入

37. 下列各项中,应通过“销售费用”科目核算的有(　　)。

A. 销售产品发生的包装费　　B. 预计产品质量保证损失

C. 专设销售机构的固定资产修理费用　　D. 售后服务网点的职工薪酬

38. 按《企业会计准则》规定,企业在计提下列税费时,应计入管理费用的有(　　)。

A. 印花税　　B. 所得税

C. 房产税　　D. 矿产资源补偿费

39. 海明公司按合同规定销售产品一批,开出的增值税专用发票上表明价款为10 000元,增值税税额为1 300元,产品已发出,之前已预收购货单位货款8 000元,预收款不足部分购货单位暂欠。对于该交易的下列会计处理中,正确的有(　　)。

A. 贷记“主营业务收入”10 000元　　B. 借记“预收账款”11 300元

C. 贷记“应交税费”1 300元　　D. 借记“预收账款”8 000元

40. 甲公司月末计算本月车间使用的机器设备等固定资产的折旧费7 000元,下列分录中不正确的有(　　)。

A. 借:生产成本　　7 000

　　贷:累计折旧　　7 000

B. 借:管理费用　　7 000

　　贷:累计折旧　　7 000

C. 借:制造费用　　7 000

　　贷:累计折旧　　7 000

D. 借:制造费用　　7 000

　　贷:固定资产　　7 000

41. 企业当年实现的净利润可以进行分配的有(　　)。

A. 提取法定盈余公积　　B. 向企业职工分配股利

C. 提取任意盈余公积　　D. 向投资者分配现金股利

三、判断题

1. 管理费用、资产减值损失、税金及附加和营业外收入都会影响企业的营业利润。(　　)

2. 某企业年初有上年形成的亏损25万元,当年实现利润总额10万元。假设企业本期无纳税调整事项,则企业当年还应交纳一定的企业所得税。(　　)

3. 企业以前年度亏损未弥补完,应该照提法定盈余公积和任意盈余公积。(　　)

4. 企业的罚款支出、捐赠支出、出售无形资产净损失都通过营业外支出核算。(　　)

5. 在应收账款余额百分比法下,坏账准备的期末余额应该等于期末应收账款余额乘以坏账准备计提比例。(　　)

6. 管理费用是企业行政管理部门为组织和管理生产经营活动而发生的各项费用,包括行政人员的工资和福利费、办公费、广告宣传费、借款利息等。(　　)

7. 企业的利得和损失指的是可以直接计入所有者权益的利得和损失。(　　)

8. 企业销售产品一批，售价 10 万元，已收款 6 万元，其余 4 万元尚未收到（不考虑税费等其他因素），这项业务引起资产增加 10 万元。（　　）

9. 产品的生产成本包括为生产该种产品而发生的直接人工费、直接材料费、制造费用以及销售费用和财务费用。（　　）

10. 预付款项情况不多的企业，可以不设置预付账款科目，将预付的款项计入应收账款的贷方核算。（　　）

11. 营业收入是指企业经营业务所确认的收入总额，包括主营业务收入和其他业务收入。（　　）

12. 生产车间设备的折旧费、水电费，应该作为间接费用记入到制造费用科目中。（　　）

13. 企业本年实现利润总额 100 万元，发生业务招待费 50 万元，税务部门核定的业务招待费税前扣除标准是 60 万元。假定无其他纳税调整事项，企业在计算本年应纳税所得额时，应该做纳税调减处理。（　　）

14. 企业从银行取得期限为两年的借款，该业务会导致企业资产和所有者权益同时增加。（　　）

15. 企业的资金筹集业务，按其资金来源通常分为所有者权益筹资和负债筹资。（　　）

16. 负债筹资主要包括短期借款、长期借款以及结算形成的负债等。（　　）

17. 短期借款的利息不可以预提，均应在实际支付时直接计入当期损益。（　　）

18. 材料的采购成本是指企业物资从采购到入库前所发生的全部支出，包括购买价款、相关税费、运输费、装卸费、保险费以及其他可归属于采购成本的费用。（　　）

19. 生产费用是指与企业日常生产经营活动有关的费用，按其经济用途可分为直接材料、直接人工和制造费用。（　　）

20. 企业为职工缴纳的基本养老保险金、补充养老保险费，以及为职工购买的商业养老保险，均不属于企业提供的职工薪酬。（　　）

21. 确实无法支付的应付账款经批准后应转入资本公积。（　　）

22. 向投资者支付已经宣告分配的现金股利，能够导致资产和负债同时减少。（　　）

23. 取得交易性金融资产发生的交易费用，应当在发生时记入交易性金融资产的成本。（　　）

24. 不单独设置“预收账款”科目的企业，预收的账款应合并在“应付账款”科目核算。（　　）

25. 资本公积是指企业收到的投资者超出其在注册资本中所占份额的投资，以及直接记入当期利润的利得和损失等。（　　）

26. “本年利润”账户年末可能是借方余额，也可能是贷方余额。（　　）

27. 在没有纳税调整事项的情况下，应纳税所得额与税前会计利润相等。（　　）

28. “累计折旧”和“坏账准备”是反映资产价值损耗或损失的账户，属于损益类账户。（　　）

29. 短期借款的利息可以预提，也可以在实际支付时直接计入当期损益。（　　）

30. 未分配利润有两层含义：一是留待以后年度分配的利润；二是未指定用途的利润。（　　）

31. 企业在财产清查中发现的1台账外固定资产,应当直接增减投入资本。 ( )

32. 确定应收账款减值的方法是直接转销法。 ( )

33. 企业出售固定资产、无形资产等非流动资产形成的经济利益的总流入属于收入。 ( )

34. 利得和损失可能计入所有者权益,也可能计入当期损益。 ( )

35. 盈余公积和未分配利润统称为留存收益。 ( )

36. 企业原材料销售收入和无形资产使用费收入,应作为营业外收入处理。 ( )

37. “生产成本”科目,借方登记本期应记入产品成本的各项费用,贷方登记完工入库产品的生产成本,期末如有余额在借方,表示尚未完工产品的成本。 ( )

38. 企业根据制造费用的性质,合理选择分配方法,将制造费用分别记入各种产品成本,因此“制造费用”期末无余额。 ( )

四、技能训练题

实训一 资金筹集业务的核算

1. 实训目的

掌握资金筹集业务的核算。

2. 实训资料

某企业本月发生以下经济业务:

(1)甲、乙、丙共同投资设立A有限责任公司,注册资本为2 000 000元,甲、乙、丙持股比例分别为55%,25%和20%。按照章程规定,甲、乙、丙投入资本分别为1 100 000元、500 000元和400 000元。A公司已如期收到各投资者一次缴足的款项。

(2)甲公司收到投资者投入甲材料一批,价值50 000元;投入机器一台,评估价为20 000元;投入专利技术一项,评估价为70 000元,假定不考虑增值税因素。

(3)2020年1月,从银行取得两年期的借款500 000元,存入银行。

(4)江南公司由于生产经营的需要,2020年1月1日,向银行借入短期借款240 000元,期限6个月,年利率5%,利息按季支付,分月预提,所借款项存入银行。

3. 实训要求

根据经济业务编制筹集资金业务的会计分录。

实训二 固定资产业务的账务处理

1. 实训目的

掌握固定资产业务的核算。

2. 实训资料

某企业本月发生以下经济业务:

(1)某企业为增值税一般纳税人,购入不需要安装的设备一台,取得的增值税专用发票上注明的设备买价为20 000元,增值税税额为2 600元,另支付的运杂费为100元,包装费200元,款项以银行存款支付。

(2)假定购入需要安装的设备一台,取得的增值税专用发票上注明的设备买价为10 000元,增值税税额为1 300元,另支付的运杂费为100元,包装费200元。安装过程中用银行存款支付安装费1 000元。

(3)某企业(有限责任公司)收到乙公司作为资本投入的仓库一间,原值100 000元,已提折旧28 000元,该仓库按投资合同或协议确认的价值为60 000元。

(4)某企业采用年限平均法对固定资产计提折旧。2020年11月份根据"固定资产折旧计算表",确定的各车间及厂部管理部门应分配的折旧额:一车间1 500 000元,二车间2 400 000元,三车间3 000 000元,厂部管理部门600 000元。

(5)某企业出售设备,原价1000 000元,累计已计提折旧500 000元,支付清理费用10 000元,开具的增值税专用发票注明价款为600 000元,增值税税额为78 000元,款项存银行。

3. 实训要求

根据经济业务编制固定资产业务的会计分录。

实训三　供应过程业务的核算

1. 实训目的

掌握供应过程业务的核算。

2. 实训资料

某企业本月发生以下经济业务:

(1)用银行存款购入甲材料,价款80 000元,增值税税额10 400元,运费210元,材料已验收入库。

(2)采购员张明向企业预借差旅费2 000元,企业以现金支付。

(3)从星雨公司购入乙材料,价款250 000元,增值税税额32 500元,运费由对方支付,材料已验收入库,货款尚未支付。

(4)以存款从光明公司购入甲材料,价款150 000元,增值税税额19 500元,运杂费510元,材料尚未验收入库。

(5)以银行存款偿还所欠星雨公司乙材料款。

(6)从光明公司购入的材料验收入库。

(7)采购员张明出差返回,报销差旅费1 800元,交回现金200元。

(8)公司购入A材料一批,增值税专用发票上记载的货款为250 000元,增值税税额为32 500元,另对方代垫包装费500元,全部款项已用转账支票付讫,材料已验收入库。

(9)公司采用汇兑结算方式购入F材料一批,发票及账单已收到,增值税专用发票上记载的货款为10 000元,增值税税额为1 300元。支付保险费500元,材料尚未到达。

(10)公司采用托收承付结算方式购入G材料一批,增值税专用发票上记载的货款为250 000元,增值税税额为32 500元,对方代垫包装费500元,银行转来的结算凭证已到,款项尚未支付,材料已验收入库。

(11)公司采用托收承付结算方式购入H材料一批,材料已验收入库,月末发票账单尚未收到也无法确定其实际成本,暂估价值为15 000元。

(12)公司向乙公司采购材料5 000吨,单价10元/吨,所需支付的款项总额为

50 000 元。按照合同规定向乙公司预付货款的 50%,验收货物后补付其余款项。

(13)收到乙公司发来的 5 000 吨材料,验收无误,增值税专用发票记载的货款为 50 000 元,增值税税额为 6 500 元。甲公司以银行存款补付所欠款项 33 500 元。

3. 实训要求

根据以上经济业务编制供应过程经济业务的会计分录。

实训四　生产过程业务的核算

1. 实训目的

掌握生产过程业务核算的方法。

2. 实训资料

某企业本月发生以下经济业务:

(1)签发现金支票,从银行提取现金 1 000 元备用。

(2)用银行存款购入车间办公用品 1 360 元,直接投入使用。

(3)王伟到外地开会,预借差旅费 5 000 元,企业以现金支票支付。

(4)领用原材料 36 000 元(其中,HA 产品耗用 18 000 元,HB 产品耗用 12 000 元,车间一般耗用 4 000 元,厂部耗用 2 000 元)。

(5)用现金购买烟、茶等招待用品 200 元,用于厂部招待客人。

(6)用现金预付下年书报费 1 200 元。

(7)结算本月工资共 26 000 元(其中,HA 产品生产工人工资 12 000 元,HB 产品生产工人工资 8 000 元,车间管理人员工资 2 000 元,厂部人员工资 4 000 元)。

(8)按工资总额的 2% 计提工会经费。

(9)签发现金支票,从银行提取现金 26 000 元备发工资。

(10)用现金发放工资。

(11)摊销应由本月负担的书报费 100 元。

(12)企业租用外单位的仓库,每年末支付租金 36 000 元,应由本月负担的租金为 3 000 元。

(13)王伟出差返回,报销差旅费 6 300 元,企业补付现金 1 300 元。

(14)计算本月应负担的短期借款利息 1 300 元。

(15)用银行存款支付水电费 14 000 元(其中,HA 产品耗用 6 000 元,HB 产品耗用 4 000 元,车间一般耗用 1 000 元,厂部耗用 3 000 元)。

(16)职工王新报销医疗费 520 元,用现金支付。

(17)计提本月的固定资产折旧费 20 000 元(其中,车间固定资产折旧 14 000 元,厂部固定资产折旧 6 000 元)。

(18)按生产工人工资比例分配并结转本月制造费用 22 400 元(提示:先登记制造费用明细账,计算制造费用总额,然后再分配)。

(19)本月完工 HA 产品 400 件,单位成本 80 元,HB 产品全部完工,结转完工产品成本(提示:先登记生产成本明细账)。

3. 实训要求

(1)根据以上经济业务编制会计分录。

(2)根据会计分录,登记下列“制造费用明细账”和“生产成本明细账”,见表 5-1 至表 5-3。

表 5－1　制造费用明细账

单位:元

业务号	借方(费用项目)					贷方	余额
	材料费	人工费	折旧费	办公费	其他		

表 5－2　生产成本明细账

产品名称:HA 产品　　单位:元

业务号	借方(费用项目)				贷方	余额
	直接材料	直接人工	制造费用	合计		
期初余额	1 540	800	870	3 210		3 210

表 5－3　生产成本明细账

产品名称:HB 产品　　单位:元

业务号	借方(费用项目)				贷方	余额
	直接材料	直接人工	制造费用	合计		
期初余额	0	0	0	0		0

实训五　销售过程业务的核算

1. 实训目的

掌握销售过程业务的核算。

2. 实训资料

某企业本月发生以下经济业务:

(1)销售 HA 产品一批,价款 350 000 元,增值税税额 45 500 元,货款已存入银行。

(2)以现金支付上述 HA 产品的销售运费 120 元。

(3)向晨光公司销售 HB 产品一批,价款 250 000 元,增值税税额 32 500 元,货款已收回。

(4)江南公司采用托收承付结算方式向乙公司销售商品一批,货款 300 000 元,增值税税额为 39 000 元,以银行存款代垫运杂费 6 000 元,已办理托收手续。

(5)江南公司接到银行的收款通知,上述应收乙公司的款项已经入账。

(6)江南公司向乙公司销售一批 HA 产品,货款为 100 000 元,收到乙公司寄来的一张 3 个月到期的商业承兑汇票,面值为 113 000 元,增值税税率为 13%。

(7)上述票据到期,甲公司收回款项存入银行。

(8)江南公司销售原材料一批,开具的增值税专用发票上注明的售价为 30 000 元。增值税税额为 3 900 元。款已由银行收讫。该批原材料的实际成本为 23 000 元。

(9)以银行存款支付宣传广告费用 50 000 元。

(10)收回晨光公司所欠货款存入银行。

(11)结转本月已售产品成本 360 000 元。

(12)计算本月应交城市维护建设税 3 000 元。

(13)以存款交纳城市维护建设税 3 000 元。

(14)江南公司销售给甲公司甲产品 300 件,开具增值税专用发票上注明售价为 150 000 元,增值税税额为 19 500 元,公司随后收到甲公司补付的货款(已预收订金),并存入银行。

3. 实训要求

根据销售过程中发生的经济业务编制会计分录。

实训六　期间费用的账务处理

1. 实训目的

掌握期间费用的核算方法。

2. 实训资料

某企业本月发生以下经济业务:

(1)江南公司为宣传新产品发生广告费 60 000 元,均用银行存款支付。

(2)江南公司用库存现金支付业务招待费 600 元。

(3)江南公司计提本月办公用房的折旧费 2 600 元。

(4)江南公司转账支付金融机构手续费 500 元。

(5)江南公司行政部门修理一辆轿车,对方开来的增值税专用发票上注明修理费用为

10 000 元,增值税税额为 1 300 元,款项已用银行存款支付。

3. 实训要求

根据以上经济业务编制会计分录。

实训七　利润形成与分配业务的核算

1. 实训目的

掌握利润形成与分配业务核算的方法。

2. 实训资料

某企业本月发生以下经济业务:

(1)取得罚款收入现金 340 元。

(2)以银行存款向灾区捐赠 40 000 元。

(3)以银行存款交纳工商局违法经营罚款 3 000 元。

(4)结转本月各收入类账户发生额。(金额需根据实训一到实训七的相关业务,汇总计算求得)

(5)结转本月各费用类账户发生额。(金额需根据实训一到实训七的相关业务,汇总计算求得)

(6)按利润总额的 25% 计算所得税。(假设:利润总额 = 纳税所得额)

(7)结转所得税费用。

(8)结转税后利润(净利润)。

(9)按税后利润的 10% 计提法定盈余公积,5% 计提任意盈余公积。

(10)公司决定向投资者分配利润 30 000 元。

(11)结转已分配利润。

3. 实训要求

(1)根据以上经济业务编制会计分录。

(2)根据以上经济业务进行利润计算和利润分配。

实训八　资金退出业务的核算

1. 实训目的

熟悉资金退出业务的账务处理。

2. 实训资料

某企业本月发生以下经济业务:

(1)江南公司以银行存款支付现金股利 1 000 元。

(2)江南公司以银行存款支付增值税税额 5 200 元,支付城市维护建设税 364 元,支付教育费附加 156 元,支付企业所得税 28 990 元。

(3)江南公司以银行存款偿还短期借款本金 100 000 元,利息 2 500 元(事先没有预提利息)。

3. 实训要求

根据以上经济业务编制江南公司的会计分录。

第六章　会 计 凭 证

一、单项选择题

1. 下列表示方法正确的是(　　)。

A. ￥508.00　　B. ￥ 86.00

C. 人民币伍拾陆元捌角伍分整　　D. 人民币　柒拾陆元整

2. 下列属于累计凭证的是(　　)。

A. 领料单　　B. 限额领料单

C. 耗用材料汇总表　　D. 工资汇总表

3. (　　)是用来记录货币资金付款业务的凭证,它是由出纳人员根据审核无误的原始凭证填制的。

A. 收款凭证　　B. 付款凭证　　C. 转账凭证　　D. 累计凭证

4. 企业购进原材料 60 000 元,款项未付。该笔经济业务应编制的记账凭证是(　　)。

A. 收款凭证　　B. 付款凭证　　C. 转账凭证　　D. 以上均可

5. 原始凭证有错误的,正确的处理方法是(　　)。

A. 向单位负责人报告　　B. 退回,不予接受

C. 由出具单位重开或更正　　D. 本单位代为更正

6. 关于会计凭证的保管,下列说法不正确的是(　　)。

A. 会计凭证应定期装订成册,防止散失

B. 会计主管人员和保管人员应在封面上签章

C. 原始凭证不得外借,其他单位如有特殊原因确实需要使用时,经本单位负责人批准,可以复制

D. 经单位领导批准,会计凭证在保管期满前可以销毁

7. 付款凭证左上角的"贷方科目"可能登记的科目有(　　)。

A. 预付账款　　B. 银行存款　　C. 预收账款　　D. 其他应付款

8. 下列不属于自制原始凭证的是(　　)。

A. 领料单　　B. 成本计算单　　C. 入库单　　D. 火车票

9. 下列业务中,应该编制收款凭证的是(　　)。

A. 购买原材料用银行存款支付　　B. 收到销售商品的款项

C. 购买固定资产,款项尚未支付　　D. 销售商品,收到商业汇票一张

10. 根据连续反映某一时期内不断重复发生而分次进行的特定业务编制的原始凭证有(　　)。

A. 一次凭证　　B. 累计凭证　　C. 记账凭证　　D. 汇总原始凭证

11. 将库存现金送存银行,应填制的记账凭证是(　　)。

A. 库存现金收款凭证　　B. 库存现金付款凭证

C. 银行存款收款凭证　　D. 银行存款付款凭证

12. 填制记账凭证时，错误的做法是(　　)。

A. 根据每一张原始凭证填制

B. 根据若干张同类原始凭证汇总填制

C. 将若干张不同内容和类别的原始凭证汇总填制在一张记账凭证上

D. 根据原始凭证汇总表编制

13. 在审核原始凭证时，对于内容不完整、填写有错误或手续不完备的原始凭证，应该(　　)。

A. 拒绝办理，并向本单位负责人报告　　B. 予以抵制，对经办人员进行批评

C. 由会计人员重新编制或予以更正　　D. 予以退回，要求更正、补充，以至重新编制

14. 下列关于原始凭证的说法中，不正确的是(　　)。

A. 按照来源的不同，分为外来原始凭证和自制原始凭证

B. 按照格式的不同，分为通用原始凭证和专用原始凭证

C. 按照填制手续及内容不同，分为一次原始凭证、累计原始凭证和汇总原始凭证

D. 按照填制方法不同，分为外来原始凭证和自制原始凭证

15. 原始凭证按(　　)分类，分为一次凭证、累计凭证等类。

A. 用途和填制程序　　B. 形成来源

C. 填制方式　　D. 填制程序及内容

16. 可以不附原始凭证的记账凭证是(　　)。

A. 更正错误的记账凭证　　B. 从银行提取现金的记账凭证

C. 以现金发放工资的记账凭证　　D. 职工临时性借款的记账凭证

17. 在原始凭证上书写阿拉伯数字，错误的做法是(　　)。

A. 金额数字前书写货币币种符号

B. 币种符号与金额数字之间要留有空白

C. 币种符号与金额数字之间不得留有空白

D. 数字前写有币种符号的，数字后不再写货币单位

18. 下列不能作为会计核算的原始凭证的是(　　)。

A. 发货票　　B. 合同书　　C. 入库单　　D. 领料单

19. 不符合原始凭证基本要求的是(　　)。

A. 从个人取得的原始凭证，必须有填制人员的签名盖章

B. 原始凭证不得涂改、刮擦、挖补

C. 上级批准的经济合同，应作为原始凭证

D. 大写和小写金额必须相等

20. 某单位会计部门第 8 号经济业务的一笔分录需填制两张记账凭证，则这两张凭证的编号为(　　)。

A. 8，9　　B. 9—1/2，9—2/2

C. 8—1/2，8—2/2　　D. 8—1/2，9—2/2

21. 会计日常核算工作的起点是(　　)。

A. 填制会计凭证　　B. 财产清查

C. 设置会计科目和账户　　D. 登记会计账簿

22. 开出转账支票支付购买材料价款50 000元时,应编制(　　)。

A. 收款凭证　　B. 付款凭证　　C. 转账凭证　　D. 累计凭证

23. 华达公司于2020年10月12日开出一张现金支票,对出票日期正确的填写方法是(　　)。

A. 贰零贰零年壹拾月拾贰日　　B. 贰零贰零年零壹拾月壹拾贰日

C. 贰零贰零年拾月壹拾贰日　　D. 贰零贰零年零拾月壹拾贰日

24. 为了分清会计事项处理的先后顺序,便于记账凭证与会计账簿之间的核对,确保记账凭证的完整无缺,填制记账凭证时,应当(　　)。

A. 依据真实　　B. 日期正确　　C. 连续编号　　D. 简明扼要

25. 下列不属于原始凭证审核内容的是(　　)。

A. 凭证是否有单位的公章和填制人员签章

B. 凭证是否符合规定的审核程序

C. 凭证是否符合有关计划和预算

D. 会计科目使用是否正确

26. 下列各项中,属于记录库存现金和银行存款收入业务的专用记账凭证是(　　)。

A. 付款凭证　　B. 转账凭证

C. 收款凭证　　D. 单式记账凭证

27. 下列关于企业从银行提取现金或将现金存入银行时所需填制的凭证的表述中,正确的是(　　)。

A. 只填制付款凭证,不填制收款凭证

B. 只填制收款凭证,不填制付款凭证

C. 既填制付款凭证,又填制收款凭证

D. 既填制转账凭证,又填制收、付款凭证

28. 下列原始凭证中,属于累计凭证的是(　　)。

A. 收据　　B. 发货票　　C. 收料单　　D. 限额领料单

29. 原始凭证上小写金额为¥1 008.00,大写金额应为(　　)。

A. 一千零八元　　B. 壹仟零捌元

C. 一千零八元整　　D. 壹仟零捌元整

30. 会计人员在审核原始凭证时,发现某原始凭证内容合理、合法,但不够完整、准确,下列处理办法中,正确的是(　　)。

A. 拒绝办理　　B. 及时办理

C. 交给上级　　D. 予以退回,要求补办手续

31. 将会计凭证分为原始凭证和记账凭证的依据是(　　)。

A. 凭证填制的时间　　B. 凭证填制的程序和用途

C. 填制凭证的方法　　D. 凭证反映的经济内容

32. 登记会计账簿的依据是(　　)。

A. 经审核无误的记账凭证　　B. 自制的原始凭证

C. 外来的原始凭证　　D. 经审核无误的原始凭证

33. 下列选项中,属于自制原始凭证的是(　　)。

A. 材料请购单　　B. 购货合同

C. 火车票　　D. 收料单

34. 假设某第 6 笔转账业务需填制 3 张记账凭证，则第 2 张记账凭证的正确编号是(　　)。

A. 转(字)6—3—2 号　　B. 转(字)6—2—3 号

C. 转(字)6—2/3 号　　D. 转(字)6—3/2 号

35. 企业常用的收款凭证、付款凭证和转账凭证均属于(　　)。

A. 单式记账凭证　　B. 复式记账凭证

C. 一次凭证　　D. 通用凭证

35. 各种原始凭证，除由经办业务的有关部门审核以外，最后都要由(　　)进行审核。

A. 财政部门　　B. 董事会　　C. 总经理　　D. 会计部门

36. 关于记账凭证所附原始凭证，下列说法正确的是(　　)。

A. 所有记账凭证都必须附有原始凭证

B. 期末结账和更正错账的记账凭证可以不附原始凭证

C. 需要单独保管的经济合同，应将原件作为记账凭证附件，复印件单独保管

D. 需要单独保管的涉外文件，应将原件作为记账凭证附件，复印件单独保管

37. 5 月 25 日行政管理人员将标明日期为 4 月 25 日的发票拿来报销，经审核后会计人员依据该发票编制记账凭证时，记账凭证的日期应为(　　)。

A. 5 月 1 日　　B. 4 月 25 日　　C. 5 月 25 日　　D. 4 月 30 日

38. 记账凭证填制完毕后，如有空行应(　　)。

A. 空置不填　　B. 划线注销　　C. 盖章注销　　D. 签字注销

39. 职工张某出差归来，报销差旅费 200 元，交回多余现金 100 元。应填制的记账凭证是(　　)。

A. 收款凭证　　B. 转账凭证

C. 收款凭证和转账凭证　　D. 收款凭证和付款凭证

40. 对于职工公出借款的凭据，下列会计处理方法中，不正确的是(　　)。

A. 将借款凭据附在记账凭证之后　　B. 收回借款时，退还原借款凭据

C. 收回借款时，另开收据　　D. 收回借款时，退还款副本

41. 下列书面证明中，不能作为编制记账凭证依据的是(　　)。

A. 收料单　　B. 现金付款凭证

C. 购货发票　　D. 销货合同

二、多项选择题

1. 下列说法正确的是(　　)。

A. 已经登记入账的记账凭证，在当年内发现填写错误时，直接用蓝字重新填写一张正确的记账凭证即可

B. 发现以前年度记账凭证有错误的，可以用红字填写一张与原内容相同的记账凭证，再用蓝字重新填写一张正确的记账凭证

C. 如果会计科目没有错误只是金额错误，也可以将正确数字与错误数字之间的差额，另填制一张调整的记账凭证，调增金额用蓝字，调减金额用红字

D. 发现以前年度记账凭证有错误的，应当用蓝字填制一张更正的记账凭证

2. 原始凭证的基本内容包括(　　)。

A. 原始凭证名称　　B. 接受原始凭证的单位名称

C. 经济业务的性质　　D. 凭证附件

3. 其他单位因特殊原因需要使用本单位的原始凭证,正确的做法是(　　)。

A. 可以外借

B. 将外借的会计凭证拆封抽出

C. 不得外借,经本单位会计机构负责人或会计主管人员批准,可以复制

D. 将向外单位提供的凭证复印件在专设的登记簿上登记

4. 在原始凭证上书写阿拉伯数字,正确的是(　　)。

A. 金额数字一律填写到角、分

B. 无角分的,角位和分位可写"00"或者符号"－"

C. 有角无分的,分位应当写"0"

D. 有角无分的,分位也可以用符号"－"代替

5. 下列属于外来原始凭证的有(　　)。

A. 本单位开具的销售发票　　B. 供货单位开具的发票

C. 职工出差取得的飞机票和火车票　　D. 银行收付款通知单

6. 下列说法正确的是(　　)。

A. 记账凭证上的日期指的是经济业务发生的日期

B. 对于涉及"库存现金"和"银行存款"之间的经济业务,一般只编制收款凭证

C. 出纳人员不能直接依据有关收、付款业务的原始凭证办理收、付款业务

D. 出纳人员必须根据经会计主管或其指定人员审核无误的收、付款凭证办理收、付款业务

7. 下列属于一次凭证的有(　　)。

A. 收据　　B. 发货票　　C. 工资结算单　　D. 工资汇总表

8. 关于记账凭证,下列说法正确的是(　　)。

A. 收款凭证是指用于记录现金和银行存款收款业务的会计凭证

B. 收款凭证分为库存现金收款凭证和银行存款收款凭证两种

C. 从银行提取库存现金的业务应该编制库存现金收款凭证

D. 从银行提取库存现金的业务应该编制银行存款付款凭证

9. 原始凭证的审核内容包括(　　)。

A. 有关数量、单价、金额是否正确无误　　B. 是否符合有关的计划和预算

C. 记录的经济业务的发生时间　　D. 有无违反财经制度的行为

10. 对原始凭证发生的错误,正确的更正方法是(　　)。

A. 由出具单位重开或更正

B. 由本单位的会计人员代为更正

C. 金额发生错误的,可由出具单位在原始凭证上更正

D. 金额发生错误的,应当由出具单位重开

11. 收款凭证的借方科目可能有(　　)。

A. 应收账款　　B. 库存现金　　C. 银行存款　　D. 应付账款

12. 下列经济业务中,应填制付款凭证的有(　　)。

A. 提现金备用　B. 购买材料预付订金

C. 购买材料未付款　D. 以银行存款支付前欠单位货款

13. 记账凭证审核的主要内容有(　　)。

A. 内容是否真实　B. 项目是否齐全

C. 科目、金额、书写是否正确　D. 填制是否及时

14. 王明出差回来,报销差旅费 1 000 元,原预借 1 500 元,交回剩余现金 500 元,这笔业务应该编制的记账凭证有(　　)。

A. 付款凭证　B. 收款凭证　C. 转账凭证　D. 原始凭证

15. 下列凭证中,属于汇总凭证的有(　　)。

A. 差旅费报销单　B. 发料凭证汇总表

C. 限额领料单　D. 工资结算汇总表

16. 以下有关会计凭证的表述中,正确的有(　　)。

A. 会计凭证是记录经济业务的书面证明　B. 会计凭证可以明确经济责任

C. 会计凭证是编制报表的依据　D. 会计凭证是登记账簿的依据

17. 下列有关原始凭证的表述中,正确的有(　　)。

A. 自制原始凭证必须有经办单位领导人或者其指定的人员签名或者盖章

B. 经上级有关部门批准的经济业务,应当将批准文件作为原始凭证附件

C. 支付款项的原始凭证,必须有收款单位和收款人的收款证明,不能仅以支付款项的有关凭证代替

D. 一式几联的原始凭证,应当注明各联的用途,只能以一联作为报销凭证

18. 下列的各项中,属于按照取得来源对原始凭证可以分为(　　)。

A. 一次凭证　B. 专用凭证

C. 自制原始凭证　D. 外来原始凭证

19. 下列的各项中,符合原始凭证要求的有(　　)。

A. 记录真实　B. 手续完备

C. 连续编号　D. 书写清楚规范

20. 下列各项中,属于审核原始凭证时应审核的内容有(　　)。

A. 审核原始凭证的真实性　B. 审核原始凭证的合法性

C. 审核原始凭证的完整性　D. 审核原始凭证的正确性

21. 下列各项中,属于专用记账凭证的有(　　)。

A. 收款凭证　B. 付款凭证

C. 转账凭证　D. 单式记账凭证

22. 下列各项中,属于审核记账凭证时应审核的内容有(　　)。

A. 内容是否真实　B. 项目是否齐全

C. 科目是否正确　D. 金额是否正确

23. 下列各项中,属于记账凭证应当具备的基本内容的有(　　)。

A. 金额　B. 凭证编号

C. 会计科目　D. 经济业务摘要

24. 下列属于一次性原始凭证的有(　　)。

A. 出租车票　　B. 领料单　　C. 借款单　　D. 发货票

25. 下列属于记账凭证的基本内容的有(　　)。

A. 凭证的名称、日期和编号　　B. 经济业务事项的内容摘要

C. 经济业务事项的金额,记账标记　　D. 涉及的会计科目及记账方向

26. 下列各项中,属于记账凭证审核内容的有(　　)。

A. 与原始凭证是否相符　　B. 项目填写是否齐全

C. 会计科目是否正确　　D. 记账方向是否正确

27. 在填制记账凭证时,正确的做法有(　　)。

A. 将不同类型业务的原始凭证合并填制一张记账凭证

B. 记账凭证连续编号

C. 转账凭证的"会计科目"栏按照先借后贷的顺序填写

D. 更正错账的记账凭证可以不附原始凭证

28. 下列关于会计凭证的表述中,正确的是(　　)。

A. 填制和审核会计凭证是会计核算工作的起点

B. 会计凭证仅指原始凭证

C. 会计凭证是登记账簿的直接依据

D. 填制和审核会计凭证是会计核算的专门方法之一

29. 原始凭证应具备的基本内容有(　　)。

A. 填制日期　　B. 经济业务涉及的会计科目

C. 经济业务内容　　D. 所附原始凭证的张数

30. 记账凭证应具有的基本内容包括(　　)。

A. 填制凭证的日期和凭证的编号

B. 会计科目的名称、记账方向和金额

C. 所附原始凭证的张数

D. 制单、审核、会计主管、出纳、记账等有关人员的签章

31. 以下属于原始凭证的有(　　)。

A. 经济合同　　B. 领料单

C. 增值税专用发票　　D. 产品入库单

32. 对原始凭证进行审核,主要包括的内容有(　　)。

A. 原始凭证的真实性和完整性　　B. 原始凭证的合法性和正确性

C. 原始凭证的规范性和统一性　　D. 原始凭证的正确性和及时性

33. "限额领料单"属于(　　)。

A. 一次凭证　　B. 原始凭证汇总表

C. 累计凭证　　D. 自制原始凭证

34. 材料领用单是(　　)。

A. 一次凭证　　B. 外来凭证

C. 自制原始凭证　　D. 专用凭证

35. 下列经济业务中,应当填制银行存款收款凭证的是(　　)。

A. 销售产品一批,款项存入银行

B. 出售设备一台,收到转账支票并已送交银行进账

C. 购入材料一批,开出支票

D. 现金存入银行

36. 下列经济业务中,应填制转账凭证的是(　　)。

A. 收到国家对企业投资的设备一台　　B. 购入材料一批,开出转账支票

C. 买材料一批,款未付　　D. 计算结转企业应交所得税

37. 会计凭证保管是指会计凭证记账后的(　　)工作。

A. 整理会计凭证　　B. 装订会计凭证

C. 归档和存查会计凭证　　D. 会计凭证的审查

38. 涉及现金与银行存款之间划款业务时,可以编制的记账凭证有(　　)。

A. 银行存款收款凭证　　B. 现金收款凭证

C. 银行存款付款凭证　　D. 现金付款凭证

39. 记账凭证可以根据(　　)编制。

A. 一张原始凭证　　B. 若干张同类原始凭证汇总

C. 原始凭证汇总表　　D. 明细账

三、判断题

1. 转账支票只能用于转账,而现金支票不仅可以用于提取现金还可以用于转账。(　　)

2. 所有的记账凭证都必须附有原始凭证,否则,不能作为记账的依据。(　　)

3. 原始凭证原则上不得外借,其他单位如有特殊原因确实需要使用时,经本单位会计机构负责人、会计主管人员批准,可以外借。(　　)

4. 原始凭证是会计核算的原始资料和重要依据,是登记会计账簿的直接依据。(　　)

5. 发现以前年度记账凭证有错误,不必用红字冲销,直接用蓝字填制一张更正的记账凭证。(　　)

6. 记账凭证填制完经济业务事项后,如有空行,应当自金额栏最后一笔金额数字下的空行处至合计数上的空行处划线注销。(　　)

7. 对于真实、合法、合理但内容不够完善、填写有错误的原始凭证,会计机构和会计人员不予以接受。(　　)

8. 自制原始凭证都是一次凭证,外来原始凭证绝大多数是一次凭证。(　　)

9. 原始凭证发生的错误,正确的更正方法是由出具单位在原始凭证上更正。(　　)

10. 审核原始凭证的正确性,就是要审核原始凭证所记录的经济业务是否符合企业生产经营活动的需要,是否符合有关的计划和预算。(　　)

11. 一张原始凭证所列的支出需要由几个单位共同负担时,应当由保存该原始凭证的单位将该原始的复印件交给其他应负担的单位。(　　)

12. 为了简化工作手续,可以将不同内容和类别的原始凭证汇总,填制在一张记账凭证上。(　　)

13. 记账凭证所附的原始凭证数量过多,也可以单独装订保管,但应在其封面及有关记账凭证上加注说明。(　　)

14. 收款凭证又可以分为现金收款凭证和银行存款收款凭证,如以现金结算的发票联。
( )

15. 会计凭证上填写的“人民币”字样或符号“￥”与汉字大写金额数字或阿拉伯金额数字之间应留有空白。 ( )

16. 在签发支票时,5 200.50 元的汉字大写金额应写成“伍仟贰佰元伍角”。 ( )

17. 累计凭证是指在一定时期内连续记录发生的若干同类型经济业务的原始凭证。
( )

18. 发现从外单位取得的原始凭证遗失时,应取得原签发单位盖有公章的证明,并注明原始凭证的号码、金额、内容等,由经办单位会计机构负责人审核签章后,才能代做原始凭证。 ( )

19. 会计凭证按照填制程序和用途可分为原始凭证和记账凭证。 ( )

20. 原始凭证记载的信息是整个企业会计信息系统运行的起点,原始凭证的质量将影响会计信息的质量。 ( )

21. 记账凭证是介于原始凭证与账簿之间的中间环节。 ( )

22. 对于不真实、不合法的原始凭证,会计人员有权不予接受。 ( )

23. 单式记账凭证可以填列经济业务所涉及的多个会计科目。 ( )

24. 记账凭证必须附原始凭证。 ( )

25. 记账凭证应连续编号。一笔经济业务需要填制两张以上(含两张)记账凭证的,可以采用分数编号法编号。 ( )

26. 出纳人员在办理收款或付款业务后,应在原始凭证上加盖“收讫”或“付讫”的戳记,以免重收重付。 ( )

27. 会计凭证的传递只包括传递程序。 ( )

28. 会计凭证是记录经济业务事项发生或完成情况的书面证明,是登记账簿的直接依据。 ( )

29. 从外单位取得的原始凭证,可以没有公章,没有经办人员的签名及盖章。 ( )

30. 会计人员对不真实、不合法的原始凭证有权予以接受,不必向单位负责人报告。
( )

31. 经济业务发生后,首先是由财会人员填制或取得原始凭证,经审核无误,按照设置的会计科目,运用复式记账法,编制记账凭证,并据以登记账簿。 ( )

32. 外来的原始凭证大多是一次凭证,自制的原始凭证全部是累计凭证。 ( )

33. 原始凭证记载的各项内容不得涂改,原始凭证的内容有错误的,应当由出具单位重开原始凭证;金额有错误的,应当由出具单位重开或更正,更正处加盖单位印章。 ( )

34. 转账凭证是由出纳人员以外的会计人员填制的。 ( )

35. 企业提交银行的各种结算凭证填错了金额,应采用划线更正予以纠正,不得随意涂改,刮擦或挖补。 ( )

36. 一张原始凭证所列的支出需要由两个以上单位共同负担时,应将其他单位负担的部分,开给对方单位原始凭证分割单,进行结算。 ( )

37. 作废的原始凭证在加盖“作废”戳记后可立即销毁。 ( )

38. 对于文字存在较小错误的原始凭证,必须经会计人员修改后方可作为填制记账凭证和登记账簿的依据。 ( )

39. 企业计提固定资产折旧业务应填制转账凭证，据以记账。　（　　）

40. 原始凭证已预先印定编号的，在写坏作废时，应加盖“作废”戳记。妥善保管，不得撕毁。　（　　）

41. 原始凭证是登记明细账的依据，记账凭证是登记总分类账的依据。　（　　）

四、技能训练题

实训一　阿拉伯数字与中文大写数字的书写

1. 实训目的

熟练掌握阿拉伯数字与中文大写数字的标准写法，做到书写字迹清晰、工整、规范和流畅。

2. 实训资料

(1)阿拉伯数字参考字体

0　1　2　3　4　5　6　7　8　9

可利用阿拉伯数字练习用纸进行训练，也可使用真实的账页进行训练。

阿拉伯数字练习用纸

(2)汉字大写数字参考字体

零	壹	贰	叁	肆	伍	陆	柒	捌	玖	拾	佰	仟	万	亿	元	角	分

3. 实训要求

按照规范写法进行书写练习，直至书写规范、流畅，练习时可用“阿拉伯数字练习用纸”，也可用账页进行书写。

实训二　大小写金额的书写

1. 实训目的

掌握大小写金额的标准写法,做到书写字迹清晰、工整、规范和流畅。

2. 实训资料

2020年11月,公司发生银行存款往来收支业务金额数据如下,请用大写表示。

序号	会计凭证账表的小写金额栏								原始凭证上的大写金额栏
1	没有数位分割线	有数位分割线							
2		万	千	百	十	元	角	分	
3	¥2.00					2	0	0	人民币:
4	¥14 891.00	1	4	8	9	1	0	0	人民币:
5	¥1 509.50		1	5	0	9	5	0	人民币:
6	¥86 000.73								人民币:
7	¥2 901.05								人民币:
8	¥19 000.00								人民币:
9	¥630.06								人民币:
10	¥0.08								人民币:

3. 实训要求

根据上面资料书写大写金额,按照规范写法进行书写练习,直至书写规范、流畅。

以下为书写实例,显示金额的大小写。

序号	会计凭证账表的小写金额栏								原始凭证上的大写金额栏
1	没有数位分割线	有数位分割线							
2		万	千	百	十	元	角	分	
3	¥0.09							9	人民币:玖分
4	¥0.90						9	0	人民币:×万×仟×佰×拾×元玖角零分
5	¥3.00					3	0	0	人民币:叁元整
6	¥37.49				3	7	4	9	人民币:叁拾柒元肆角玖分
7	¥510.09			5	1	0	0	9	人民币:×万×仟伍佰壹拾元零角玖分
8	¥4,020.90		4	0	2	0	9	0	人民币:肆仟零贰拾元玖角整
9	¥15,006.09	1	5	0	0	6	0	9	人民币:壹万伍仟零陆元零玖分
10	¥28,000.90	2	8	0	0	0	9	0	人民币:贰万捌仟零佰零拾零元玖角零分

实训三　原始凭证的填制

1. 实训目的

认识企业发生经济业务的原始凭证，了解原始凭证的种类和内容，掌握原始凭证的填制要求、方法以及审核内容和要求。

2. 实训资料

江南公司（开户银行：江南市建设银行解放路支行；账号：62622012；纳税登记号：510622200111145）2020 年 10 月份发生的部分经济业务如下：

（1）4 日，填制“现金支票”（表 6－1）向银行提取现金 115 000 元，用于发放职工工资。

表 6－1　现金支票

<table>
<tr><td rowspan="3">江南市建设银行
转账支票存根
科　　目________
对方科目________
出票日期　年　月　日
收款人：
金　额：
用　途：
单位主管：会计</td><td colspan="2">江南市建设银行　　现金支票　　62660001
出票日期　年　月　日　　付款行名称：
收款人：　　出票人账号：</td></tr>
<tr><td colspan="2"><table><tr><td rowspan="2">人民币
（大写）</td><td>千</td><td>百</td><td>十</td><td>万</td><td>千</td><td>百</td><td>十</td><td>元</td><td>角</td><td>分</td></tr><tr><td></td><td></td><td></td><td></td><td></td><td></td><td></td><td></td><td></td><td></td></tr></table></td></tr>
<tr><td>用途____________
上列款项请从
我账户内支付
出票人签章</td><td>科目（借）
对方科目（贷）
付讫日期　年　月　日
出纳　复核　记账</td></tr>
</table>

（2）10 日，收到兰天百货（开户银行：江南市银行五四支行，账号：62652312）的“转账支票”1 张（表 6－2），金额 50 000 元，财会根据“转账支票”填制“进账单”（表 6－3），一并送存银行。

表 6－2　转账支票

<table>
<tr><td rowspan="3">江南市建设银行
转账支票存根
62660001
科　　目________
对方科目________
出票日期　年　月　日
收款人：
金　额：
用　途：
单位主管：会计</td><td colspan="2">江南市建设银行　　转账支票　　62660001
出票日期　年　月　日　　付款行名称：
收款人：　　出票人账号：</td></tr>
<tr><td colspan="2"><table><tr><td rowspan="2">人民币
（大写）</td><td>千</td><td>百</td><td>十</td><td>万</td><td>千</td><td>百</td><td>十</td><td>元</td><td>角</td><td>分</td></tr><tr><td></td><td></td><td></td><td></td><td></td><td></td><td></td><td></td><td></td><td></td></tr></table></td></tr>
<tr><td>用途____________
上列款项请从
我账户内支付
出票人签章</td><td>科目（借）
对方科目（贷）
转账日期　年　月　日
出纳　复核　记账</td></tr>
</table>

表6-3　江南市建设银行进账单(回单或收账通知)①

年　月　日　　　　　　　　　　第　　号

<table>
<tr><td rowspan="3">付款人</td><td>全称</td><td colspan="2"></td><td rowspan="3">收款人</td><td>全称</td><td colspan="10"></td></tr>
<tr><td>账号</td><td colspan="2"></td><td>账号</td><td colspan="10"></td></tr>
<tr><td>开户银行</td><td colspan="2"></td><td>开户银行</td><td colspan="10"></td></tr>
<tr><td rowspan="2">金额</td><td rowspan="2">人民币
(大写)</td><td colspan="4" rowspan="2"></td><td>千</td><td>百</td><td>十</td><td>万</td><td>千</td><td>百</td><td>十</td><td>元</td><td>角</td><td>分</td></tr>
<tr><td></td><td></td><td></td><td></td><td></td><td></td><td></td><td></td><td></td><td></td></tr>
<tr><td colspan="2">票据种类</td><td colspan="3"></td><td colspan="11" rowspan="3">收款人开户行盖章</td></tr>
<tr><td colspan="2">票据张数</td><td colspan="3"></td></tr>
<tr><td colspan="5">单位主管　　会计　　复核</td></tr>
</table>

(3)18日,向新宇钢铁厂(开户银行:新宇银行五四支行,账号:62652316)购买甲材料10 000千克,每千克10元,增值税税率为13%。款项采用“托收承付”(表6-4)结算,收到“增值税专用发票”(表6-5),材料验收入库收到“验收单”(表6-6)。

表6-4　托收承付凭证(承付/支款通知)⑤

第　　号

委托日期　年　月　日　　　　　　托收号码:

<table>
<tr><td rowspan="3">付款人</td><td>全称</td><td colspan="2"></td><td rowspan="3">收款人</td><td>全称</td><td colspan="10"></td></tr>
<tr><td>账号</td><td colspan="2"></td><td>账号</td><td colspan="10"></td></tr>
<tr><td>开户银行</td><td colspan="2"></td><td>开户银行</td><td colspan="10"></td></tr>
<tr><td rowspan="2">托收金额</td><td rowspan="2">人民币
(大写)</td><td colspan="4" rowspan="2"></td><td>千</td><td>百</td><td>十</td><td>万</td><td>千</td><td>百</td><td>十</td><td>元</td><td>角</td><td>分</td></tr>
<tr><td></td><td></td><td></td><td></td><td></td><td></td><td></td><td></td><td></td><td></td></tr>
<tr><td>附件</td><td colspan="3">商品发运情况</td><td colspan="12">合同名称号码</td></tr>
<tr><td colspan="2">附件单证张数</td><td colspan="2"></td><td colspan="12"></td></tr>
<tr><td colspan="4">备注:</td><td colspan="12">付款人开户银行盖章</td></tr>
</table>

单位主管:　　　　会计:　　　　复核:　　　　记账:

(4)20日收到市百大楼业务员张哲交来包装物押金380元,出纳开出专用收款收据,第一联为存根,第二联为付款单位付款凭证,交给市百大楼,第三联为收款单位记账凭据,留作原始凭证(表6-7)。

(5)25日,销售产品给江南市甲公司(江南市建设银行五四支行,账号:62652318),收到现金2 925元,出纳开出增值税普通发票(表6-8),并将现金存入了银行,填制现金交款单,第一联为银行记账凭证,第二联为客户回单,银行盖章后返回出纳,留作记账原始凭证(表6-9)。

表 6－5　甘肃省增值税专用发票

开票日期：　年　月　日　　　　　　　　No.

购货单位	名称			纳税登记号				
	地址、电话			开户银行及账号				
货物或应税劳务名称		规格型号	计量单位	数量	单价	金额	税率(%)	税额
合计								
价税合计(大写)		佰 拾 万 仟 佰 拾 元 角 分　　¥						
备注								
销货单位	名称			纳税登记号				
	地址、电话			开户银行及账号				

第三联　发票联

销货单位(章)：　　　收款人：　　　复核：　　　开票人：

表 6－6　验收单(收料单)

供应单位：　　　　　　　　　　　　收料仓库：

发票号码：　　　　年　月　日　　　　第　号

材料编号	材料名称	规格	单位	数量		金额			
				应收	实收	单价	买价	运费	成本
合计									

仓库负责人：　　　经办人：　　　收料人：

表 6－7　专用收款收据

收款日期：　年　月　日

付款单位(交款人)	市百大楼	收款单位(收款人)	江南公司	收款情境	包装物押金								
人民币(大写)		千	百	十	万	千	百	十	元	角	分	结算方式	
收款事由		经办	部门										
			人员										
上述款项照数收讫无误 收款单位财会计专用章	会计主管	稽核	出纳	交款人									

使用规定：1. 本收据只做非经营性专用收款收据，不能代替发票使用。2. 结算方式按现金、转账、付委、信汇、电汇、托收承付等方式分别填列。3. 本收据一式三联复写，不得涂改，如写错，不得撕掉要保留备查。

表 6-8　甘肃省增值税普通发票

发票联

开票日期：　年　月　日　　　　No.

购货单位	名称		纳税登记号				
	地址、电话		开户银行及账号				
货物或应税劳务名称	规格型号	计量单位	数量	单价	金额	税率(%)	税额
合计							
价税合计(大写)	佰　拾　万　仟　佰　拾　元　角　分　¥						
备注							
销货单位	名称		纳税登记号				
	地址、电话		开户银行及账号				

第二联　发票联

销货单位(章)：　　收款人：　　复核：　　开票人：

表 6-9　中国建设银行现金缴款单

币别：　　年　月　日　　流水号

<table>
<tr><td rowspan="4">单位填写</td><td>收款单位</td><td></td><td colspan="2">交款人</td><td colspan="9"></td></tr>
<tr><td>账户</td><td></td><td colspan="2">款项来源</td><td colspan="9"></td></tr>
<tr><td colspan="2" rowspan="2">人民币(大写)</td><td>亿</td><td>千</td><td>百</td><td>十</td><td>万</td><td>千</td><td>百</td><td>十</td><td>元</td><td>角</td><td>分</td></tr>
<tr><td></td><td></td><td></td><td></td><td></td><td></td><td></td><td></td><td></td><td></td><td></td></tr>
<tr><td>银行确认栏</td><td colspan="13">现金回单(无银行打印记录及银行签章此单无效)</td></tr>
</table>

复核：　　录入：　　出纳：

3. 实训要求

填制审核以上原始凭证相关内容。

实训四　审核原始凭证

1. 实训目的

掌握原始凭证的审核方法。

2. 实训资料

实训四的原始凭证。

3. 实训要求

(1)审核现金支票。首先审核支票种类是否为现金支票。然后从左至右，审核支票存根部分的出票日期、收款单位、金额(小写)、用途和签章(法人章和会计主管章)；审核支票正联出票日期大写是否规范、正确,金额大小写与存根是否一致,收款人是否为本单位,用途填写与支票存根是否一致,密码填写是否正确。

(2)审核收到的转账支票。审核转账支票真伪(有防伪水印),审核支票正联出票日期大写是否规范、正确,金额大小写是否一致,收款人是否为本单位,用途填写是否正确,是否有密码,是否盖章等。

(3)审核进账单。审核进账单联次、日期、金额大小写,审核双方开户行、账号,审核票据种类、张数、票号等信息,审核开户行签字。

(4)审核增值税专用发票。首先审核是否为增值税专用发票,审核联次是否为记账联(第一联),审核开票日期、购货单位名称、账户、开户行,审核接受货物或劳务的种类、数量、单价、税率、合计、大小写金额,审核本单位信息、签章。

(5)审核原材料入库单。审核入库日期,审核材料类别、编号、名称、规格、数量、单价、金额、采购费用、总成本、单位成本、审核责任人签字。

(6)审核托收承付凭证。

(7)审核收款收据。收据名称,审核收据联次是否为第二联,审核收款日期、付款单位、收款单位、收款情况、大小写金额、收款事由、结算方式、有关签章。

(8)审核增值税普通发票。首先审核是否为增值税普通发票(非一般纳税人),审核联次是否为记账联(第一联)。其余审核情况与增值税专用发票一致。

(9)审核现金缴款单的填写是否正确。

实训五　记账凭证的填制

1. 实训目的

掌握根据原始凭证编制分录记账凭证的方法,熟悉凭证格式及每一种记账凭证的编制方法,提高操作者对经济业务的会计处理能力。

2. 实训资料

2020 年 12 月发生下列经济业务,根据以下经济业务编制会计分录并填制记账凭证(用正式的凭证):

(1)2 日,收到投资者投入公司的资本 200 000 元,存入银行。

(2)8 日向本市和平公司购入丙材料 5 000 千克,每千克 10 元,计 50 000 元,进项增值税税率 13%,计 6 500 元。材料已验收入库,货款以银行存款支付。

(3)10 日,开出转账支票,购办公用品 5 800 元。其中生产车间用 2 000 元,厂部用 3 800 元。

(4)11 日,职工李宏到财务部预借差旅费 6 000 元,前往青岛购买材料,付现金。

(5)14 日,收到银行电汇入账通知单,收到丰满发电厂拖欠货款 586 450 元,汇入企业账户。

(6)16 日,向大华公司购进甲材料 6 000 千克,单价 10 元,计 60 000 元;乙材料 5 500 千克,单价 5 元计 27 500 元,专用发票列明增值税税额 11 375 元。材料到达企业,验收入库,款项尚未支付。

(7)18 日,职工杨丽报销办公费用 9 600 元,其中基本生产车间 5 060 元,其余为管理部门发生费用。

(8)19日,仓库发出材料供有关部门使用,其中生产HA产品耗用甲材料4 000千克,单价10元,计40 000元,乙材料3 000千克,单价5元,计15 000元;生产HB产品耗用甲材料3 000千克,单价10元,计30 000元,乙材料2 000千克,单价5元,计10 000元;车间一般性耗用乙材料1 600千克,单价5元,计8 000元,行政管理部门领用甲材料500千克,单价10元,计5 000元。

(9)20日,批发销售给华联电器经销公司一批产品,其中HA产品2 000件,单价220元,价款440 000元,增值税税额57 200元;销售HB产品1 000件,单价120元,货款120 000元,增值税税额15 600元,当日收到华联经销公司开出的商业汇票一张。

(10)21日,销售HA产品500件给华联商厦,划款110 000元,增值税销项税额14 300元;销售HB产品200件,货款24 000元,增值税税额3 120元。开出增值税专用发票。货款和税款尚未收到。

(11)22日,将应由本期负担,以前期间支付的财产保险费,报纸杂志费记入本期成本费用,财产保险费5 500元,报纸杂志费1 865元,见表6-10。

表6-10　预付费用分摊表

单位:元

部门　情境	财产保险费	报纸杂志费	合计
生产车间	3 000	790	3 790
企业管理部门	2 500	1 075	3 575
合计	5 500	1 865	7 365

(12)22日,从宏大公司购入不需要安装的B型机器一台,价款4 000元,增值税税额520元,已用转账支票支付,该固定资产已交车间使用。

(13)24日,收到职工赵宝违章罚款250元,以现金收讫。

(14)26日,销售部李刚报销本月业务招待费8 600元。

(15)28日,计提本月的固定资产折旧共计10 000元。其中,生产车间机器设备折旧7 500元,厂部行政管理部门固定资产折旧2 500元,见表6-11。

表6-11　固定资产折旧计算表

单位:元

使用部门	固定资产类型	月初应计提折旧固定资产原值	月折旧率	月折旧额
生产车间	房屋及建筑物	1 800 000	0.2%	3 600
	机器设备	1 300 000	0.2%	3 900
管理部门	房屋及建筑物	1 000 000	0.2%	2 000
	办公设备	100 000	0.2%	500
合计				10 000

(16)30日,将本月应交增值税税额26 000元,转到未交增值税明细账(原始凭证:未交增值税结算表)。

(17)31 日,按照本月应交增值税税额26 000 元的7% ,3% 和1% 的比例,分别计算城市维护建设税、教育费附加和地方教育费附加,见表6－12。

表6－12　税金及附加计算表

单位:元

项目	应交增值税	税率	金额
应交城市维护建设税		7%	1 820
应交教育费附加		3%	780
应交地方教育费附加		1%	260
合计	26 000		2 860

(18)计算出本月应支付的利息1 800 元,见表6－13。

表6－13　借款利息计算表

单位:元

本金	月利率	月利息
150 000	1.2%	1 800

3. 实训要求

(1)根据审核无误的原始凭证编制记账凭证(收款凭证、付款凭证、转账凭证或通用的记账凭证)。

(2)根据要求,检查记账凭证是否合乎规定的要求(审核签字)。

第七章　会 计 账 簿

一、单项选择题

1. 下列不属于对账的是(　　)。

A. 账簿记录与会计报表之间的核对

B. 总分类账簿与其所属明细分类账簿之间的核对

C. 现金日记账的期末余额合计与现金总账期末余额的核对

D. 实物资产明细账账面余额与实物资产实存数额的核对

2. 下列不适于建立备查账的是(　　)。

A. 租入的固定资产　　B. 应收票据

C. 受托加工材料　　D. 购入的固定资产

3. 下列情况不可以用红色墨水记账的是(　　)。

A. 冲账的记账凭证,冲销错误记录

B. 在不设借贷等栏的多栏式账页中,登记减少数

C. 在三栏式账户的余额栏前,印明余额方向的,在余额栏内登记负数余额

D. 在三栏式账户的余额栏前,未印明余额方向的,在余额栏内登记负数余额

4. 银行存款日记账是根据(　　)逐日逐笔登记的。

A. 银行存款收、付款凭证　　B. 转账凭证

C. 库存现金收款凭证　　D. 银行对账单

5. 在我国,总分类账要选用(　　)。

A. 活页式账簿　　B. 自己认为合适的账簿

C. 卡片式账簿　　D. 订本式账簿

6. 下列说法不正确的是(　　)。

A. 出纳人员主要负责登记现金日记账和银行存款日记账

B. 现金日记账由出纳人员根据收、付款凭证,逐日逐笔顺序登记

C. 银行存款日记账应该定期或者不定期与开户银行提供的对账单进行核对,每月至少核对三次

D. 现金日记账和银行存款日记账,应该定期与会计人员登记的现金总账和银行存款总账核对

7. 下列做法中,不符合会计账簿的记账规则的是(　　)。

A. 使用圆珠笔登账

B. 账簿中书写的文字和数字一般应占格距的1/2

C. 登记后在记账凭证上注明已经登账的符号

D. 按账簿页次顺序连续登记,不得跳行隔页

8. 设置和登记账簿是(　　)的基础。

A. 复式记账　　B. 填制记账凭证

C. 编制会计分录　　D. 编制会计报表

9. 从银行提取现金,登记库存现金日记账的依据是(　　)。

A. 库存现金收款凭证　　B. 银行存款收款凭证

C. 库存现金付款凭证　　D. 银行存款付款凭证

10. 企业生产车间因生产产品领用材料 10 000 元,在填制记账凭证时,将借方科目记为"管理费用"并已登记入账,应采用的错账更正方法是(　　)。

A. 划线更正法　　B. 红字更正法

C. 补充登记法　　D. 重填记账凭证法

11. 企业开出转账支票 1 680 元购买办公用品,编制记账凭证时,误记金额为 1 860 元,科目及方向无误并已记账,应采用的更正方法是(　　)。

A. 补充登记 180 元　　B. 红字冲销 180 元

C. 在凭证中划线更正　　D. 把错误凭证撕掉重编

12. 填制记账凭证时无误,根据记账凭证登记账簿时,将 20 000 元误记为 2 000 元,已登记入账,尚未结账。更正时应采用(　　)。

A. 划线更正法　　B. 红字更正法　　C. 补充登记法　　D. 更换账页法

13. 下列账簿中,一般采用活页账形式的是(　　)。

A. 日记账　　B. 总分类账　　C. 明细分类账　　D. 备查账

14. 总分类账一般采用的账页格式为(　　)。

A. 两栏式　　B. 三栏式　　C. 多栏式　　D. 数量金额式

15. 将账簿划分为序时账簿、分类账簿和备查账簿的依据是(　　)。

A. 账簿的用途　　B. 账页的格式　　C. 账簿的外形特征　　D. 账簿的性质

16. 在结账前发现账簿记录有文字或数字错误,而记账凭证没有错误时,应采用(　　)。

A. 划线更正法　　B. 红字更正法　　C. 补充登记法　　D. 平行登记法

17. 会计账簿暂由本单位财务会计部门保管(　　),期满之后,由财务会计部门编造清册移交本单位的档案部门保管。

A. 1 年　　B. 3 年　　C. 5 年　　D. 10 年

18. 卡片账一般在(　　)时采用。

A. 无形资产总分类核算　　B. 固定资产明细分类核算

C. 原材料总分类核算　　D. 原材料明细分类核算

19. 对全部经济业务事项按照会计要素的具体类别而设置的分类账户进行登记的账簿称为(　　)。

A. 备查账簿　　B. 序时账簿　　C. 分类账簿　　D. 三栏式账簿

20. 错账更正时,划线更正法的适用范围是(　　)。

A. 记账凭证中会计科目或借贷方向错误,导致账簿记录错误

B. 记账凭证正确,登记账簿时发生文字或数字错误

C. 记账凭证中会计科目或借贷方向正确,所记金额大于应记金额,导致账簿记录错误

D. 记账凭证中会计科目或借贷方向正确,所记金额小于应记金额,导致账簿记录错误

21. 下列对账工作中属于账实核对的是(　　)。

A. 银行存款日记账与银行对账单核对

B. 总分类账与所属明细分类账核对

C. 会计部门的财产物资明细账与财产物资保管部门的有关明细账相核对

D. 总分类账与日记账核对

22. 在登记账簿过程中,每一账页的最后一行及下一页第一行都要办理转页手续,是为了(　　)。

A. 便于查账　　B. 防止遗漏　　C. 防止隔页　　D. 保持记录的连续性

23. 下列各账簿中,必须逐日逐笔登记的是(　　)。

A. 费用明细账　　B. 应收账款明细账

C. 收入明细账　　D. 原材料明细账

24. 对账时,账账核对不包括(　　)。

A. 总账有关账户的余额核对　　B. 总账与明细账之间的核对

C. 总账与备查簿之间的核对　　D. 总账与日记账的核对

25. 会计账簿登记的依据是(　　)。

A. 发票　　B. 凭单

C. 会计凭证　　D. 审核无误的会计凭证

26. 期末无余额的账户,应在"借或贷"栏内(　　)。

A. 填写"0"　　B. 填写"零"

C. 填写"平"　　D. 以上的均不写

27. 登记账簿时,正确的做法是(　　)。

A. 文字或数字的书写必须占满格

B. 书写可以使用蓝黑墨水、圆珠笔或铅笔

C. 按账簿页次顺序连续登记

D. 发生的空行、空页一定要补充书写

28. 从银行提取现金的业务,应根据(　　)登记现金日记账的收入栏。

A. 现金收款凭证　　B. 现金付款凭证

C. 银行存款收款凭证　　D. 银行存款付款凭证

29. 将现金存入银行的业务,应根据(　　)登记现金日记账的支出栏。

A. 现金收款凭证　　B. 现金付款凭证

C. 银行存款收款凭证　　D. 银行存款付款凭证

30. 划线更正法使用的前提是(　　)。

A. 记账凭证没有错误　　B. 记账凭证中会计科目没有错误

C. 记账凭证中金额没有错误　　D. 账簿记录中金额没有错误

31. 记账以后,发现记账凭证上应借应贷会计科目无错误,但所记金额大于应记金额,对此应采用(　　)更正。

A. 划线法　　B. 红字法

C. 挖补法　　D. 补充登记法

32. 选择明细分类账格式正确的是(　　)。

A. 三栏式明细分类账是设有数量、单价和金额三个栏目

B. 三栏式明细分类账适用于收入、费用和利润分配明细账的核算

C. 数量金额式明细分类账适用于既要进行金额核算又要进行数量核算的账户

D. 多栏式明细分类账适用于应收账款、应付账款等科目的明细分类核算

33. 关于账簿形式选择错误的是(　　)。

A. 对库存现金明细账的核算采用活页账形式

B. 银行存款日记账应使用订本账形式

C. 各种明细分类账一般采用活页账形式

D. 总分类账一般使用订本账形式

34. 下列项目中,(　　)是连接会计凭证和会计报表的中间环节。

A. 复式记账　　B. 设置会计科目

C. 设置和登记账簿　　D. 编制会计分录

35. 更正错账时,划线更正法的适用范围是(　　)。

A. 记账凭证上会计科目或记账方向错误,导致账簿记录错误

B. 记账凭证正确,在记账时发生错误,导致账簿记录错误

C. 记账凭证上会计科目或记账方向正确,所记金额大于应记金额,导致账簿记录错误

D. 记账凭证上会计科目或记账方向正确,所记金额小于应记金额,导致账簿记录错误

36. 账簿登记完毕,在记账凭证的“记账”栏做出标记,主要是为了(　　)。

A. 便于明确记账责任　　B. 避免错行或隔页

C. 避免重记或漏记　　D. 避免凭证丢失

37. 下列各项中,应采用数量金额式账簿的是(　　)。

A. 原材料明细账　　B. 管理费用明细账

C. 生产成本明细账　　D. 主营业务收入明细账

38. 下列各项中,应采用订本式账簿的是(　　)。

A. 库存现金日记账　　B. 库存商品明细账

C. 固定资产明细账　　D. 应收账款明细账

39. 下列关于会计账簿登记要求的表述中,正确的是(　　)。

A. 特殊记账使用红墨水

B. 文字或数字的书写必须占满格

C. 发生的空行、空页一定要补充书写

D. 书写可以使用蓝黑墨水、圆珠笔或铅笔

40. 下列各项中,适用于查找在记账过程中只登记了会计分录的借方或贷方,漏记了另一方,从而导致试算平衡中借方合计与贷方合计不等错误的方法是(　　)。

A. 尾数法　　B. 差数法　　C. 除 2 法　　D. 除 9 法

41. 下列各项中,能采用划线更正法更正的账簿记录错误是(　　)。

A. 记账凭证正确,在记账时发生错误,导致账簿记录错误

B. 记账凭证上会计科目或记账方向错误,导致账簿记录错误

C. 记账凭证上会计科目或记账方向正确,所记金额大于应记金额,导致账簿记录错误

D. 记账凭证上会计科目或记账方向正确,所记金额小于应记金额,导致账簿记录错误

42. 登记明细账的依据是(　　)。

A. 汇总记账凭证　　B. 汇总原始凭证

C. 原始凭证　　D. 记账凭证或原始凭证

二、多项选择题

1. 账证核对指的是核对会计账簿记录与原始凭证、记账凭证的(　　)是否一致,记账方向是否相符。

A. 时间　　B. 凭证字号　　C. 内容　　D. 金额

2. 出纳人员可以登记和保管的账簿是(　　)。

A. 现金日记账　　B. 银行存款日记账　　C. 现金总账　　D. 银行存款总账

3. 下列属于账实核对的是(　　)。

A. 现金日记账账面余额与现金实际库存数的核对

B. 银行存款日记账账面余额与银行对账单的核对

C. 财产物资明细账账面余额与财产物资实存数额的核对

D. 应收、应付款明细账账面余额与债务、债权单位核对

4. 下列属于序时账的是(　　)。

A. 现金日记账　　B. 银行存款日记账

C. 应收账款明细账　　D. 主营业务收入明细账

5. 下列关于会计账簿的更换和保管的说法中,正确的有(　　)。

A. 总账、日记账和多数明细账每年更换一次

B. 变动较小的明细账可以连续使用,不必每年更换

C. 备查账不可以连续使用

D. 会计账簿由本单位财务会计部门保管半年后,交由本单位档案管理部门保管

6. 下列需要划双红线的是(　　)。

A. 在"本月合计"的下面　　B. 在"本年累计"的下面

C. 在12月末的"本年累计"的下面　　D. 在"本年合计"的下面

7. 下列可以作为库存现金日记账借方登记的依据的是(　　)。

A. 库存现金收款凭证　　B. 库存现金付款凭证

C. 银行存款收款凭证　　D. 银行存款付款凭证

8. 对于划线更正法,下列说法正确的是(　　)。

A. 划线注销时,必须使原有字迹仍可辨认

B. 对于错误的数字,应当全部划红线更正,不得只更正其中的错误数字

C. 对于文字错误,可只划去错误的部分

D. 对于错误的数字,可以只更正其中的错误数字

9. 必须逐日结出余额的账簿是(　　)。

A. 现金总账　　B. 银行存款总账　　C. 现金日记账　　D. 银行存款日记账

10. 按照账页格式的不同,会计账簿分为(　　)。

A. 两栏式账簿　　B. 三栏式账簿　　C. 数量金额式账簿　　D. 多栏式账簿

11. 不同类型经济业务的明细分类账,可根据管理需要,依据(　　)逐日逐笔登记或定期登记。

A. 记账凭证　　B. 科目汇总表　　C. 原始凭证　　D. 汇总原始凭证

12. 账页包括的内容是(　　)。

A. 账户名称　　B. 记账凭证的种类和号数

C. 摘要栏　　D. 总页次和分户页次

13. 下列适合采用多栏式明细账格式核算的是(　　)。

A. 原材料　　B. 制造费用　　C. 生产成本　　D. 库存商品

14. 下列说法中不正确的有(　　)。

A. 日记账必须采用三栏式

B. 总账最常用的格式为三栏式

C. 三栏式明细分类账适用于成本费用类科目的明细核算

D. 银行存款日记账应按企业在银行开立的账户和币种分别设置,每个银行账户设置一本日记账

15. 下列内容中,属于结账工作的有(　　)。

A. 结算有关账户的本期发生额及期末余额

B. 编制试算平衡表

C. 清点库存现金

D. 按照权责发生制对有关账项进行调整

16. 下列应逐日逐笔登记明细账的有(　　)。

A. 原材料　　B. 应收账款　　C. 应付账款　　D. 管理费用

17. 下列不符合登记账簿要求的有(　　)。

A. 为防止篡改,文字书写要占满格

B. 数字书写一般要占格距的1/2

C. 将登记中不慎出现的空页划线注销

D. 根据红字冲账的记账凭证,用红字冲销错误记录

18. 银行存款日记账可以采用的账页格式有(　　)。

A. 三栏式　　B. 多栏式　　C. 数量金额式　　D. 横线登记式

19. 适合采用三栏式账簿登记的有(　　)。

A. 总分类账　　B. 资本明细账

C. 日记账　　D. 原材料明细账

20. 账簿按外形特征不同可分为(　　)。

A. 订本账　　B. 活页账

C. 卡片账　　D. 数量金额式账

21. 会计账簿的基本内容包括(　　)。

A. 封面　　B. 扉页　　C. 账夹　　D. 账页

22. 企业财务部门于3月12日收到业务部门转来的3月8日填制的原始凭证,并于3月13日编制记账凭证,3月14日将此记账凭证登记入账,则账簿中的“日期”栏填写不正确的有(　　)。

A. 3月8日　　B. 3月12日　　C. 3月13日　　D. 3月14日

23. 总分类账登记的依据是(　　)。

A. 记账凭证　　B. 汇总记账凭证　　C. 原始凭证　　D. 科目汇总表

24. 对账的主要内容有(　　)。

A. 账证核对　　B. 账账核对　　C. 账实核对　　D. 账表核对

25. 关于账页格式的选择,表述正确的是(　　)。

A. 普通日记账和转账日记账一般采用两栏式

B. 总分类账以及资本、债权、债务明细账一般采用多栏式

C. 收入、生产成本、制造费用明细账一般采用三栏式

D. 原材料、库存商品等明细账一般采用数量金额式

26. 会计账簿的登记规则错误的是(　　)。

A. 账簿记录中的日期,应该填写原始凭证上的日期

B. 多栏式账页中登记减少数可以使用红色墨水

C. 冲销错误记录可以用红色墨水

D. 对于没有余额的账户,应在"借或贷"栏内写"0"表示

27. 下列符合登记会计账簿基本要求的是(　　)。

A. 文字和数字的书写应占格距的 1/3

B. 登记后应在记账凭证上签名或盖章,并注明已经登账的符号

C. 在登记各种账簿时,应按页次顺序连续登记,不得隔页、跳行

D. 用蓝黑和碳素墨水书写,不得用圆珠笔或铅笔书写

28. 账簿的登记规则表述正确的是(　　)。

A. 账页登记完毕结转下页时,应当结出本页合计数及余额,写在本页最后一行和下页第一行有关栏内,并在摘要栏内注明"过次页"和"承前页"字样

B. 对需要结计本月发生额的账户,结计"过次页"的本页合计数应当为自本月初起至本月末止的发生额合计数

C. 对需要结计本年累计发生额的账户,结计"过次页"的本页合计数应当为自年初至本页末止的累计数

D. 对既不需要结计本月发生额也不需要结计本年累计发生额的账户,可以只将每页末的余额结转次页

29. 关于日记账的表述错误的是(　　)。

A. 现金日记账每日终了,应分别计算现金收入和现金支出的合计数,结出余额,同时将余额同库存现金实有数核对

B. 银行存款日记账与现金日记账格式相同,既可以采用三栏式,也可以采用多栏式,但必须都使用订本账

C. 摘要栏登记入账的收、付款凭证的种类和编号,日期栏系指记账凭证的日期

D. 银行存款日记账由会计登记,按时间先后顺序逐日逐笔进行登记,每日结出存款余额,月终计算出全月收入、支出的合计数

30. 可以作为现金日记账记账依据的是(　　)。

A. 现金收款凭证　　B. 现金付款凭证

C. 银行收款凭证　　D. 银行付款凭证

31. 出纳人员可以登记和保管的账簿有(　　)。

A. 现金日记账　　B. 银行存款日记账　　C. 现金总账　　D. 银行存款总账

32. 下列关于登记总分类账的做法中,正确的有(　　)。

A. 总分类账可以根据记账凭证逐笔登记

B. 总分类账可以根据经过汇总的科目汇总表或汇总记账凭证等登记

C. 月终,总分类账应当在全部经济业务事项登记入账后,结出各个账户的本期发生额和期末余额

D. 总分类账在与明细账余额核对相符后,和明细账、日记账、备查账共同作为编制会计报表的主要依据

33. 下列关于对账工作的说法中,正确的有(　　)。

A. 对账就是核对账目,即对账簿、账户记录的正确与否所进行的核对工作

B. 对账工作目的是为了保证账证相符、账账相符和账实相符的一项检查性工作,在于使期末用于编制会计报表的数据真实、可靠

C. 对账工作应该每年至少进行一次

D. 对账工作一般在月初进行

34. 账账核对不包括(　　)。

A. 证证核对

B. 银行存款日记账余额与银行对账单余额核对

C. 总账账户借方发生额合计与其明细账借方发生额合计的核对

D. 各种应收、应付账款明细账面余额与有关债权、债务单位的账目余额相核对

35. 下列不属于账实核对的是(　　)。

A. 会计部门各种财物明细分类账的期末余额应与财物保管或使用部门有关明细账的期末余额核对相符

B. 现金日记账账面余额应与现金实际库存数核对相符

C. 日记账、明细账与收、付款凭证相核对

D. 各种应收、应付、应交款明细账的期末余额应与债务、债权单位的账目核对相符

36. 下列更正错账方法中,正确的是(　　)。

A. 划线更正法时,对于文字错误,可只划去错误的部分

B. 划线更正法,对于错误的数字,只需要更正其中的错误数字,不必全部划红线更正

C. 划线更正法时,由审核人员在更正处签名盖章,明确责任

D. 已登记入账的记账凭证在当年内发现填写应借应贷科目错误,用红字填写一张与原内容相同的记账凭证,在摘要栏注明“注销某月某日某号凭证”字样,同时再用蓝字重新填制一张正确的记账凭证,注明“订正某月某日某号凭证”字样

37. 红字更正法通常适用的情况是(　　)。

A. 记账后在当年内发现记账凭证所记的会计科目错误

B. 发现上一年度的记账凭证所记的会计科目错误

C. 记账后发现会计科目无误而所记金额大于应记金额

D. 记账后发现会计科目无误而所记金额小于应记金额

38. 有关结账程序表述正确的有(　　)。

A. 将本期发生的经济业务事项全部登记入账,并保证其正确性

B. 根据权责发生制的要求,调整有关账项,合理确定本期应计收入和应计的费用

C. 将损益类科目转入“本年利润”科目,结平所有损益类科目

D. 应该每年进行一次对账工作

39. 下列结账方法表述正确的是(　　)。

A. 总账账户平时只需结出月末余额,在年终结账时,在“本年合计”栏下通栏划双红线

B. 需要结计本年累计发生额的明细账户,12月末的“本年累计”就是全年累计发生额,全年累计发生额下通栏划双红线

C. 对不需按月结计本期发生额的账户,每次记账后,随时结出余额,每月最后一笔余额即为月末余额

D. 现金、银行存款日记账,收入费用明细账,结出本月发生额和余额,在摘要栏注明“本月合计”字样,并在下面通栏划双红线

40. 下列说法正确的是(　　)。

A. 年度终了,各种账户在结转下年、建立新账户,一般都要把旧账送交总账会计集中统一管理

B. 会计账簿暂由本单位财务会计部门保管一年,期满之后,由财务会计部门编造清册移交本单位的档案部门保管

C. 各单位在更换旧账簿、启用新账簿时,应当填制账簿启用表

D. 总账、日记账和明细账应每年更换一次,备查簿也可以连续使用

41. 总账与明细账平行登记的要点包括(　　)。

A. 依据相同　　B. 期间相同

C. 金额相等　　D. 方向相同

42. 错账的更正方法有(　　)。

A. 划线更正法　　B. 字冲销法

C. 原地涂改法　　D. 补充登记法

43. 在会计工作中,可以用红色墨水登记账簿的情况是(　　)。

A. 按照红字冲账的记账凭证,冲销错误记录

B. 在三栏式账户设有借贷的余额栏内登记负数余额

C. 在不设借贷等栏的多栏式账页中登记减少数

D. 根据国家统一会计制度的规定,可以用红字登记的其他会计分录

44. 下列各项中,属于会计账簿应具备的基本内容有(　　)。

A. 封面　　B. 封底　　C. 扉页　　D. 账页

45. 下列各项中,属于会计账簿的作用有(　　)。

A. 记载和储存会计信息　　B. 分类和汇总会计信息

C. 检查和校正会计信息　　D. 编报和输出会计信息

46. 下列各项中,必须逐日结出余额的账簿有(　　)。

A. 库存现金总账　　B. 库存现金日记账

C. 银行存款总账　　D. 银行存款日记账

47. 下列各项中,属于库存现金日记账所属类别的有(　　)。

A. 订本账　　B. 活页账　　C. 特种日记账　　D. 普通日记账

48. 下列各项中,属于明细分类账常用的格式有(　　)。

A. 三栏式　　B. 多栏式　　C. 数量金额式　　D 横线登记式

49. 下列各项中,属于对账时账账核对的内容有(　　)。

A. 总账与日记账核对　　B. 总账各账户的余额核对

C. 总账与备查账之间的核对　　D. 总账与明细账之间的核对

50. 下列各项中,应该采用红字更正法更正的错误有(　　)。

A. 记账凭证的会计科目错误

B. 记账凭证没有错误,登记账簿时发生错误

C. 记账凭证的应借、应贷的会计科目没有错误,所记金额大于应记金额

D. 记账凭证的应借、应贷的会计科目没有错误,所记金额小于应记金额

三、判断题

1. 新旧账有关账户之间转记余额,不必编制记账凭证。(　　)

2. 企业的序时账簿和分类账簿必须采用订本式账簿。(　　)

3. 期末对账时,也包括账证核对,即会计账簿记录与原始凭证、记账凭证的时间、凭证字号、内容、金额是否一致,记账方向是否相符。(　　)

4. 登记账簿时,发生的空行、空页一定要补充书写,不得注销。(　　)

5. 由于编制的记账凭证会计科目错误,导致账簿记录错误,更正时,可以将错误的会计科目划红线注销,然后,在划线上方填写正确的会计科目。(　　)

6. 固定资产明细账不必每年更换,可以连续使用。(　　)

7. 任何单位,对账工作应该每年至少进行一次。(　　)

8. 为便于管理,“应收账款”“应付账款”的明细账必须采用多栏式明细分类账格式。(　　)

9. 每一账页登记完毕结转下页时,应当结出本页合计数及余额,写在本页最后一行和下页第一行有关栏内,并在摘要栏内注明“过次页”和“承前页”字样。(　　)

10. 费用明细账一般均采用三栏式账簿。(　　)

11. 对需要按月进行月结的账簿,结账时,应在“本月合计”字样下面通栏划单红线,而不是划双红线。(　　)

12. 补充登记法一般适用于记账凭证所记会计科目无误,只是所记金额大于应记金额,从而引起的记账错误。(　　)

13. 总分类账户平时不必每日结出余额,只需每月结出月末余额。(　　)

14. 库存现金日记账的账页格式均为三栏式,而且必须使用订本账。(　　)

15. 备查账簿不必每年更换新账,可以连续使用。(　　)

16. 年度终了,各种账户在结转下年、建立新账后,一般都要把旧账送交本单位的档案部门集中统一管理。(　　)

17. 各种日记账、总账以及资本、债权债务明细账都可采用三栏式账簿。(　　)

18. 账簿只是一个外在形式,账户才是它的真实内容。账簿与账户的关系是形式和内容的关系。(　　)

19. 总账与明细账统称为分类账。(　　)

20. 现金日记账要求逐日结出现金余额,与库存现金实存数核对,以检查每日现金收付是否有误。(　　)

21. 银行存款的账实核对是指银行存款日记账账面余额与总账余额核对是否相符。(　　)

22. 启用会计账簿时,应当在账簿封面上写明单位名称和账簿名称,并在账簿扉页上附启用表,启用表上应加盖记账人员与会计主管人员的名章,不用加盖单位公章。(　　)

23. 会计科目和方向没有错误,所填金额小于应记的金额导致账簿记录错误的,适用于

划线更正法。 ( )

24. 在每个会计期间可多次登记账簿,但结账只能一次。 ( )

25. 一般情况下,总账、日记账、明细账应当每年更换一次。 ( )

26. 账簿记录发生错误,不准涂改、挖补、刮擦或者用药水消除字迹,应按规定方法更正或重新抄写。 ( )

27. 除结账和更正错账的记账凭证可以不附原始凭证外,其他凭证必须附有原始凭证。 ( )

28. 账簿与账户的关系是形式和内容的关系。 ( )

29. 启用订本式账簿应当从第一页到最后一页顺序编定页数,不得跳页、缺号。 ( )

30. 年度终了结账时,应当在全年累计发生额下面划通栏的双红线。 ( )

31. 年度终了结账时,有余额的账户,应将其余额结转下年,并在摘要栏注明“结转下年”字样。 ( )

32. 账簿中书写的文字和数字上面要留有适当空间,不要写满格,一般应占格距的三分之一。 ( )

33. 明细账一般使用活页式账簿,以便于根据实际需要,随时添加账页。 ( )

34. 登记账簿时,发生的空行、空页一定要补充书写,不得注销。 ( )

35. 会计账簿的保管期满后,可由会计人员自行销毁。 ( )

36. 登记账簿的唯一依据是审核无误的原始凭证。 ( )

37. 企业的序时账簿和分类账簿必须采用订本式账簿。 ( )

38. 所有的明细账,年末时都必须更换。 ( )

39. 在明细账的核算中,只需要进行金额核算的,必须使用三栏式明细账。 ( )

40. 任何单位,对账工作应该每年至少进行一次。 ( )

41. 在账簿记录中有可能出现红字。 ( )

42. 由于编制的记账凭证会计科目错误,导致账簿记录错误,更正时,可以将错误的会计科目划红线注销,然后,在划线上方填写正确的会计科目。 ( )

43. 如果在结账前发现账簿记录有文字或数字错误,而记账凭证没有错误,则可采用划线更正法,不可以采用红字更正法。 ( )

44. 月结时,收入、费用类账户需要结出本月发生额和余额,记入最后一笔记录下的借方和贷方栏内,并在摘要栏内注明“本月合计”字样,同时在该行下划双红线,以完成月结工作。 ( )

四、技能训练题

实训一　建　　账

1. 实训目的

掌握现金、银行日记账、总账和明细账等会计账簿的设置方法。

2. 实训资料

(1)江南公司的总分类账户及其2020年1月期初余额,见表7-1。

表 7－1　总分类账户及其 2020 年 1 月期初余额

单位:元

资产总账科目	年初借方余额	负债及所有者权益	年初贷方余额
库存现金	3 000	累计折旧	75 000
银行存款	1 221 000	短期借款	70 000
应收账款	25 000	应付账款	137 000
预付账款	10 000	应付职工薪酬	12 000
其他应收款	1 000	应交税费	35 000
在途物资		应付利息	
原材料	76 000	其他应付款	95 000
库存商品	48 000	实收资本	3 280 000
生产成本		本年利润	
制造费用		盈余公积	3 000
固定资产	2 350 000	利润分配	27 000
主营业务成本		主营业务收入	
税金及附加		营业外收入	
销售费用			
管理费用			
财务费用			
营业外支出			
所得税费用			
合计	3 734 000		3 734 000

(2)日记账,见表 7－2、表 7－3。

表 7－2　现金日记账

单位:元

2020 年		凭证字号	摘要	借方金额	贷方金额	余额
月	日					
1	1					3 000

表7－3　银行存款日记账

单位:元

2020年		凭证字号	结算凭证	摘要	借方金额	贷方金额	余额
月	日						
1	1			上年结转			1 221 000

(3)明细账,见表7－4。

表7－4　明细分类账相关余额(三栏式明细账)

单位:元

总账科目	明细科目	借或贷	年初余额
应收账款		借	25 000
	甲公司	借	25 000
其他应收款		借	1 000
	刘明	借	1 000
预付账款		借	10 000
	兰天超市	借	10 000
	佳乐超市	借	0
固定资产		借	2 350 000
	房屋建筑	借	1 250 000
	生产设备	借	800 000
	办公设备	借	300 000
应付账款		贷	137 000
	佳乐超市		37 000
	大华贸易公司		100 000
应交税费		贷	35 000
	应交增值税	贷	20 000
	应交城建税	贷	1 400
	应交所得税	贷	13 000
利润分配		贷	27 000
	提取盈余公积		0
	应付利润		0
	未分配利润		27 000

（4）数量金额式明细账期初余额，见表 7－5 至表 7－8。

表 7－5　库存商品明细账

明细科目：甲产品　　　　单位：元

2020 年		凭证字号	摘要	借方金额			贷方金额			余额		
月	日			数量	单价	金额	数量	单价	金额	数量	单价	金额
1	1		上年结转							1 500	12	18 000

表 7－6　库存商品明细账

明细科目：乙产品　　　　单位：元

2020 年		凭证字号	摘要	借方金额			贷方金额			余额		
月	日			数量	单价	金额	数量	单价	金额	数量	单价	金额
1	1		上年结转							2 000	15	30 000

表 7－7　原材料明细账

明细科目：甲材料　　　　单位：元

2020 年		凭证字号	摘要	借方金额			贷方金额			余额		
月	日			数量	单价	金额	数量	单价	金额	数量	单价	金额
1	1		上年结转							5 000	4	20 000

表7－8 原材料明细账

明细科目:乙材料 单位:元

2020年		凭证字号	摘要	借方金额			贷方金额			余额		
月	日			数量	单价	金额	数量	单价	金额	数量	单价	金额
1	1		上年结转							3 000	8	24 000

(5)1月份开设的多栏式明细账,见表7－9至表7－12。

表7－9 管理费用明细分类账

单位:元

年		凭证字号	摘要	借方							
月	日										合计

表7－10 生产成本明细账

产品名称:甲产品 单位:元

年		凭证字号	摘要	借方				
月	日			直接材料	直接人工	制造费用		合计

表 7－11　生产成本明细账

产品名称:乙产品　　　　　　　　　　　　　　　　　　　　　　　　单位:元

年		凭证字号	摘要	借方				
月	日			直接材料	直接人工	制造费用		合计

表 7－12　主营业务收入明细账

单位:元

年		凭证字号	摘要	贷方				
月	日			甲产品	乙产品			合计

3. 实训要求

根据所给实训资料建立总分类账、明细分类账、现金日记账和银行存款日记账。

实训二　会计账簿的登记

1. 实训目的

掌握总账、日记账、数量金额式明细账及多栏式明细账的登记方法。

2. 实训资料

(1)江南公司 2020 年 3 月 31 日有关账簿的累计发生额和余额资料如下:

①库存现金日记账和银行存款日记账,见表 7－13、表 7－14。

表7-13 库存现金日记账

单位:元

年		凭证字号	摘要	对方科目	借方	贷方	余额
月	日						
3	31		本月累计		15 000.00	10 000.00	5 000.00

表7-14 银行存款日记账

单位:元

年		凭证字号	摘要	结算凭证		对方科目	借方	贷方	余额
月	日			种类	号数				
3	31		本月累计				280 000.00	120 000.00	160 000.00

②“原材料”账户期初余额为180 000元。其中,甲材料3 000千克,每千克50元,计150 000元;乙材料1 000千克,每千克30元,计30 000元。

(2)江南公司2020年4月1日至30日发生下列业务:

①1日,企业取得借款500 000元,存入银行存款户,期限3个月。

②4日,企业取得转账支票存根和增值税专用发票。发票内容:购进甲材料5 000千克,单价55元;乙材料1 000千克,每千克32元。增值税税率13%。

③7日,企业从银行提取现金50 000元。

④11日,企业取得普通发票一张。业务内容:以现金550元购入办公用品直接交付使用。

⑤20日,企业取得进账单和增值税专用发票(发票联)。业务内容:销售一批产品收入80 000元,增值税税率13%。

⑥30日,企业取得普通发票(记账联)。业务内容:销售废旧材料一批收入现金5 500元。

⑦30日,将现金5 500元存入银行。

⑧30日,张富出差向财会部门借现金1 500元。

⑨30日,企业以银行存款100 000元归还到期的银行短期借款。

⑩30日,会计部门取得工资结算单,以现金发放工资35 000元。

⑪30日,仓库发出甲材料1 500千克,单价55元,其中,车间一般消耗500千克,厂部一般耗用1 000千克。

⑫30日,仓库发出乙材料1 900千克,单价55元,其中,车间一般耗用1 200千克,行政管理部门一般耗用700千克。

⑬30日,计提本月固定资产折旧4 000元,其中,车间固定资产折旧2 200元,行政管理部门固定资产折旧1 800元。

⑭30日,分配本月份车间管理人员工资11 300元,行政管理部门人员工资23 700元。

⑮30日,按2%的比例计提车间管理人员和行政管理部门人员的工会经费。

⑯30日,按生产工时(甲产品生产工时5 000小时、乙产品生产工时1 200小时)的比例分配结转本月制造费用。

⑰结转期间费用至本年利润账户。

3. 实训要求

(1)日记账实训要求

①根据以上所给实训资料登记期初余额。

②根据以上实训资料所编制的现金收、付款凭证和有关银行存款付款凭证，按时间顺序逐日逐笔登记库存现金日记账，见表7－15。

表7－15　库存现金日记账

单位:元

2020年		凭证字号	摘要	对方科目	借方	贷方	余额
月	日						
3	31		本月累计		15 000.00	10 000.00	5 000.00

③根据以上实训资料所编制的银行存款收、付款凭证和有关现金付款凭证，按时间顺序逐日逐笔登记银行存款日记账，见表7－16。

表7－16　银行存款日记账

单位:元

2020年		凭证字号	摘要	结算凭证		对方科目	借方	贷方	余额
月	日			种类	号数				
3	31		本月累计				280 000.00	120 000.00	160 000.00

④按日(月)结出余额，做到日清月结，并与库存现金或银行开来的对账单进行核对。

(2)总账和明细账实训要求

①正确登记总分类账。认真审核记账凭证，根据审核无误的记账凭证，或汇总记账凭证，或科目汇总表登记总分类账。根据记账凭证应按规定序时逐笔登记，根据其余各种记账依据应按规定定期汇总登记，见表7－17至表7－19。

表7-17 原材料总账

单位:元

2020年		凭证字号	摘要	借方金额	贷方金额	对账号	借或贷	余额
月	日							
1	1							

表7-18 管理费用总账

单位:元

2020年		凭证字号	摘要	借方金额	贷方金额	对账号	借或贷	余额
月	日							
1	1							

表7-19 制造费用总账

单位:元

2020年		凭证字号	摘要	借方金额	贷方金额	对账号	借或贷	余额
月	日							
1	1							

②月末,结算出每个总分类账户的增加和减少的发生额和期末余额,并将期末余额与有关日记账或明细账进行核对,做到账账相符。

③正确登记原材料明细账和制造费用、管理费用明细账,见表7-20至表7-23。

表 7－20　制造费用明细分类账

单位:元

年		凭证字号	摘要								
月	日										合计

表 7－21　管理费用明细分类账

单位:元

年		凭证字号	摘要								
月	日										合计

表 7－22　原材料明细账

明细科目:甲材料　　　　单位:元

2020 年		凭证字号	摘要	借方金额			贷方金额			余额		
月	日			数量	单价	金额	数量	单价	金额	数量	单价	金额
1	1		上年结转									

表7－23 原材料明细账

明细科目:乙材料　　　　单位:元

2020年		凭证字号	摘要	借方金额			贷方金额			余额		
月	日			数量	单价	金额	数量	单价	金额	数量	单价	金额
1	1		上年结转									

审核原材料的收、发业务的原始凭证和记账凭证,经审核无误后,据以登记原材料明细账。

审核制造费用、管理费用的相关原始凭证和记账凭证,经审核无误后,据以登记制造费用、管理费用明细账。

④登记明细账时,应在账簿中记录凭证字号,在凭证中注明账簿页数,以便于账证核对。

⑤月末,应结算出每本明细账的余额,并与有关总账科目或实物核对相符。

实训三　总分类账与明细分类账的平行登记

1. 实训目的

掌握总账和所属明细账的关系。

2. 实训资料

江南公司10月发生下列经济业务:

江南公司10月末原材料总分类账户的余额为1 054 400元。其中,甲材料6 400千克,每千克140元,计896 000元;乙材料880千克,每千克180元,计158 400元。应付账款总分类账户的余额为160 000元,其中,红星公司90 000元,红光公司70 000元。

江南公司11月份发生的部分经济业务如下:

(1)11月3日,向红星公司购入甲材料2 000千克,计280 000元,乙材料1 000千克,计180 000元,货款尚未支付。

(2)11月5日,以银行存款支付上月应付红星公司材料款90 000元。

(3)11月6日,向红光公司购入乙材料1 400千克,计252 000元,货款尚未支付。

(4)11月8日,以银行存款支付上月应付红光公司材料款70 000元。

(5)11月13日,车间领用甲材料1 100千克,计154 000元,乙材料1 900千克,计342 000元。

(6)11月16日,以银行存款支付11月3日应付红星公司材料款460 000元及11月6日应付红光公司材料款252 000元。

(7)11 月 24 日,生产产品领用甲材料 2 800 千克,计 392 000 元,乙材料 400 千克,计 72 000 元。

(8)11 月 27 日,向红光公司购入甲材料 2 400 千克,计 336 000 元,货款尚未支付。

(9)11 月 28 日,生产产品领用甲材料 2 700 千克,计 378 000 元。

(10)11 月 29 日,向红光公司购入甲材料 1 700 千克,计 238 000 元,货款尚未支付。

3. 实训要求

(1)用"T"型账户完成下列操作。

(2)根据资料开设有关总分类账户及明细分类账户,并登记期初余额。

(3)根据资料编制会计分录。

(4)根据会计分录按业务发生日期依次登记总分类账户及明细分类账户。

(5)结出各总分类账户及明细分类账户的本期发生额及期末余额,并进行"原材料"和"应付账款"总分类账户与明细分类账户的核对。

实训四　错账更正方法

1. 实训目的

掌握查找错账与更正错账的方法。

2. 实训资料

江南公司在 2020 年 11 月底记账后发现下列错账。

(1)职工张玲借支差旅费 2 000 元,开出现金支票。误编记账凭证为

借:其他应收款　　2 000

　贷:库存现金　　2 000

(2)结转本月已售产品成本 7 000 元。误编记账凭证为

借:主营业务成本　　70 000

　贷:库存商品　　70 000

(3)预提本月短期借款利息 1 000 元。误编记账凭证为

借:管理费用　　1 000

　贷:应付利息　　1 000

(4)计算本月应交税金 3 400 元。所编记账凭证为(记账时,"应交税费"账户记录为 4 300 元)

借:税金及附加　　3 400

　贷:应交税费　　3 400

(5)结转已销售产品的成本 56 000 元。原编制记账凭证的会计分录为

借:库存商品　56 000

　贷:生产成本　56 000

3. 实训要求

根据上述资料,针对该公司账簿的错误记录,采用适当的更正方法予以更正。

第八章　账务处理程序

一、单项选择题

1. 科目汇总表账务处理程序的缺点是(　　)。
A. 科目汇总表的编制和使用较为简便,易学易做
B. 不能清晰地反映各科目之间的对应关系
C. 可以大大减少登记总分类账的工作量
D. 科目汇总表可以起到试算平衡的作用,保证总账登记的正确性
2. 规模较大、经济业务量较多的单位适用的账务处理程序是(　　)。
A. 记账凭证账务处理程序　　B. 汇总记账凭证账务处理程序
C. 多栏式日记账账务处理程序　　D. 科目汇总表账务处理程序
3. 会计报表是根据(　　)资料编制的。
A. 日记账、总账和明细账　　B. 日记账和明细分类账
C. 明细账和总分类账　　D. 日记账和总分类账
4. 以下项目中,属于科目汇总表账务处理程序缺点的是(　　)。
A. 增加了会计核算的账务处理程序　　B. 增加了登记总分类账的工作量
C. 不便于检查核对账目　　D. 不便于进行试算平衡
5. 汇总记账凭证账务处理程序的主要缺点是(　　)。
A. 登记总账的工作量较大　　B. 编制汇总转账凭证的工作量较大
C. 不便于体现账户间的对应关系　　D. 不便于进行账目的核对
6. 科目汇总表是依据(　　)编制的。
A. 记账凭证　　B. 原始凭证
C. 原始凭证汇总表　　D. 各种总账
7. 记账凭证账务处理程序的优点是(　　)。
A. 总分类账反映经济业务较详细　　B. 减轻了登记总分类账的工作量
C. 有利于会计核算的日常分工　　D. 便于核对账目和进行试算平衡
8. 汇总记账凭证是依据(　　)编制的。
A. 记账凭证　　B. 原始凭证
C. 原始凭证汇总表　　D. 各种总账
9. 规模较小、业务量较少的单位适用(　　)。
A. 记账凭证账务处理程序　　B. 汇总记账凭证账务处理程序
C. 多栏式日记账账务处理程序　　D. 科目汇总表账务处理程序
10. 记账凭证核算程序的主要缺点是(　　)。
A. 不能体现账户的对应关系　　B. 不便于会计合理分工
C. 方法不易掌握　　D. 登记总账的工作量较大

11. 各种账务处理程序之间的区别,主要在于(　　)。

A. 总账的格式不同　　B. 编制会计报表的依据不同

C. 登记总账的程序和方法不同　　D. 会计凭证的种类不同

12. 汇总记账凭证账务处理程序与科目汇总表账务处理程序的相同点是(　　)。

A. 登记总账的依据相同　　B. 记账凭证的汇总方法相同

C. 保持了账户间的对应关系　　D. 简化了登记总分类账的工作量

13. 下列不属于科目汇总表账务处理程序优点的是(　　)。

A. 科目汇总表的编制和使用较为简便,易学易做

B. 可以清晰地反映科目之间的对应关系

C. 可以大大减少登记总分类账的工作量

D. 科目汇总表可以起到试算平衡的作用,保证总账登记的正确性

14. 下列各项中,属于各种账务处理程序之间主要区别的是(　　)。

A. 填制记账凭证的直接依据不同　　B. 登记总分类账的依据和方法不同

C. 编制财务报表的直接依据不同　　D. 登记明细分类账的依据和方法不同

15. 下列各项中,属于科目汇总表账务处理程序和汇总记账凭证账务处理程序的主要相同点的是(　　)。

A. 登记总账的依据相同

B. 登记总账的方法相同

C. 记账凭证汇总的方法相同

D. 记账凭证都需要汇总并且记账步骤相同

16. 下列各项中,属于记账凭证账务处理程序的特点是(　　)。

A. 直接根据原始凭证对总分类账进行登记

B. 直接根据记账凭证对总分类账进行逐笔登记

C. 先根据记账凭证编制汇总记账凭证,再根据汇总记账凭证登记总分类账

D. 先将所有记账凭证汇总编制成科目汇总表,然后以科目汇总表为依据登记总账

17. 下列各项中,属于汇总记账凭证账务处理程序的适用范围是(　　)。

A. 规模大、经济业务较少的单位　　B. 规模小、经济业务较多的单位

C. 规模大、经济业务较多的单位　　D. 规模小、经济业务较少的单位

18. 在汇总记账凭证账务处理程度下,一般不应采用(　　)记账凭证。

A. 一借多贷　　B. 一贷多借

C. 一贷二借　　D. 一贷一借

19. 下列各项中,属于科目汇总表的汇总范围的是(　　)。

A. 全部科目的借、贷方余额

B. 全部科目的借、贷方发生额

C. 全部科目为借、贷方发生额和余额

D. 汇总收款凭证、汇总付款凭证、汇总转账凭证的合计数

20. 在汇总记账凭证账务处理程序中,登记总账的依据是(　　)。

A. 记账凭证　　B. 原始凭证

C. 汇总记账凭证　　D. 科目汇总表

21. 科目汇总表是依据(　　)编制的。

A. 原始凭证　　B. 原始凭证汇总表

C. 记账凭证　　D. 各种总账

22. (　　)对所发生的经济业务事项,根据原始凭证或汇总原始凭证编制记账凭证,然后直接根据记账凭证逐笔登记总分类账。

A. 记账凭证账务处理程序　　B. 汇总记账凭证账务处理程序

C. 科目汇总表账务处理程序　　D. 日记总账账务处理程序

23. 科目汇总表和汇总记账凭证属于(　　)。

A. 原始凭证　　B. 记账凭证　　C. 会计账簿　　D. 会计报表

24. 下列(　　)不是我国通常采用的账务处理程序。

A. 普通日记账账务处理程序　　B. 科目汇总表账务处理程序

C. 汇总记账凭证账务处理程序　　D. 记账凭证账务处理程序

二、多项选择题

1. 对于汇总记账凭证核算形式,下列说法错误的有(　　)。

A. 登记总账的工作量大

B. 不能体现账户之间的对应关系

C. 明细账与总账无法核对

D. 当转账凭证较多时,汇总转账凭证的编制工作量较大

2. 各种账务处理程序下,登记明细账的依据可能有(　　)。

A. 原始凭证　　B. 汇总原始凭证

C. 记账凭证　　D. 汇总记账凭证

3. 下列不属于科目汇总表账务处理程序优点的有(　　)。

A. 便于反映各账户间的对应关系　　B. 便于进行试算平衡

C. 便于检查核对账目　　D. 简化登记总账的工作量

4. 下列项目中,属于科学、合理地选择适用于本单位的账务处理程序的意义有(　　)。

A. 有利于会计工作程序的规范化　　B. 有利于增强会计信息的可靠性

C. 有利于提高会计信息的质量　　D. 有利于保证会计信息的及时性

5. 不同账务处理程序所具有的相同之处有(　　)。

A. 编制记账凭证的直接依据相同　　B. 编制会计报表的直接依据相同

C. 登记明细分类账簿的直接依据相同　　D. 登记总分类账簿的直接依据相同

6. 记账凭证账务处理程序的优点有(　　)。

A. 简单明了,易于理解

B. 总分类账可较详细地记录经济业务发生情况

C. 便于进行会计科目的试算平衡

D. 减轻了登记总分类账的工作量

7. 在常见的账务处理程序中,共同的账务处理工作有(　　)。

A. 均应填制和取得原始凭证　　B. 均应编制记账凭证

C. 均应填制汇总记账凭证　　D. 均应设置和登记总账

8. 在不同的账务处理程序下,登记总账的依据可以有(　　)。

A. 记账凭证　　B. 汇总记账凭证

C. 科目汇总表　　D. 汇总原始凭证

9. 账务处理程序也叫会计核算组织程序,它是指(　　)相结合的方式。

A. 会计凭证　　B. 会计账簿　　C. 会计报表　　D. 会计科目

10. 账务处理程序的主要内容包括(　　)。

A. 会计凭证、会计账簿种类及格式　　B. 会计凭证与账簿之间的联系方法

C. 会计机构及会计岗位的设置　　D. 会计工作人员的职责

11. 账务处理程序应共同遵循的程序有(　　)。

A. 期末,根据审核无误的总分类账和明细分类账的记录,编制会计报表

B. 期末,库存现金日记账、银行存款日记账和明细分类账的余额与有关总分类账的余额核对相符

C. 根据科目汇总表登记总分类账

D. 根据记账凭证,定期编制科目汇总表

12. 汇总记账凭证一般分为(　　)。

A. 汇总收款凭证　　B. 汇总付款凭证

C. 科目汇总表　　D. 原始凭证汇总表

13. 汇总记账凭证账务处理程序表述正确的是(　　)。

A. 汇总记账凭证账务处理程序和科目汇总表账务处理程序都减少了登记总账的工作量

B. 汇总收款凭证是按贷方科目设置,按借方科目归类,定期汇总,按月编制的

C. 汇总转账凭证是按每一贷方科目分别设置的记账凭证

D. 登记总分类账时,根据汇总收款凭证贷方的合计数,计入“库存现金”或者“银行存款”总分类账户的借方,根据汇总收款凭证各借方科目的合计数分别计入有关总分类账户的贷方

14. 记账凭证账务处理程序与汇总记账凭证账务处理程序的主要区别有(　　)。

A. 原始凭证的种类不同　　B. 记账凭证的种类不同

C. 明细账簿的登记依据不同　　D. 总账的登记依据不同

15. 记账凭证账务处理程序的优点有(　　)。

A. 记账程序简单明了

B. 便于查对和分析账目

C. 能进行试算平衡,有利保证总账登记的正确性

D. 总分类账可以详细地反映经济业务的发生情况

16. 下列各项属于汇总记账凭证账务处理程序缺点的有(　　)。

A. 当转账凭证较多时,编制汇总转账凭证的工作量大

B. 编制汇总记账凭证的工作比较烦琐

C. 总分类账中无法清晰地反映科目之间的对应关系

D. 不利于会计工作的日常分工

17. 科目汇总表账务处理程序的优点是(　　)。

A. 大大减轻登记总账的工作量

B. 总账能反映账户之间的对应关系

C. 总账能详细记录经济业务的发生情况

D. 可以对发生额试算平衡,及时发现错误

18. 账务处理程序适用范围表述正确的是(　　)。

A. 由于各企业的业务性质、规模大小、业务繁简程度不同,所以采用的账务处理程序也就不同

B. 记账凭证账务处理程序适用于规模较小、经济业务较多的单位

C. 科目汇总表账务处理程序适用于经济业务较多的单位

D. 汇总记账凭证账务处理程序适用于规模较大、经济业务较少的单位

19. 下列各项中,属于账务处理程序主要内容的有(　　)。

A. 会计资料立卷归档的程序和方法

B. 会计凭证与账簿之间的联系方法

C. 会计凭证、会计账簿的种类及格式

D. 由原始凭证到编制记账凭证、登记总账和明细账、编制会计报表的工作程序和方法

20. 下列各项中,属于企业常用的账务处理程序有(　　)。

A. 记账凭证账务处理程序　　B. 科目汇总表账务处理程序

C. 汇总记账凭证账务处理程序　　D. 多栏式日记账账务处理程序

21. 下列各项中,可能是登记明细分类账依据的有(　　)。

A. 汇总记账凭证　　B. 记账凭证

C. 原始凭证　　D. 汇总原始凭证

22. 科目汇总表的作用有(　　)。

A. 减少总分类账登记前的试算平衡　　B. 进行总账登记前的试算平衡

C. 反映经济业务是否合法　　D. 反映账户的对应关系

23. 登记总分类账的记账依据主要有(　　)。

A. 记账凭证　　B. 原始凭证汇总表

C. 汇总记账凭证　　D. 科目汇总表

24. 为便于汇总转账凭证的编制,日常编制转账凭证,分录形式最好的是(　　)。

A. 一借一贷　　B. 一贷多借

C. 一借多贷　　D. 多借多贷

25. 各种账务处理程序的相同之处是(　　)。

A. 根据原始凭证编制汇总原始凭证

B. 根据收款凭证和付款凭证登记现金、银行存款日记账

C. 根据原始凭证、汇总原始凭证和记账凭证,登记各种明细分类账

D. 根据总账和明细账编制会计报表

26. 在记账凭证账务处理程序下,应设置(　　)。

A. 收款、付款、转账凭证或通用记账凭证　　B. 科目汇总表

C. 汇总记账凭证　　D. 总分类账和若干明细分类账

27. 汇总记账凭证一般分为(　　)。

A. 汇总收款凭证　　B. 汇总付款凭证

C. 科目汇总表　　D. 原始凭证汇总表

28. 汇总记账凭证账务处理程序表述正确的是(　　)。

A. 汇总记账凭证账务处理程序和科目汇总表账务处理程序都减少了登记总账的工作量

B. 汇总收款凭证是按贷方科目设置,按借方科目归类,定期汇总,按月编制的

C. 汇总转账凭证是按每一贷方科目分别设置的记账凭证

D. 登记总分类账时,根据汇总收款凭证贷方的合计数,计入“库存现金”或者“银行存款”总分类账户的借方,根据汇总收款凭证各借方科目的合计数分别计入有关总分类账户的贷方

三、判断题

1. 汇总记账凭证账务处理程序,既能保持账户的对应关系,又能减轻登记总分类账的工作量。(　　)

2. 会计报表是根据总分类账、明细分类账和日记账的记录定期编制的。(　　)

3. 在不同的账务处理程序中,登记总账的依据相同。(　　)

4. 科目汇总表不仅可以起到试算平衡的作用,还可以反映账户之间的对应关系。(　　)

5. 记账凭证账务处理程序的特点是直接根据记账凭证逐笔登记总分类账,是最基本的账务处理程序。(　　)

6. 库存现金日记账和银行存款日记账,不论在何种会计核算形式下,都是根据收款凭证和付款凭证逐日逐笔顺序登记的。(　　)

7. 科目汇总表账务处理程序能科学地反映账户的对应关系,且便于账目核对。(　　)

8. 汇总记账凭证账务处理程序和科目汇总表账务处理程序,都适用于经济业务较多的单位。(　　)

9. 记账凭证账务处理程序的主要特点,就是直接根据各种记账凭证登记总账。(　　)

10. 账务处理程序就是指记账程序。(　　)

11. 各种账务处理程序的共同点之一,就是编制财务报表的方法相同。(　　)

12. 记账凭证账务处理程序适用于规模较小、经济业务量较少的单位。(　　)

13. 汇总记账凭证账务处理程序的优点是减轻了登记总分类账的工作量。(　　)

14. 科目汇总表账务处理程序适用于经济业务较少的单位。(　　)

15. 科目汇总表可每月编制一张,按旬汇总,也可每旬汇总一次编制一张。(　　)

16. 明细账可以根据记账凭证登记,也可以根据原始凭证或原始凭证汇总表登记。(　　)

17. 科目汇总表账务处理程序的优点是:减少登记总账的工作量,手续比较简单,便于查对账目。(　　)

18. 汇总记账凭证账务处理程序的优点之一,是汇总记账凭证反映了科目之间的对应关系。(　　)

19. 不同的凭证、账簿组织以及与之相适应的记账程序和方法相结合,构成不同的账务处理程序。 ( )

20. 在科目汇总表和总账中,不反映科目对应关系,因而不便于分析经济业务的来龙去脉,不便于查对账目。 ( )

21. 在不同的账务处理程序中,登记总账的依据相同。 ( )

22. 各种账务处理程序的不同之处,在于登记明细账的直接依据不同。 ( )

23. 在不同的账务处理程序下,会计报表的编制依据不同。 ( )

24. 所有账务处理程序,都要求先将所有原始凭证汇总编制成“汇总原始凭证”。 ( )

25. 采用记账凭证账务处理程序时,总分类账是根据记账凭证逐笔登记的。 ( )

26. 在记账凭证账务处理程序下,其记账凭证必须采用收款凭证、付款凭证和转账凭证三种格式。 ( )

27. 记账凭证账务处理程序的特点是直接根据记账凭证逐笔登记总分类账,是最基本的账务处理程序。 ( )

28. 科目汇总表账务处理程序能科学地反映账户的对应关系,且便于账目核对。 ( )

29. 科目汇总表不仅可以起到试算平衡的作用,还可以反映账户之间的对应关系。 ( )

30. 科目汇总表可以每汇总一次编制一张,也可以按旬汇总一次,每月编制一张。 ( )

31. 科目汇总表账务处理程序不能反映各科目的对应关系,不便于查对账目,但汇总记账凭证账务处理程序可以克服科目汇总表账务处理程序的这个缺点。 ( )

32. 汇总记账凭证账务处理程序的缺点在于保持账户之间的对应关系。 ( )

33. 采用汇总记账凭证账务处理程序增加了一道填制汇总记账凭证的工作程序,增加了总分类账的登记工作量。 ( )

34. 库存现金日记账和银行存款日记账不论在何种账务处理程序下,都是根据收款凭证和付款凭证逐日逐笔顺序登记的。 ( )

35. 任何账务处理程序,都必须于期末将日记账、明细分类账与总账进行核对。 ( )

四、技能训练题

实训一　记账凭证账务处理程序

1. 实训目的

掌握账务处理程序(记账凭证的填制—会计账簿的登记—会计报表的编制)的实际操作。

2. 实训资料

以下是思雨实业有限公司2020年12月的相关资料。

(1)该公司2020年12月有关总分类账户的期初余额,见表8-1。

表 8－1　2020 年 12 月有关总分类账户的期初余额

单位:元

资产类科目	余额	负债及所有者权益类账户	余额
库存现金	4 000	短期借款	22 000
银行存款	1 245 400	应付账款	306 000
交易性金融资产	17 000	预收账款	36 000
应收票据	3 200	应付职工薪酬	50 000
应收账款	18 000	应付利息	15 000
其他应收款	4 000	应交税费	20 000
在途物资	229 840	长期借款	1 600 000
原材料	2 365 000	应付债券	158 000
库存商品	1 120 459.6	实收资本	3 622 215
预付账款	10 175	资本公积	265 000
长期股权投资	50 000	盈余公积	50 000
固定资产	1 373 540.4		
累计折旧	(324 000)		
无形资产	27 600		
合计	6 144 215		6 144 215

有关明细分类账户的期初余额资料如下:

原材料:甲材料 155 吨,单价 1 520 元,金额 235 600 元;乙材料 100 千克,单价 90 元,金额 9 000 元。

库存商品:HB 产品 80 台,单价 7 545.89 元,金额 603 671.20 元,DA 产品 60 台,单价 8 613.14 元, 金额 516 788.40 元。

(2)该公司 12 月发生下列经济业务:

①12 月 2 日,公司采用托收承付结算方式向刘家峡电厂出售 HB 产品 50 台,价税合计 565 000 元,产品已通过铁路托运,并开出转账支票一张,垫付运杂费 1 450 元,全部款项已办妥。

②12 月 3 日,公司采用提货制销售 DA 产品 60 台,价税合计 678 000 元,款已送存银行。

③12 月 4 日,根据本月工资结算汇总表,签发库存现金支票一张,金额 805 520 元,向银行提取库存现金,以备发工资。

④12 月 4 日,以库存现金发放工资 805 520 元。

⑤12 月 6 日,上月向江南钢铁公司购入的甲材料已到货,并验收入库,价款 229 840 元。

⑥12 月 8 日,采购员魏炜报销差旅费 3 850 元,原借款 4 000 元,余额退回库存现金。

⑦12 月 10 日,出售不需要的乙材料 100 千克,开出增值税专用发票一张,售价 10 000 元,增值税税额 1 300 元,全部款项存入银行,该批材料的成本为 9 000 元。

⑧12 月 10 日,财务部购买打印纸 2 箱,价款共计 300 元,以库存现金支付。

⑨12 月 15 日,公司开出转账支票一张,支付汽车修理费 3 810 元。

⑩12 月 18 日,公司收到银行送来的收款通知,刘家峡电厂 12 月 2 日拖欠货款 586 450 元入账。

⑪12 月 20 日,公司向银行申请取得短期流动资金货款 50 000 元,存入银行。

⑫12 月 20 日,公司以银行存款支付下一年度报纸杂志费 4 800 元。

⑬12 月 20 日,采用汇兑结算方式偿还上月购料款 306 000 元,收到银行“电汇凭证”回单。

⑭12 月 22 日,开出转账支票,支付购买材料款,其中买价 324 000 元,运杂费 1 008 元,增值税税额 42 120 元(不考虑运费抵扣增值税问题),材料已验收入库。

⑮12 月 25 日,开出转账支票一张,支付电视台广告费 1 900 元。

⑯12 月 25 日,收到银行收账通知,海滨电机厂投资款 600 000 元已经收款入账。

⑰12 月 26 日,收到现金 1 000 元,该款属于对职工的罚款。

⑱12 月 27 日,开出转账支票一张,捐赠给市福利院 50 000 元。

⑲12 月 31 日,分配结转本月发出材料的实际成本,其中生产车间制造 HB 产品耗用 735 000 元,DA 产品耗用 825 000 元,车间一般耗用 70 000 元,行政部门耗用 20 000 元。

⑳12 月 31 日,分配结转本月工资费用,其中生产车间 HB 产品 428 324 元,DA 产品 277 202 元,车间管理人员工资 39 887 元,行政管理部门人员工资 60 107 元。

㉑12 月 31 日,按工资总额的 2% 计提工会经费。

㉒12 月 31 日,计提本月固定资产折旧,其中生产车间 39 000 元、行政管理部门 12 500 元。

㉓12 月 31 日,计算本月流动资金借款利息 5 000 元。

㉔12 月 31 日,开出现金支票,支付本月公共维修费 11 175 元,其中生产车间应负担 7 600 元,行政管理部门负担 3 575 元。

㉕12 月 31 日,月末结转分配本月制造费用,其中生产 HB 产品分配 94 370. 84 元,DA 产品分配 62 913. 9 元(按生产产品的生产工时比例进行分配,其中生产 HB 产品 60 000 工时,DA 产品 40 000 工时,制造费用总计 157 284. 74 元)。

㉖12 月 31 日,结转本月生产完工验收入库产品的生产成本。其中,HB 产品完工 175 台,总成本为 1 266 261. 32 元;DA 产品完工 140 台,总成本为 1 170 659. 94 元。

㉗12 月 31 日,结转本月销售产品的销售成本,其中 HB 产品销售成本为 377 294. 5 元,DA 产品销售成本为 430 657 元。

㉘12 月 31 日,计算应交城建税 7 152. 6 元,教育费附加 3 065. 4 元。

㉙12 月 31 日,将本月实现的主要业务收入、其他业务收入和营业外收入转入本年利润账户。

㉚12 月 31 日,将主营业务成本、税金及附加、其他业务成本和营业外支出、管理费用、财务费用、销售费用转入本年利润账户。

㉛12 月 31 日,按本月实现利润的 25% 计算,本月应交所得税 27 646. 59 元。

㉜12 月 31 日,将所得税费用转入本年利润账户。

㉝12 月 31 日,按税后利润的 10% 计算,提取法定盈余公积 8 293. 98 元。

㉞12 月 31 日,按税后利润的 40% 计算,应付投资者利润 33 175. 91 元。

㉟12 月 31 日,结转本年实现的净利润 82 939. 77 元(假设本年 1—11 月利润总额为零)。

㊱12 月 31 日,结清已分配利润账户。

3. 实训要求

(1)根据以上经济业务的原始凭证或原始凭证汇总表(业务描述),填制记账凭证(收款凭证、付款凭证、转账凭证)。

(2)根据记账凭证登记现金日记账和银行存款日记账。

(3)根据原始凭证或原始凭证汇总表和记账凭证登记有关明细账。

(4)根据记账凭证逐笔登记总分类账。

(5)根据审核无误的总分类账和明细分类账的记录编制有关会计报表。

实训二　科目汇总表账务处理程序

1. 实训目的

掌握账务处理程序(记账凭证的填制—会计账簿的登记—会计报表的编制)的实际操作。

2. 实训资料

思雨实业有限公司是一生产企业,主要生产山地自行车、电动多功能车两种产品。2020 年 11 月 30 日全部账户余额资料如下。

(1)总账账户余额,见表 8 -2。

表 8 -2　总账账户余额

单位:元

会计科目	借方	贷方
库存现金	4 200	
银行存款	300 000	
应收账款	180 000	
其他应收款	6 600	
原材料	320 000	
生产成本	40 000	
库存商品	480 000	
预付账款	3 000	
固定资产	600 000	
累计折旧		56 000
短期借款		400 000
应付账款		120 000
应付职工薪酬		17 600
应交税费		5 800
其他应付款		1 200
应付利息		10 000
实收资本		100 0000
盈余公积		78 200
本年利润		140 000
利润分配		105 000
合计	1 933 800	1 933 800

(2)有关明细账户余额如下:

①“原材料”余额320 000元,其中,甲材料200吨,单价1 200元;乙材料100吨,单价800元。

②“生产成本”余额40 000元,其中,山地自行车25 000元(直接材料12 000元、直接人工6 000元、制造费用7 000元);多功能电动车15 000元(直接材料8 000元、直接人工3 000元、制造费用4 000元)。

③“库存商品”余额480 000元,其中,山地自行车100台,单位成本2 000元;电动多功能车产品175台,单位成本1 600元。

④“应收账款”余额180 000元,其中,应收红叶公司账款120 000元,应收晨光公司60 000元。

⑤“其他应收款”余额6 600元,其中,职工李军的借款1 600元,应收红光公司固定资产租金5 000元。

⑥“应付账款”余额120 000元,其中,应付东林公司20 000元,应付宏达公司100 000元。

(3)12月份发生的各项经济业务如下:

①1日,收回晨光公司前欠购货款36 000元存入银行。

②1日,以存款从宏达公司购入甲材料60吨,单价1 190元,计71 400元,增值税税额9 282元,支付运杂费300元(不考虑增值税),材料已验收入库。

③4日,从东林公司购入乙材料20吨,单价900元,计18 000元,增值税税额2 340元,材料已验收入库,货款尚未支付。

④4日,以银行存款购买设备一台,价款20 000元,增值税税额2 600元,运输费1 000元,该设备已投入使用。

⑤6日,以银行存款支付办公费3 200元,其中生产车间2 000元,管理部门1 200元。

⑥6日,从银行提取现金100 000元,以备发工资和零星开支。

⑦6日,以现金发放职工工资99 000元。

⑧6日,采购员张明报销差旅费1 800元(出差前未向公司借款),以现金支付。

⑨8日,收到投资者追加投资160 000元,已存入银行。

⑩8日,财务部职工李军报销差旅费1 720元(出差前向公司借款1 600元,参见其他应收款明细账期初余额),以现金支付120元。

⑪9日,以银行存款上交11月份应交的城建税2 800元,教育费附加1 200元。

⑫16日,销售电动多功能车25台,单价3 000元,计75 000元,增值税税额9 750元,货款已存入银行。

⑬18日,接到银行通知,收回红叶公司货款100 000元。

⑭18日,向晨光公司销售山地自行车50台,单价3 200元,计160 000元,增值税税额20 800元,货款尚未收回。

⑮22日,以银行存款支付宣传广告费用10 000元。

⑯22日,以银行存款支付水电费3 800元(其中生产车间3 200元,管理部门600元),增值税税额494元。

⑰24日,以现金支付明年书报费1 200元。

⑱24日,以银行存款向希望工程捐赠5 000元。

⑲30日,本月领用材料汇总,见表8-3。

表 8-3　领用材料汇总

材料名称	单价	山地自行车领用	多功能电动车领用	车间一般耗用	管理部门耗用
甲材料	1 200 元	75 吨		2 吨	3 吨
乙材料	800 元		60 吨		

⑳30 日,结转本月应付职工工资 99 000 元,其中山地自行车产品工人工资 50 000 元,多功能电动车工人工资 30 000 元,生产车间管理人员工资 4 000 元,企业管理人员工资 15 000 元。

㉑31 日,按工资总额的 2% 提取工会经费。

㉒31 日,计提本月的固定资产折旧费 10 000 元,其中生产车间 8 000 元,管理部门 2 000 元。

㉓31 日,摊销本月应负担的书报费 120 元。

㉔31 日,计算本月应负担的借款利息 1 000 元。

㉕31 日,按生产工人工资比例分配并结转本月制造费用。

㉖31 日,山地自行车产品 80 台全部完工(无月末在产品),多功能电动车产品完工 55 台(单位成本 1 600 元),结转本月完工产品生产成本。

㉗31 日,结转本月已售产品成本(山地自行车产品单位成本为 2 000 元,多功能电动车单位成本为 1 600 元)。

㉘31 日,计算本月应交城市维护建设税 1 610 元,教育费附加 690 元。

㉙31 日,结转本月收入类各账户。

㉚31 日,结转本月费用类各账户。

㉛31 日,按本年利润总额的 25% 计算所得税(假设:利润总额 = 纳税所得)。

㉜31 日,结转本年所得税费用。

㉝31 日,结转本年税后利润(净利润)。

㉞31 日,按税后利润的 10% 计提法定公积金,5% 计提公益金。

㉟31 日,企业决定向投资者分配利润 8 000 元。

㊱31 日,结转已分配利润。

3. 实训要求

(1)根据经济业务编制会计分录并填制记账凭证。

(2)根据记账凭证编制“T”型账户,根据“T”型账户编制科目汇总表,见表 8-4。

表8－4　科目汇总表

年　　月　　　　单位:元

会计科目	过账	本期发生额		记账凭证起讫号数
		借方	贷方	
合计				

(3)根据科目汇总表及相关余额表登记总账(用实际的账簿)。

(4)登记相关明细账(用实际的明细账页,包括三栏式、数量金额式、多栏式)。

(5)编制资产负债表和利润表。

第九章　财 产 清 查

一、单项选择题

1. 对价值小、数量多,不便于一一清点的财产应该采用(　　)进行盘点。

A. 逐一盘点法　　B. 测量计算法

C. 对账单法　　D. 抽样盘点法

2. 机器设备等固定资产采用的清查方法一般是(　　)。

A. 技术推算法　　B. 测量计算法

C. 逐一盘点法　　D. 抽样盘点法

3. 加强财产清查工作,充分发挥会计监督作用的重要意义不应包括(　　)。

A. 通过财产清查,可以保护财产的安全完整

B. 通过财产清查,确保会计核算资料的真实可靠

C. 通过财产清查,可以防止和打击各种腐败行为,维护国家财产不受侵犯

D. 通过财产清查,可以挖掘财产物资潜力,促进财产物资的有效使用

4. 华为公司 2020 年 6 月 30 日银行存款日记账的余额为 100 万元,经逐笔核对,未达账项如下:银行已收,企业未收的 2 万元;银行已付,企业未付的 1.5 万元。调整后的企业银行存款余额应为(　　)万元。

A. 100　　B. 100.5　　C. 102　　D. 103.5

5. 下列说法正确的是(　　)。

A. 库存现金应该每日清点一次　　B. 银行存款每月至少同银行核对两次

C. 贵重物资应每天盘点一次　　D. 债权债务每年至少核对二、三次

6. 对银行存款进行清查时,应将(　　)与银行对账单逐笔核对。

A. 银行存款总账　　B. 银行存款日记账

C. 银行支票备查簿　　D. 库存现金日记账

7. 银行存款余额调节表中调节后的余额是(　　)。

A. 银行存款账面余额

B. 对账单余额与日记账余额的平均数

C. 对账日企业可以动用的银行存款实有数额

D. 银行方面的账面余额

8. 某企业在遭受洪灾后,对其受损的财产物资进行的清查,属于(　　)。

A. 局部清查和定期清查　　B. 全面清查和定期清查

C. 局部清查和不定期清查　　D. 全面清查和不定期清查

9. 库存现金清查中对无法查明原因的长款,经批准应计入(　　)。

A. 其他应收款　　B. 其他应付款

C. 营业外收入　　D. 管理费用

10. 对盘亏的固定资产净损失经批准后可计入(　　)账户的借方。

A. 制造费用　　B. 生产成本

C. 营业外支出　　D. 管理费用

11. “待处理财产损益”账户未转销的借方余额表示(　　)。

A. 等待处理的财产盘盈

B. 等待处理的财产盘亏

C. 尚待批准处理的财产盘盈数大于尚待批准处理的财产盘亏和毁损数的差额

D. 尚待批准处理的财产盘盈数小于尚待批准处理的财产盘亏和毁损数的差额

12. 在财产清查中发现盘亏一台设备,其账面原值为80 000元,已提折旧20 000元,则该企业记入“待处理财产损益”账户的金额为(　　)元。

A. 80 000　　B. 20 000　　C. 60 000　　D. 100 000

13. 下列记录可以作为调整账面数字的原始凭证的是(　　)。

A. 盘存单　　B. 实存账存对比表

C. 银行存款余额调节表　　D. 往来款项对账单

14. 一般来说,在企业撤销、合并和改变隶属关系时,应对财产进行(　　)。

A. 全面清查　　B. 局部清查　　C. 实地盘点　　D. 定期清查

15. 库存现金盘点时发现短缺,则应借记的会计科目是(　　)。

A. 库存现金　　B. 其他应付款

C. 待处理财产损益　　D. 其他应收款

16. 出纳人员发生变动时,应对其保管的库存现金进行清查,这种财产清查属于(　　)。

A. 全面清查和定期清查　　B. 局部清查和不定期清查

C. 全面清查和不定期清查　　D. 局部清查和定期清查

17. 在企业与银行双方记账无误的情况下银行存款日记账与银行对账单余额不一致是由于有(　　)存在。

A. 应收账款　　B. 应付账款　　C. 未达账项　　D. 其他货币资金

18. 某企业仓库本期期末盘亏原材料原因已经查明,属于一般经营损失,经批准后,会计人员应编制的会计分录为(　　)。

A. 借:待处理财产损益

　　贷:原材料

B. 借:待处理财产损益

　　贷:管理费用

C. 借:管理费用

　　贷:待处理财产损益

D. 借:营业外支出

　　贷:待处理财产损益

19. 某企业出现现金短缺,经查是由出纳保管不善造成的,则经批准后应计入(　　)科目。

A. 管理费用　　B. 其他应收款　　C. 其他应付款　　D. 营业外支出

20. 企业原材料、产成品盘盈，批准处理后应(　　)。

A. 计入营业外收入　　B. 转入待处理财产损益

C. 冲减管理费用　　D. 冲减销售费用

21. 往来款项的清查方法是(　　)。

A. 实地盘点法　　B. 发函询证法

C. 技术推算法　　D. 抽查法

22. 在各种实物的清查过程中，(　　)必须在场参加盘点，但不宜单独承担财产清查工作。

A. 单位行政领导人　　B. 会计主管人员

C. 出纳人员　　D. 实物保管人员

23. 对露天堆放的煤进行盘点所采用的清查方法一般是(　　)。

A. 实地盘点法　　B. 技术推算法　　C. 抽样盘点法　　D. 查询核对法

24. 编制银行存款余额调节表时，本单位银行存款调节后的余额等于(　　)。

A. 本单位银行存款余额 + 本单位已记增加而银行未记增加的账项 − 银行已记增加而本单位未记增加的账项

B. 本单位银行存款余额 + 银行已记增加而本单位未记增加的账项 − 银行已记减少而本单位未记减少的账项

C. 本单位银行存款余额 + 本单位已记增加而银行未记增加的账项 − 本单位已记增加而银行未记增加的账项

D. 本单位银行存款余额 + 银行已记减少而本单位未记减少的账项 − 银行已记增加而本单位未记增加的账项

25. 关于现金的清查，下列说法不正确的是(　　)。

A. 在清查小组盘点现金时，出纳人员必须在场

B. “现金盘点报告表”需要清查人员和出纳人员共同签字盖章

C. 要根据“现金盘点报告表”进行账务处理

D. 不必根据“现金盘点报告表”进行账务处理

26. 年终决算前进行的财产清查属于(　　)。

A. 局部清查和定期清查　　B. 全面清查和定期清查

C. 全面清查和不定期清查　　D. 局部清查和不定期清查

27. 下列情况下，适合采用局部清查的方法进行财产清查的是(　　)。

A. 年终决算时　　B. 企业实行股份制改造前

C. 企业开展资产评估前　　D. 银行存款的清查

28. 某企业采用实地盘存制确定 A 材料的期末结存数量为 216 千克，每千克实际单价为 60 元，且该企业当期期初“原材料——材料”科目的借方余额为 15 600 元，当期入库 A 材料的实际成本为 36 500 元，则 A 材料的当期减少额为(　　)元。

A. 41 290　　B. 39 140　　C. 42 250　　D. 33 210

29. 对应收账款进行清查时，应采用的方法是(　　)。

A. 与记账凭证核对　　B. 实地盘点法

C. 函证法　　D. 银行对账目法

30. 对财产清查结果进行账务处理主要是为了达到(　　)。

A. 账实相符　　B. 账证相符

C. 账表相符　　D. 账账相符

31. 根据以下资料完成①~⑥题:

天勤公司"账存实存对比表"显示:

(1)库存现金短缺1 000元,其中,300元属于出纳员责任所致,应由其赔偿;其余700元无法查明原因;

(2)库存商品盘盈3 000元,属于收发计量不准所致;

(3)原材料盘亏及毁损5 000元,其中,1 000元属于收发计量不准所致;2 600元属于非常损失(其中2 100元应由保险公司赔偿);1 400元属于自然损耗;

(4)账外机器1台,该机器的当前市场价格8 000元,根据其新旧程度估计价值已损耗2 000元;

(5)盘亏机器2台,其账面原值55 000元,已提折旧16 000元。

①天勤公司对盘亏及毁损的财产物资,在批准处理之前应借记"待处理财产损益—待处理流动资产损益"账户(　　)元。

A. 1 000　　B. 3 000　　C. 5 000　　D. 6 000

②天勤公司对盘盈的财产物资在批准处理之前,应贷记"待处理财产损益"账户(　　)元。

A. 1 000　　B. 3 000　　C. 5 000　　D. 6 000

③天勤公司对盘亏及毁损的财产物资,在批准处理之后应借记"管理费用"(　　)元。

A. 2 400　　B. 3 000　　C. 3 100　　D. 395 000

④天勤公司对盘盈的财产物资,在批准处理之后应记"管理费用"(　　)元。

A. 2 400　　B. 3 000　　C. 3 100　　D. 395 000

⑤天勤公司对盘盈盘亏的财产物资,在批准处理之后应借记"营业外支出"(　　)元。

A. 500　　B. 1 400　　C. 39 000　　D. 39 500

⑥天勤公司对盘盈盘亏的财产物资,在批准处理之后应借记"其他应收款"(　　)元。

A. 300　　B. 1 000　　C. 1 400　　D. 2 400

32. 下列属于银行一方未达账项的是(　　)。

A. 银行代企业收回的货款,企业尚未入账

B. 银行代企业支付的电费,企业尚未入账

C. 企业收到转账支票存银行,银行尚未入账

D. 银行收取贷款利息,企业未收到通知尚未入账

33. 有关盘盈盘亏处理正确的是(　　)。

A. 对盘盈盘亏提出的处理建议,由财务主管根据管理权限批准后执行

B. 在处理建议得到批准之前,财务部门不得进行任何财务处理

C. 调整盘盈或盘亏财产的账面价值时,对方科目是"待处理财产损益"

D. 固定资产盘盈可通过"营业外收入"科目核算

34. 关于"待处理财产损益"科目,下列说法中不正确的是(　　)。

A. 该科目贷方登记财产物资盘盈的金额及盘亏的转销额

B. 处理前的借方余额反映企业尚未处理的财产的净收益

C. 该科目年末应无余额

D. 该科目借方登记财产物资盘亏、毁损的金额以及盘盈的转销额

35. 有关盘盈盘亏处理正确的是( )。

A. 现金发生盘亏时,报经批准后确认为营业外支出

B. 库存商品发生盘亏时,报经批准后确认为营业外支出

C. 人为原因造成的财产毁损,应由责任人赔偿

D. 流动资产盘盈计入“营业外收入”

36. 下列各项中,属于对银行存款进行清查时应该采用的方法是( )。

A. 定期盘点法　　B. 实地盘存法

C. 与银行核对账目法　　D. 和往来单位核对账目法

37. 下列各项中,属于实物资产清查范围的是( )。

A. 存货　　B. 库存现金　　C. 银行存款　　D. 应收账款

38. 下列各项中,属于对往来款项进行清查时应该采用的方法是( )。

A. 定期盘点法　　B. 实地盘存法

C. 与银行核对账目法　　D. 和往来单位核对账目法

39. 下列各项中,登记在待处理财产损益账户借方的是( )。

A. 财产的盘亏数　　B. 财产的盘盈数

C. 财产盘亏的转销数　　D. 尚未处理的财产净益余

40. 下列各项中,属于盘亏固定资产清查时应采用的会计科目是( )。

A. 固定资产清理　　B. 材料成本差异

C. 待处理财产损益　　D. 以前年度损益调整

41. 2020 年 6 月 30 日企业银行存款日记账的余额为 100 万元,经逐笔核对,未达账项如下:银行已收,企业未收的 2 万元;银行已付,企业未付的 1 万元。调整后的企业银行存款余额应为( )万元。

A. 100　　B. 101　　C. 102　　D. 103

42. 企业在年末财产清查中发现一台全新的未入账的设备,其同类设备的市场价格为 5 000 元,该设备按重置成本计价。下列关于该项经济业务的账务处理中,正确的是( )。

A. 借:固定资产清理　　5 000
　　贷:固定资产　　5 000

B. 借:固定资产　　5 000
　　贷:固定资产清理　　5 000

C. 借:待处理财产损益　　5 000
　　贷:固定资产　　5 000

D. 借:固定资产　　5 000
　　贷:待处理财产损益　　5 000

二、多项选择题

1. 下列属于财产清查一般程序的有( )。

A. 组织清查人员学习有关政策规定　　B. 确定清查对象、范围,明确清查任务

C. 制定清查方案　　D. 填制盘存单和清查报告表

2. 全面清查是指对企业的全部财产进行盘点和核对,包括属于本单位和存放在本单位的所有财产物资、货币资金和各项债权债务,其中的财产物资包括(　　)。

A. 在本单位的所有固定资产、库存商品、原材料、包装物、低值易耗品、在产品、未完工程等

B. 属于本单位但在途中的各种在途物资

C. 委托其他单位加工、保管的材料物资

D. 存放在本单位的代销商品、材料物资等

3. 关于库存现金的清查,下列说法正确的是(　　)。

A. 库存现金应该每日清点一次

B. 库存现金应该采用实地盘点法

C. 在清查过程中可以用借条、收据充抵库存现金

D. 要根据盘点结果编制“现金盘点报告表”

4. 对于盘亏、毁损的存货,经批准后进行账务处理时,可能涉及的借方账户有(　　)。

A. 其他应收款　　B. 营业外支出　　C. 管理费用　　D. 原材料

5. 下列(　　)情况下,企业应对其财产进行全面清查。

A. 年终决算前　　B. 企业进行股份制改制前

C. 更换仓库保管员　　D. 企业破产

6. 出纳人员每天工作结束前都要将库存现金日记账结清并与库存现金实存数核对,这属于(　　)。

A. 定期清查　　B. 不定期清查

C. 全面清查　　D. 局部清查

7. 以下情况中可能造成账实不符的有(　　)。

A. 财产收发计量或检验不准　　B. 管理不善

C. 未达账项　　D. 账簿记录发生差错

8. 财产清查按清查范围可分为(　　)。

A. 定期清查　　B. 不定期清查

C. 全面清查　　D. 局部清查

9. 使企业银行存款日记账的余额小于银行对账单余额的未达账项有(　　)。

A. 企业已收款记账而银行尚未收款记账　B. 企业已付款记账而银行尚未付款记账

C. 银行已收款记账而企业尚未收款记账　D. 银行已付款记账而企业尚未付款记账

10. 下列业务中需要通过“待处理财产损益”账户核算的有(　　)。

A. 库存现金丢失　　B. 原材料盘亏

C. 发现账外固定资产　　D. 应收账款无法收回

11. 由于仓库保管员变动对其保管的全部存货进行盘点属于(　　)。

A. 定期清查　　B. 不定期清查　　C. 全面清查　　D. 局部清查

12. 下列记录中可以作为调整账面数字的原始凭证有(　　)。

A. 盘存单　　B. 实存账存对比表

C. 银行存款余额调节表　　D. 库存现金盘点报告表

13. 银行存款日记账余额与银行对账单余额不一致,原因可能有(　　)。

A. 银行存款日记账有误　　B. 银行记账有误

C. 存在未达账项　　D. 存在企业与银行均未付的款项

14. 对下列资产的清查,应采用实地盘点法的有(　　)。
A. 库存现金　　B. 银行存款
C. 存货　　D. 往来款项

15. 财产物资的盘存制度有(　　)两种。
A. 永续盘存制　　B. 实地盘存制
C. 实地盘点法　　D. 技术推算盘点法

16. 产生未达账项的情况有(　　)。
A. 企业已收款入账,而银行尚未收款入账
B. 企业已付款入账,而银行尚未付款入账
C. 银行已收款入账,而企业尚未收款入账
D. 银行已付款入账,而企业尚未付款入账

17. 进行局部财产清查时,正确的做法是(　　)。
A. 现金每月清点一次　　B. 银行存款每月同银行核对一次
C. 贵重物品每月至少盘点一次　　D. 债权债务每年至少核对一至二次

18. 以下属于银行存款未达账项的有(　　)。
A. 企业已收,银行已收　　B. 企业已付,银行未付
C. 企业已收,银行未收　　D. 银行已付,企业未付

19. 下列说法中正确的是(　　)。
A. 流动资产盘盈可冲减管理费用
B. 固定资产盘盈可计入营业外收入
C. 由于人为原因造成的财产毁损,应由责任人赔偿
D. 发生的坏账损失应计入营业外支出

20. 财产清查中查明的各种流动资产盘亏或毁损数,报经批准后可能列入的科目有(　　)。
A. 管理费用　　B. 营业外支出
C. 其他应收款　　D. 营业外收入

21. 下列各项中,适用于全面清查的有(　　)。
A. 年终决算　　B. 全面清产核资、资产评估
C. 单位主要负责人调离工作前　　D. 单位撤离、合并或改变隶属关系前

22. 下列关于局部清查的表述中,正确的有(　　)。
A. 局部清查是指根据需要只对部分财产进行盘点和核对
B. 一般而言,对于贵重财产物资,每月都要进行清查盘点
C. 局部清查范围小、内容少、时间短、参与人员少,但专业性很强
D. 一般而言,对于流动性较大的财产物资应根据需要随时轮流盘点或重点抽查

23. 下列关于银行存款清查的表述中,正确的有(　　)。
A. 不需要根据"银行存款余额调节表"做任何账务处理
B. 对于未达账项,等以后有关原始凭证到达后再做账务处理
C. 如果调整之后双方的余额不相等,则说明银行或企业记账有误
D. 对于未达账项,需要根据"银行存款余额调节表"做账务处理

24. 下列各项业务中,属于编制“银行存款余额调节表”时,应调整银行对账单余额的有(　　)。

A. 企业已收,银行未收　　B. 企业已付,银行未付

C. 银行已收,企业未收　　D. 银行已付,企业未付

25. 下列关于实物资产清查方法的表述中,正确的有(　　)。

A. 实物资产常用的清查方法有实地盘点法和技术推算法

B. 实地盘点法是指通过点数、过磅、量尺等方法来确定实物资产的实有数量

C. 技术推算法是指利用技术方法对财产物资的实存数进行推算

D. 技术推算法只是适用于成堆量大而价值又不高,难以逐一清点的财产物资的清查

26. 下列各项中,属于库存现金盘亏的账务处理中可能涉及的账户有(　　)。

A 库存现金　　B. 管理费用

C. 其他应收款　　D. 营业外支出

27. 下列关于结算往来款项盘存的账务处理表述中,正确的有(　　)。

A. 对于无法收回的应收款项则作为坏账损失冲减坏账准备

B. 对于经查明确实无法支付的应付账款可按规定程序报经批准后,转作营业外收入

C. 对于有确凿证据表明确实无法收回的应收款项,经批准后作为坏账损失

D. 对于已确认为坏账的应收款项,并不意味着企业放弃了追索权,一旦重新收回,应及时入账

28. 下列关于财产清查结果处理要求的表述中,正确的是(　　)。

A. 及时调整账簿记录,保证账实相符

B. 积极处理多余积压财产,清理往来款项

C. 总结经验教训,建立和健全各项管理制度

D. 分析产生差异的原因和性质并提出处理建议

29. 下列事项需进行全面清查的是(　　)。

A. 企业改组、合并　　B. 单位负责人离职

C. 发生非常损失　　D. 年终决算前

30. 下列各项采用实地盘点法的有(　　)。

A. 现金的清查　　B. 实物资产的清查

C. 银行存款的清查　　D. 往来款项的清查

31. 现金清查的内容包括(　　)。

A. 是否挪用现金　　B. 是否白条抵库

C. 是否超限额留存现金　　D. 账实是否相符

32. 造成账实不符的原因主要有(　　)。

A. 财产物资的自然损耗　　B. 财产物资收发计量错误

C. 财产物资的毁损、被盗　　D. 会计账簿漏记、重记、错记

33. 进行局部财产清查时,正确的做法是(　　)。

A. 现金每月清点一次　　B. 银行存款每月至少同银行核对一次

C. 贵重物品每月盘查一次　　D. 债权、债务每年至少核对一、二次

34. 财产清查的意义在于可以(　　)。

A. 保证会计信息的真实、可靠,保护各项财产的安全完整

B. 挖掘财产物资的潜力,有效利用财产物资,加速资金周转

C. 发现财产管理上存在的问题,提高经营管理水平

D. 保证财经纪律和结算制度的贯彻执行

35. 财产清查按其清查的时间不同,可分为(　　)。

A. 全面清查　　B. 局部清查

C. 定期清查　　D. 不定期清查

三、判断题

1. 技术推算法是按照一定标准推算出实物资产实有数的一种方法。(　　)

2. “盘存单”需经盘点人员和实物保管人员共同签章方能有效。(　　)

3. 经过银行存款余额调节表调节后的存款余额,是企业可动用的银行存款实有数。(　　)

4. 企业对于与外部单位往来款项的清查,一般采取编制对账单寄交给对方单位的方式进行,因此属于账账核对。(　　)

5. 经批准转销固定资产盘亏净损失时,账务处理应借记“营业外支出”账户,贷记“固定资产清理”账户。(　　)

6. 企业的银行存款日记账与银行对账单所记的内容是相同的,都是反映企业的银行存款的增减变动情况。(　　)

7. 全面清查是对企业所有财产物资进行全面的盘点和核对。包括各种在途材料,委托外单位加工、保管的材料等。(　　)

8. 盘点实物时,发现账面数大于实存数,即为盘盈。(　　)

9. 实物盘点后,应根据“实存账存对比表”作为调整账面余额记录的原始依据。(　　)

10. 账实不符是财产管理不善或会计人员水平不高的结果。(　　)

11. 从财产清查的对象和范围看全面清查只在年终进行。(　　)

12. 根据“清查结果报告表”“盘点报告表”等已经查实的数据资料,编制记账凭证,记入有关账簿,使账簿记录与实际盘存数相符,同时将处理建议报会计机构负责人(会计主管人员)审批。(　　)

13. 定期清查和不定期清查对象的范围均既可以是全面清查,也可以是局部清查。(　　)

14. 在进行库存现金和存货清查时,出纳人员和实物保管人员不得在场。(　　)

15. “银行存款余额调节表”编制完成后,可以作为调整企业银行存款余额的原始凭证。(　　)

16. 银行已经付款记账而企业尚未付款记账,会使企业银行存款日记账账面余额大于银行对账单的账面余额。(　　)

17. 会计部门和人员,应在清查前将账簿记录整理完全,结出余额,保证账证、账账相符,为清查提供可靠资料。(　　)

18. 财产清查中的“盘存单”应根据“账存实存对比表”和有关账簿记录填列。(　　)

19. 财产清查是指通过对货币资金、实物资产和往来款项的盘点或核对,确定其实存数,查明账存数与实存数是否相符的一种专门方法。(　　)

20. 财产清查按照清查的时间,可分为定期清查和不定期清查。(　　)

21. 财产清查按照清查的执行系统,可分为内部清查和外部清查。 ( )

22. 定期清查一般在年末进行。 ( )

23. 不定期清查是指事前不规定清查日期,而是根据特殊需要临时进行的盘点和核对。 ( )

24. 全面清查由于清查范围大、内容多、时间长、参与人员多,宜经常进行。 ( )

25. 库存现金的清查是采用实地盘点法确定库存现金的实存数,然后与库存现金日记账面余额相核对,确定账实是否相符。 ( )

26. 非正常原因造成的存货盘亏损失经批准后应该计入营业外支出。 ( )

27. 企业清查的各种财产的损益,如果在期末结账前尚未经批准,在对外提供财务报表时,先不做任何处理。 ( )

28. 无法查明原因造成的现金短缺款应记入"营业外支出"账户。 ( )

29. 永续盘存要逐日逐笔登记收入发出的存货,并随时计算结余数,因此期末存货账户的余额与实际库存一定相符。 ( )

30. 未达账项是指企业与银行之间由于记账时间不一致,而发生的一方已登记入账,另一方漏记的项目。 ( )

31. 银行存款余额调节表调节后的双方余额相等,表示企业可以动用的银行存款实有数,企业应根据银行余额调节表调节后的余额调整银行存款日记账的账面记录。 ( )

32. 银行存款的清查应通过与开户银行核对账目的方法进行。 ( )

33. 企业的定期清查一般在期末进行,可以是全面清查,也可以是局部清查。 ( )

四、技能训练题

实训一 财产清查及其处理

1. 实训目的

掌握财产清查账务处理方法。

2. 实训资料

江南公司2020年12月31日进行财产清查,发现表9-1的情况。

表9-1 利润表

编制单位: 年 月 单位:元

业务	分录
1. 甲材料盘亏12千克,单价每千克30元。经查是材料定额内损耗,批准后转入管理费用	
2. 乙材料毁损150千克,单价每千克20元。经查是暴风雨袭击仓库所致,批准后转入营业外支出	
3. 盘盈电脑一台,重置价值6 000元,经鉴定七成新,经批准后将其净值转入盈余公积	
4. 盘亏设备一台,账面原价65 000元,已提折旧为1 400元。经批准后将其净值转入营业外支出	

表 9－1(续)

业务	分录
5. 丙材料盘盈 25 千克,单价每千克 10 元。经查是材料收发过程中计量误差累计所致,批准后冲减管理费用	
6. 公司应付某单位货款 2 000 元,因该单位撤销而无法支付	
7. 公司某职工所欠 500 元,由于该职工调出公司无法收回,批准后冲减坏账准备金	
8. 公司对库存现金进行实地盘点后,发现现金短缺 24 元,经查明原因,系出纳人员责任所致。报经批准,应由出纳人员赔偿,出纳人员当即交来赔款	
9. 因自然灾害造成企业丙材料毁损一批,实际成本 10 000 元,根据保险合同,应由保险公司负责赔偿	

3. 实训要求

根据以上情况编制企业财产物资盘盈盘亏的会计分录。

实训二　银行存款余额调节表

1. 实训目的

能够在银行存款日记账与对账单的比较中找出未达账项,掌握银行存款余额表的编制方法。

2. 实训资料

江南公司 2020 年 1 月份的银行存款日记账和银行对账单见表 9－2 和表 9－3。

表 9－2　银行存款日记账

户名:人民币户　　　　单位:元

2020 年		凭证字号	摘要	对应科目	借方	贷方	余额
月	日						
1	1		期初余额				188 500
1	1	银收 1	收到投资款	实收资本	50 000		238 500
1	1	银收 2	一年期借款	短期借款	100 000		338 500
1	2	银收 3	保险公司赔款	其他应收款	18 800		357 300
1	3	银付 1	提现	库存现金		1 000	356 300
1	4	银付 2	上交所得税	应交税费		2 000	354 300
1	5	银付 3	发放工资	应付职工薪酬		30 000	324 300
1	8	银付 4	购木板	原材料		40 000	284 300

表9－2(续)

2020年		凭证字号	摘要	对应科目	借方	贷方	余额
月	日						
1	8	银付4	进项税	应交税费		6 800	277 500
1	10	银付5	付前欠货款	应付账款		5 000	272 500
1	12	银付6	付广告费	销售费用		10 000	262 500
1	13	银付7	付材料款	原材料		5 000	257 500
1	13	银付7	进项税	应交税费		850	256 650
1	15	银收4	收回前欠货款	应收账款	35 100		291 750
1	20	银收5	销售收入	主营业务收入	40 000		331 750
1	20	银收5	销项税	应交税费	6 800		338 550
1	31		本月合计		250 700	100 650	338 550

表9－3　建设银行对账单

打印柜员:210413001　　打印日期:2020年1月31日　　打印时间:15:08:02　　币别:人民币

起讫日期:20200101至20200131　　户名:江南公司　　账号:62622012　　单位:元

序号	交易日期	凭证种类	凭证字号码	摘要	借方发生额	贷方余额	余额
	20200101			期初余额			188 500
1	20200101			现收		50 000	238 500
2	20200101			转收		100 000	338 500
3	20200102			转收		18 800	357 300
4	20200103			现付	1 000		356 300
5	20200105			转付	2 000		354 300
6	20200105			转付	30 000		324 300
7	20200112			转付	46 800		277 500
8	20200115			转付	5 850		271 650
9	20200116			委收		35 100	306 750
10	20200130			委收		23 400	330 150
11	20200131			委付	2 000		328 150

3.实训要求

根据资料编制江南公司2020年1月份的银行存款余额调节表,见表9－4。

表 9－4　银行存款余额调节表

单位名称:江南公司　　　　　　　　年　月　日　　　　　　　　单位:元

项目	金额	项目	金额
银行对账单余额		银行存款日记账余额	
加:企业已收银行未收		加:银行已收企业未收	
减:企业已付银行未付		减:银行已付企业未付	
调整后余额		调整后余额	

实训三　银行存款余额调节表

华天公司 2020 年 12 月银行存款日记账与银行对账单在 28 日以后的资料如下(假定 28 日以前的记录均正确,28 日以后的银行对账单记录无误):

(1)华天公司银行存款日记账的账面记录,见表 9－5。

表 9－5　银行存款日记账

单位:元

日期	摘要	金额
29 日	存入购货方转账支票#104	14 040
30 日	开出转账支票#052,支付购料款	9 360
30 日	开出转账支票#053,支付运输费	2 100
31 日	存入购货方转账支票#170	5 850
31 日	开出现金支票#022,支付明年上半年房租	9 600
银行存款日记账期末余额		107 840

(2)银行对账单的记录,见表 9－6。

表 9－6　银行对账单

单位:元

日期	摘要	金额
30 日	存入转账支票#104	14 040
30 日	开出转账支票#052	9 360
31 日	开出转账支票#053	2 100
31 日	代付借款利息	680
31 日	收回托收的货款	20 000
银行存款对账单期末余额		130 910

要求:华天公司在更正错账后编制了下列银行存款余额调节表,请完成表 9－7。

表9-7 银行存款余额调节表

2020年12月31日 单位:元

项目	金额	项目	金额
企业银行存款日记账余额	107 840	银行对账单余额	130 910
加:银行已收,企业未收	(1)	加:企业已收,银行未收	(2)
减:银行已付,企业未付	(3)	减:企业已付,银行未付	(4)
调节后存款余额	(5)	调节后的余额	(5)

第十章　财务报表

一、单项选择题

1. 企业会计中财务报表编报的要求不包括(　　)。

A. 以持续经营为基础编制　　B. 按正确的会计基础编制

C. 至少按年编制财务报表　　D. 按真实可靠的要求

2. 将分散的零星的日常会计资料归纳整理为更集中、更系统、更概括的会计资料,以总括反映企业财务状况和经营成果的方法是(　　)。

A. 编制会计凭证　　B. 编制记账凭证

C. 编制会计报表　　D. 登记会计账簿

3. 编制利润表主要是根据(　　)。

A. 资产、负债及所有者权益各账户的本期发生额

B. 资产、负债及所有者权益各账户的期末余额

C. 损益类各账户的本期发生额

D. 损益类各账户的期末余额

4. (　　)是反映企业经营成果的会计报表。

A. 资产负债表　　B. 利润表　　C. 现金流量表　　D. 会计报表附注

5. 资产负债表中所有者权益的排列顺序是(　　)。

A. 未分配利润—盈余公积—资本公积—实收资本

B. 实收资本—资本公积—盈余公积—未分配利润

C. 实收资本—盈余公积—实收资本—未分配利润

D. 资本公积—盈余公积—未分配利润—实收资本

6. 下列项目中属于非流动负债项目的是(　　)。

A. 应付票据　　B. 长期借款

C. 应付股利　　D. 应付职工薪酬

7. 下列项目中不属于流动资产的是(　　)。

A. 货币资金　　B. 应收账款

C. 预付账款　　D. 累计折旧

8. 资产负债表中资产的排列顺序是按(　　)。

A. 项目收益性　　B. 项目重要性

C. 项目流动性　　D. 项目时间性

9. 编制利润表所依据的会计等式是(　　)。

A. 收入 - 费用 = 利润

B. 资产 = 负债 + 所有者权益

C. 借方发生额 = 贷方发生额

D. 期初余额 + 本期借方发生额 - 本期贷方发生额 = 期末余额

10. 可以反映企业某一特定日期财务状况的报表是(　　)。

A. 利润表　　B. 利润分配表　　C. 资产负债表　　D. 现金流量表

11. 编制财务报表时,以"收入 - 费用 = 利润"这一会计等式作为编制依据的财务报表是(　　)。

A. 利润表　　B. 所有者权益变动表

C. 资产负债表　　D. 现金流量表

12. 多步式利润表中的利润总额是以(　　)为基础来计算的。

A. 营业收入　　B. 营业成本　　C. 投资收益　　D. 营业利润

13. 关于企业利润构成,下列表述不正确的是(　　)。

A. 企业的利润总额由营业利润、投资收益和营业外收入三部分组成

B. 营业成本 = 主营业务成本 + 其他业务成本

C. 利润总额 = 营业利润 + 营业外收入 - 营业外支出

D. 净利润 = 利润总额 - 所得税费用

14. 甲企业本期主营业务收入为500万元,主营业务成本为300万元,其他业务收入为200万元,其他业务成本为100万元,销售费用为15万元,资产减值损失为45万元,公允价值变动收益为60万元,投资收益为20万元,假定不考虑其他因素,该企业本期营业利润为(　　)万元。

A. 300　　B. 320　　C. 365　　D. 380

15. 下列各项中不应列示在资产负债表中的流动资产部分的是(　　)。

A. 货币资金　　B. 应收账款　　C. 预付账款　　D. 在建工程

16. 某企业"原材料"期末余额100 000元,"生产成本"期末余额50 000元,"库存商品"期末余额120 000元,"存货跌价准备"期末余额10 000元。则资产负债表"存货"项目应填列的是(　　)元。

A. 300 000　　B. 260 000　　C. 280 000　　D. 270 000

17. 某企业"应付账款"明细账期末余额情况如下:应付甲企业贷方余额为200 000元,应付乙企业借方余额为180 000元,应付丙企业贷方余额为300 000元,假如该企业"预付账款"明细账均为借方余额,则根据以上数据计算的反映在资产负债表上"应付账款"项目的金额为(　　)元。

A. 680 000　　B. 320 000　　C. 500 000　　D. 80 000

18. 某日,大华公司的负债为7 455万元、非流动资产合计为4 899万元、所有者权益合计为3 000万元,则当日该公司的流动资产合计应当为(　　)。

A. 2 556万元　　B. 4 455万元　　C. 1 899万元　　D. 5 556万元

19. 我国的利润表采用(　　)。

A. 单步式　　B. 多步式　　C. 账户式　　D. 报告式

20. 资产负债表中的所有者权益反映的是在某一特定日期投资者拥有的(　　)总额。

A. 总资产　　B. 净资产　　C. 总负债　　D. 未分配利润

21. 关于资产负债表的格式,下列说法不正确的是(　　)。

A. 资产负债表主要有账户式和报告式

B. 我国的资产负债表采用报告式

C. 账户式资产负债表分为左右两方,左方为资产,右方为负债和所有者权益

D. 负债和所有者权益按照求偿权的先后顺序排列

22. “应收账款”科目所属明细科目如有贷方余额，应在资产负债表(　　)项目中反映。

A. 预付款项　　B. 预收款项　　C. 应收账款　　D. 应付账款

23. 下列各项中，属于资产负债表采用的格式的是(　　)。

A. 报告式　　B. 多步式

C. 账户式　　D. 数量金额式

24. 下列各项中，以“资产＝负债＋所有者权益”为依据编制的是(　　)。

A. 利润表　　B. 资产负债表

C. 现金流量表　　D. 所有者权益变动表

25. 下列各项中，在编制资产负债表时，需根据若干总账科目余额相加计算填列的项目是(　　)。

A. 应收账款　　B. 固定资产

C. 货币资金　　D. 预付账款

26. 下列各项中，可以帮助使用者分析评价企业的盈利能力、利润构成及其质量的报表是(　　)。

A. 利润表　　B. 资产负债表

C. 现金流量表　　D. 所有者权益变动表

27. 下列各项中，影响营业利润的是(　　)。

A. 管理费用　　B. 生产费用

C. 营业外收入　　D. 所得税费用

28. (　　)是反映企业某一会计期间经营成果的报表。

A. 资产负债表　　B. 利润表

C. 现金流量表　　D. 成本费用表

29. 在编制资产负债表时，“应付账款”账户所属明细账期末借方余额，应在(　　)项目内填制。

A. 预付账款　　B. 预收账款

C. 应收账款　　D. 其他应收款

30. “预收账款”科目所属明细科目期末有借方余额，应在资产负债表(　　)项目内填列。

A. 预付账款　　B. 应付账款　　C. 应收账款　　D. 预收账款

31. 在资产负债表中，下列排序正确的是(　　)。

A. 资产项目按流动性排列

B. 负债项目长期的排列在前，短期的排列在后

C. 所有者权益项目按流动性排列

D. 所有项目均按流动性排列

32. 财务会计报表编制的根据是(　　)。

A. 账簿记录　　B. 科目汇总表　　C. 原始凭证　　D. 记账凭证

33. “利润表”中“本期数”栏各项目数字是根据损益类账户的(　　)填列的。

A. 期初数　　B. 期末数

C. 本期发生额合计数　　D. 累计发生额合计数

34. 资产负债表中的“期末数”,根据有关总账或明细账期末余额直接填列的项目是(　　)。

A. 资本公积　　B. 预收账款

C. 货币资金　　D. 未分配利润

35. 某企业2020年度利润总额为8万元,年末结账后,资产总额22万元,负债总额8万元,资本公积1万元,未分配利润1万元,则实收资本为(　　)万元。

A. 8　　B. 10　　C. 12　　D. 42

36. 以下不是财务会计报告组成内容的是(　　)。

A. 资产负债表　　B. 利润表

C. 会计报表附注　　D. 财务情况说明书

37. 下列项目中,与计算营业利润无关的是(　　)。

A. 管理费用　　B. 其他业务收入

C. 营业外收入　　D. 主营业务收入

38. 以下不属于利润表项目的是(　　)。

A. 主营业务收入　　B. 销售费用

C. 其他业务成本　　D. 应交税费

39. 下列会计报表属于静态报表的是(　　)。

A. 现金流量表　　B. 利润表

C. 资产负债表　　D. 利润分配表

40. 某企业“固定资产”账户期末余额为800 000元,“累计折旧”账户期末余额为280 000元,“固定资产减值准备”账户期末余额为0,则该企业资产负债表中“固定资产”项目的“期末余额”为(　　)元。

A. 280 000　　B. 520 000　　C. 800 000　　D. 1 080 000

41. 某企业7月份“本年利润”账户期末贷方余额为900 000元,“利润分配”账户期末借方余额为200 000元。则该企业资产负债表中“未分配利润”项目的“期末余额”为(　　)元。

A. 1 200 000　　B. 700 000　　C. 900 000　　D. 1 100 000

42. 某企业“长期借款”账户月末余额为300 000元,其中20 000元将于1年内到期;“应付债券”账户月末余额为200 000元,其中60 000元将于1年内到期。则该企业资产负债表中“1年内到期的非流动负债”项目的“期末余额”为(　　)元。

A. 80 000　　B. 140 000　　C. 280 000　　D. 500 000

43. 资产负债表反映资产、负债和所有者权益各项目的(　　)。

A. 年初数、期末数　　B. 上年数、本年数

C. 年初数、本年数　　D. 上年数

44. 某日,大华公司的负债为7 455元、非流动资产合计为4 899元、所有者权益合计为3 000元,则当日该公司的流动资产合计应当为(　　)元。

A. 2 556　　B. 4 455　　C. 1 899　　D. 5 556

45. 与计算营业利润有关的项目是(　　)。

A. 管理费用　　B. 营业外收支净额

C. 所得税费用　　D. 利润总额

二、多项选择题

1. 下列属于报表中所有者权益项目的是(　　)。

A. 实收资本　　B. 资本公积　　C. 未分配利润　　D. 留存收益

2. 下列属于非流动负债的是(　　)。

A. 长期借款　　B. 应付债券　　C. 应交税费　　D. 长期应付款

3. 资产负债表中"期末数"的来源是(　　)。

A. 总账余额　　B. 明细账余额

C. 科目汇总表　　D. 备查登记账簿记录

4. 下列应该包括在资产负债表存货项目中的是(　　)。

A. 工程物资　　B. 在途物资

C. 委托代销商品　　D. 周转材料

5. 下列资产项目中,属于流动资产项目的是(　　)。

A. 应收票据　　B. 长期股权投资

C. 工程物资　　D. 存货

6. 资产负债表中的资产项目主要包括(　　)。

A. 流动资产　　B. 长期投资

C. 固定资产　　D. 无形资产及其他资产

7. 下列各项中,影响营业利润的账户有(　　)。

A. 主营业务收入　　B. 其他业务成本

C. 营业外支出　　D. 税金及附加

8. 下列关于利润表的说法中正确的有(　　)。

A. 利润表也叫损益表

B. 利润表由表头、表身和表尾等部分组成

C. 利润表的格式主要有单步式和多步式两种

D. 我国利润表采用多步式结构

9. 下列关于财务会计报告描述正确的有(　　)。

A. 会计报表是企业在自身会计核算基础上对账簿记录进行加工而编制的反映企业本身财务状况、经营成果和现金流量的财务报表

B. 按编报期间的不同可以分为中期会计报表和年度会计报表

C. 月报要求简明扼要,及时反映;年报要求解释完整,反应全面;而季报和半年报在会计信息的详细程度方面,介于两者之间

D. 静态报表主要包括资产负债表和现金流量表,动态报表主要包括利润表和所有者权益变动表

10. 下列各项中,会影响企业利润总额的有(　　)。

A. 营业外支出　　B. 公允价值变动损益

C. 制造费用　　D. 所得税费用

11. 借助于利润表提供的信息,可以帮助管理者 (　　)。

A. 分析企业资产的结构及其状况　　B. 分析企业的债务偿还能力

C. 分析企业的获利能力　　D. 分析企业利润的未来发展趋势

12. 按我国企业会计制度规定,企业对外提供的年度财务会计报告应包括(　　)等。

A. 资产负债表　　B. 利润表

C. 会计报表附注　　D. 现金流量表

13. 资产负债表中的应付账款项目应根据(　　)两者合计填列。

A. 应付账款总账余额

B. 应付账款所属明细账借方余额合计

C. 应付账款所属明细账贷方余额合计

D. 预付账款所属明细账贷方余额合计

14. 资产负债表中的"货币资金"项目,应根据(　　)科目期末余额的合计数填列。

A. 备用金　　B. 其他货币资金　　C. 银行存款　　D. 库存现金

15. 下列各项中,属于财务会计报告编制要求的有(　　)。

A. 全面完整　　B. 编报及时　　C. 真实可靠　　D. 便于理解

16. 下列等式正确的有(　　)。

A. 营业利润 = 营业收入 - 营业成本 - 税金及附加 - 期间费用 - 资产(信用)减值损失 + 公允价值变动收益(-公允价值变动损失)+投资收益(-投资损失)

B. 期间费用 = 管理费用 + 销售费用 + 财务费用

C. 利润总额 = 营业利润 + 营业外收入 - 营业外支出

D. 净利润 = 利润总额 - 所得税费用

17. 利润表的特点是(　　)。

A. 根据相关账户的本期发生额编制　　B. 根据相关账户的期末余额编制

C. 属于静态报表　　D. 属于动态报表

18. 下列各项中,属于财务报表的种类的有(　　)。

A. 年度财务报表　　B. 中期财务报表

C. 个别财务报表　　D. 合并财务报表

19. 下列各项中,属于财务报表的有(　　)。

A. 利润表　　B. 资产负债表

C. 现金流量表　　D. 所有者权益变动表

20. 下列各项中,属于企业应当在财务报表的显著位置至少披露的有(　　)。

A. 编报企业的名称

B. 人民币金额单位

C. 资产负债表日或财务报表涵盖的会计期间

D. 财务报表是合并财务报表的,应当予以标明

21. 下列各项中,属于编制财务报表之前需完成的任务有(　　)。

A. 检查相关的会计核算是否按照国家统一的会计制度规定进行

B. 进行全面财产清查、核实债务,并按规定程序报批,进行相应的会计处理

C. 按规定的结账日进行结账,结出有关会计账簿的余额和发生额,并核对各会计账簿之间的余额

D. 检查是否存在因会计差错、会计政策变更等原因需要调整前期或本期相关项目的情况等

22. 下列关于资产负债表作用的表述中,正确的有(　　)。

A. 可以反映所有者所拥有的权益

B. 可以反映企业在某一期间的财务状况
C. 可以提供某一日期资产的总额及其结构
D. 可以提供某一日期的负债总额及其结构
23. 下列关于利润表作用的表述中,正确的有( )。
A. 可以反映企业在某一时点的财务状况
B. 可以反映一定会计期间的费用耗费情况
C. 可以反映企业经济活动成果的实现情况
D. 可以反映企业一定会计期间收入的实现情况
24. 下列各项中,影响利润总额的有( )。
A. 营业收入 B. 销售费用
C. 营业外收入 D. 所得税费用
25. 下列各项中,属于利润表包括的项目有( )。
A. 净利润 B. 利润总额
C. 每股收益 D. 综合收益总额
26. 下列属于企业财务报告的有( )。
A. 试算平衡表 B. 资产负债表 C. 现金流量表 D. 附注
27. 下列各项中,属于资产负债表中流动资产项目的有( )。
A. 一年内到期的非流动资产 B. 应收账款
C. 预付账款 D. 预收账款
28. 下列应在资产负债表右方填列的项目是( )。
A. 应收账款 B. 预付款项 C. 应付账款 D. 预收款项
29. 下列各项中,属于非流动负债的有( )。
A. 应付债券 B. 应付股利 C. 专项应付款 D. 长期应付款
30. 资产负债表中可以根据有关明细账的期末余额计算填列的项目是( )。
A. 应收账款 B. 交易性金融资产
C. 应付账款 D. 存货
31. 大、中型企业年度会计报表应当包括( )内容。
A. 资产负债表 B. 利润表
C. 现金流量表 D. 所有者权益变动表
32. 资产负债表是( )。
A. 每个会计期间必须报送的主要会计报表
B. 反映企业财务状况
C. 利润分配表
D. 静态报表
33. 下列会计报表中,属于动态报表的是( )。
A. 资产负债表 B. 利润表
C. 利润分配表 D. 现金流量表
34. 利润表的特点是( )。
A. 根据结账后的资产账户余额填制 B. 反映企业一定时期的经营成果
C. 对外报送 D. 动态报表

35. 下面有关企业对“资产负债表”的理解,表达正确的是(　　)。

A. 反映某一日期资产的构成

B. 反映某一日期负债总额及结构

C. 了解企业现有投资者在企业资产总额中占有的份额

D. 了解企业财务状况,分析企业偿债能力

36. 下列有关财务会计报告的表述中,正确的是(　　)。

A. 财务会计报告就是指会计报表

B. 企业财务会计报告分为年度、半年度、季度和月度财务会计报告

C. 会计报表附注是财务会计报告的重要组成部分

D. 财务会计报告是指单位根据经过审核的会计账簿记录和有关资料编制,并对外提供的反映单位某一特定日期财务状况和某一会计期间经营成果、现金流量的文件

37. 利润表是企业的(　　)。

A. 主要会计报表　　B. 经营成果报表

C. 动态报表　　D. 静态报表

38. 下列各项中,应列入利润表的有(　　)。

A. 收入　　B. 费用

C. 所有者权益　　D. 利润

39. 财务报表包括(　　)、所有者权益变动表和附注。

A. 资产负债表　　B. 利润表

C. 收支明细表　　D. 现金流量表

三、判断题

1. 在企业财务会计报告体系中,最核心的内容是会计报表。(　　)

2. “制造费用”和“管理费用”都应当在期末转入“本年利润”账户。(　　)

3. 资产负债表中“固定资产”项目应根据“固定资产”账户余额直接填列。(　　)

4. 账户式资产负债表分左右两方,左方为资产项目,一般按照流动性大小排列;右方为负债及所有者权益项目,一般按要求偿还时间的先后顺序排列。(　　)

5. 资产负债表中的所有者权益内部各项目是按照流动性或变现能力排列。(　　)

6. 资产负债表是反映企业某一特定时期财务状况的会计报表。(　　)

7. 资产负债表的格式主要有账户式和报告式两种,我国采用的是报告式,因此才出现财务会计报告这个名词。(　　)

8. 资产负债表中资产类至少包括流动资产项目、长期投资项目和固定资产项目。

(　　)

9. 资产负债表是总括反映企业特定日期资产、负债和所有者权益情况的静态报表,通过它可以了解企业的资产分布、资金的来源和承担的债务以及资金的流动性和偿债能力。

(　　)

10. 净利润是指营业利润减去所得税费用后的金额。(　　)

11. 损益类科目用于核算收入、费用、成本的发生和归集,提供一定期间与损益相关的会计信息的会计科目。(　　)

12. 利润表的格式主要有多步式和单步式两种,我国采用多步式。(　　)

13. 利润表是反映企业在一定会计期间经营成果的报表，属于静态报表。（　）

14. 财务报表是会计主体对外提供的反映某一会计期间的财务状况和某一特定日期的经营成果、现金流量的会计信息的文件。（　）

15. 年度财务报表至少应当包括资产负债表、利润表、现金流量表、所有者权益变动表和附注，上述五个部分具有同等重要的程度。

16. 中期财务报表必须包括资产负债表、利润表、现金流量表、所有者权益变动表和附注。（　）

17. 资产负债表中的“长期借款”项目，应根据“长期借款”总账科目余额扣除“长期借款”科目所属的明细科目中将在资产负债表日起一年内到期的长期借款后的金额计算填列。（　）

18. 我国利润表通常包括表头和表体两部分。表头应列明报表名称、编表单位名称、编报日期和金额计量单位等内容；利润表的表体，反映形成经营成果的各个项目和计算过程。（　）

19. 利润表“上期金额”栏应根据上年该期利润表“本期金额”栏内所列数字填列。（　）

20. 在我国，企业应当采用多步式利润表。（　）

21. 我国资产负债表由表头和表体两部分组成。表头部分应列明报表名称、编报单位名称、编制日期和金额计量单位；表体部分反映资产、负债和所有者权益的内容。（　）

22. 资产负债表是反映企业一定报告日期经营成果的报表。（　）

23. 资产负债表左方各项目是按照各自的流动性大小，即变现能力的强弱来排列的。（　）

24. 我国会计制度规定，资产负债表采用账户式的格式。（　）

25. 现金流量表中的“现金”是指企业的库存现金。（　）

26. 资产负债表、利润表和所有者权益变动表是月度报表。（　）

27. 财务会计报告是指企业对外提供的反映企业某一时期财务状况和某一时期经营成果和现金流量的书面文件。（　）

28. 编制财务报告的重要目的，是为财务报告的使用者进行决策提供信息。（　）

29. 季度、月度会计报表统称为中期财务会计报告。（　）

30. 资产负债表的“期末数”栏根据会计报表的编制时间，可以是月末、季末或年末。（　）

31. 季度、月度会计报表一般包括资产负债表、利润分配表。（　）

32. 利润表的填制方法可直接根据损益类账户本期发生额分析填列。（　）

33. 企业 2020 年 12 月 31 日银行存款日记账账面余额为 456 000 元；银行对账单为 438 000 元，则企业在编制资产负债表时，应以 456 000 元为依据计算货币资金项目的期末数。（　）

34. “现金流量表”中的现金流量分为经营活动现金流量、投资活动现金流量和筹资活动现金流量三大类。（　）

35. 对内财务报表，也叫管理报表，是企业自行设计和编制的报表。（　）

36. 利润表是反映企业在某一特定日期财务状况的会计报表，所以是一张静态报表。（　）

37. 我国企业会计准则规定采用报告式资产负债表。 (　　)
38. 我国企业的利润表采用单步式。 (　　)
39. 资产负债表是反映企业一定报告期间财务状况的报表。 (　　)
40. 资产负债表中的“长期借款”项目应根据“长期借款”账户的余额直接填列。 (　　)
41. 利润总额是指营业收入加上投资收益、营业外收入,减去营业外支出后的总金额。 (　　)
42. 利润表中“本期金额”栏的数字,应根据各损益类账户本期余额填列。 (　　)

四、技能训练题

实训一　资产负债表的编制

1. 实训目的

掌握资产负债表的编制方法。

2. 实训资料

江南公司2020年12月总账账户和有关明细账户余额,见表10－1

表10－1　总账账户和有关明细账户余额

单位:元

总账科目	明细科目	借方余额	贷方余额
库存现金		10 500	
银行存款		2 536 500	
交易性金融资产		1 010 000	
应收账款		27 000	
	江南兰天购物广场	16 000	
	滨海百货		4 000
	江南百货	15 000	
其他应收款		6000	
	行政科	5 000	
	李园	2 000	
	西安光大		1 000
预付账款		3 700	
	江南石油公司	4 500	
	江南天光厂		800
应收票据		1 007 000	

表 10－1(续)

总账科目	明细科目	借方余额	贷方余额
原材料		25 000	
生产成本		9 000	
库存商品		20 000	
长期股权投资		2 840 000	
固定资产		12 000 000	
累计折旧			1 650 000
在建工程		5 000	
无形资产		382 000	
长期待摊费用		7 000	
短期借款			60 000
应付账款			9 000
	邯钢		7 000
	江南塑料厂	6 000	
	武钢		8 000
预收账款			2 000
	西安银座		6 000
	兰州百盛	4 000	
其他应付款			6 000
	工会	3 000	
	代扣住房公积金		9 000
应付职工薪酬			34 900
应交税费			80 500
应付票据			12 000
应付利息			4 300
长期借款			5 030 000
实收资本			10 000 000
盈余公积			1 000 000
利润分配			2 000 000
	未分配利润		2 000 000
合计		19 888 700	19 888 700

3. 实训要求

根据以上资料编制资产负债表，见表 10－2。

表10-2　资产负债表

编制单位:江南公司　　　　2020年12月31日　　　　单位:元

资产	期末余额	年初余额	负债和所有者权益（或股东权益）	期末余额	年初余额
流动资产:			流动负债:		
货币资金			短期借款		
交易性金融资产			交易性金融负债		
衍生金融资产			衍生金融负债		
应收票据			应付票据		
应收账款			应付账款		
应收款项融资			预收款项		
预付款项			合同负债		
其他应收款			应付职工薪酬		
存货			应交税费		
合同资产			其他应付款		
持有待售资产			持有待售负债		
一年内到期的非流动资产			一年内到期的非流动负债		
其他流动资产			其他流动负债		
流动资产合计			流动负债合计		
非流动资产:			非流动负债:		
债权投资			长期借款		
其他债权投资			应付债券		
长期应收款			其中:优先股		
长期股权投资			永续股		
其他权益工具投资			租赁负债		
其他非流动金融资产			长期应付款		
投资性房地产			专项应付款		
固定资产			预计负债		
在建工程			递延收益		
生产性生物资产			递延所得税负债		
固定资产清理			其他非流动负债		
油气资产			非流动负债合计		
使用权资产			负债合计		
无形资产			所有者权益(或股东权益):		
开发支出			实收资本(或股本)		
商誉			其他权益工具		

表 10－2(续)

资产	期末余额	年初余额	负债和所有者权益(或股东权益)	期末余额	年初余额
长期待摊费用			其中:优先股		
递延所得税资产			永续股		
其他非流动资产			资本公积		
非流动资产合计			减:库存股		
			其他综合收益		
			专项设备		
			盈余公积		
			未分配利润		
			所有者权益(或股东权益)合计		
资产总计			负债和所有者权益(或股东权益)总计		

实训二　利润表和资产负债表的编制

1. 实训目的

掌握利润表和资产负债表的编制方法。

2. 实训资料

江南公司 2020 年 12 月有关账户发生额及余额,见表 10－3。

表 10－3　有关账户发生额及余额

单位:元

账户名称	期初余额		本期发生额		期末余额	
	借方	贷方	借方	贷方	借方	贷方
库存现金	800		1 740	130	2 410	
银行存款	188 500		250 700	100 650	338 550	
应收账款	35 100		35 100	35 100	35 100	
其他应收款	18 800			18 800	0	
预付账款	20 000				20 000	
原材料	13 200		47 000	25 000	35 200	
生产成本	5 100		48 000	48 000	5 100	
制造费用			3 000	3 000	0	
库存商品	42 000		48 000	42 000	48 000	
固定资产	660 000				660 000	
累计折旧				3 500		3 500

表 10－3(续)

账户名称	期初余额		本期发生额		期末余额	
	借方	贷方	借方	贷方	借方	贷方
短期借款				100 000		100 000
应付账款		5 000	5 000	2 000		2 000
应交税费		3 000	9 650	13 725		7 075
应付职工薪酬		34 000	30 000	30 000		34 000
应付利息		1 500		2 000		3 500
长期借款		150 000				150 000
实收资本		760 000		50 000		810 000
利润分配		30 000				30 000
本年利润			66 455	70 740		4 285
主营业务收入			70 000	70 000		0
其他业务收入			740	740		0
营业外收入						0
主营业务成本			42 000	42 000	0	0
其他业务成本						
税金及附加			425	425	0	0
销售费用			14 000	14 000	0	0
管理费用			6 630	6 630	0	0
财务费用			2 000	2 000	0	0
所得税费用			1 400	1 400	0	0
合计	983 500	983 500	681 840	681 840	1 144 360	1 144 360

3. 实训要求

(1)根据所给资料编制利润表,见表 10－4。

表 10－4 利润表

编制单位: 年 月 日 单位:元

项目	本期金额	上期金额
一、营业收入		
减:营业成本		
税金及附加		
销售费用		
管理费用		
研发费用		
财务费用		

表 10－4(续 1)

项目	本期金额	上期金额
其中:利息费用		
利息收入		
加:其他收益		
投资收益(损失以“－”填列)		
其中:对联营企业和合营企业的投资收益		
以摊余成本计量的金融资产终止确认收益(损失以“－”填列)		
净敞口套期收益(损失以“－”填列)		
加:公允价值变动收益(损失以“－”填列)		
信用减值损失(损失以“－”填列)		
资产减值损失(损失以“－”填列)		
资产处置收益(损失以“－”填列)		
二、营业利润(损失以“－”填列)		
加:营业外收入		
减:营业外支出		
三、利润总额(损失以“－”填列)		
减:所得税费用		
四、净利润(净亏损以“－”填列)		
(一)持续经营净利润(净亏损以“－”填列)		
(二)终止经营净利润((净亏损以“－”填列)		
五、其他综合收益的税后净额		
(一)不能重分类进损益的其他综合收益		
1. 重新计量设定受益计划变动额		
2. 权益法下不能转损益的其他综合收益		
3. 其他权益工具投资公允价值变动		
4. 企业自身信用风险公允价值变动		
……		
(二)将重分类进损益的其他综合收益		
1. 权益法下可转损益的其他综合收益		
2. 其他债权投资公允价值变动		
3. 金融资产重分类计入其他综合收益的金额		
4. 其他股权投资信用减值准备		
5. 现金流量套期		
6. 外币财务报表折算差额		
……		

表10－4(续2)

项目	本期金额	上期金额
六、综合收益总额		
七、每股收益		
(一)基本每股收益		
(二)稀释每股收益		

(2)根据所给资料编制资产负债表,见表10－5。

表10－5　资产负债表

编制单位:江南公司　　2020年12月31日　　单位:元

资产	期末余额	年初余额	负债和所有者权益(或股东权益)	期末余额	年初余额
流动资产:			流动负债:		
货币资金			短期借款		
交易性金融资产			交易性金融负债		
衍生金融资产			衍生金融负债		
应收票据			应付票据		
应收账款			应付账款		
应收款项融资			预收款项		
预付款项			合同负债		
其他应收款			应付职工薪酬		
存货			应交税费		
合同资产			其他应付款		
持有待售资产			持有待售负债		
一年内到期的非流动资产			一年内到期的非流动负债		
其他流动资产			其他流动负债		
流动资产合计			流动负债合计		
非流动资产:			非流动负债:		
债权投资			长期借款		
其他债权投资			应付债券		
长期应收款			其中:优先股		
长期股权投资			永续股		
其他权益工具投资			租赁负债		
其他非流动金融资产			长期应付款		
投资性房地产			专项应付款		
固定资产			预计负债		

表 10－5(续)

资产	期末余额	年初余额	负债和所有者权益(或股东权益)	期末余额	年初余额
在建工程			递延收益		
生产性生物资产			递延所得税负债		
固定资产清理			其他非流动负债		
油气资产			非流动负债合计		
使用权资产			负债合计		
无形资产			所有者权益(或股东权益):		
开发支出			实收资本(或股本)		
商誉			其他权益工具		
长期待摊费用			其中:优先股		
递延所得税资产			永续股		
其他非流动资产			资本公积		
非流动资产合计			减:库存股		
			其他综合收益		
			专项设备		
			盈余公积		
			未分配利润		
			所有者权益(或股东权益)合计		
资产总计			负债和所有者权益(或股东权益)总计		

第二部分　综合实训

一、实训目的

了解账务处理程序的特点、凭证与账簿设置，熟悉制造业主要经济业务及其原始凭证，运用借贷记账法编制记账凭证，登记账簿、对账、结账，编制会计报表，完成一次会计循环，掌握会计核算方法，提高会计实务操作能力，从而使学生对会计基础工作有一个系统的、全面认识，将所学的会计基础理论知识转化为实际动手能力。

二、实训组织准备与时间安排

（一）实训组织准备

基础会计综合实训，应该在学习完基础会计课程之后，安排单独一段时间连续完成，以达到综合实践的目的。

应由具有深厚理论功底并且富有实践经验的教师担任指导教师。教师不仅能够理解学生提出的各种问题，而且还应能够熟练地进行业务操作指导。

为了使学生有身临其境的感觉，更接近实际，实训的环境应该在学校建立的会计手工实训室进行，实训的形式可采用分组制。例如，4 人一组，互为会计主管、会计（2 名）、出纳，使学生既能独立完成一整套账务，又能体验各岗位分工。

（二）时间安排

1. 第 1 日，（1）由指导老师复述会计操作流程，指导学生根据各账户期初余额完成建账工作并登记期初余额，没有期初余额的账户要预留账页，在实际业务发生时陆续开设。

（2）根据 1 ~ 15 日的原始凭证，编制记账凭证。老师于当日结束前验收。

2. 第 2 日，（1）登记 1 ~ 15 日日记账与明细账。

（2）编制 1 ~ 15 日业务的科目汇总表并根据科目汇总表登记总账。老师于当日结束前进行验收。

3. 第 3 日，继续进行以上的操作，直到做完以上的操作为止。

4. 第 4 日，（1）根据 15 ~ 31 日的原始凭证编制记账凭证。老师于当日结束前验收。

（2）登记 15 ~ 31 日记账与明细账。

5. 第 5 日，编制 15 ~ 31 日的科目汇总表，并根据科目汇总表登记总账。老师于当日结束前验收。

6. 第 6 日，继续进行以上的操作，直到做完以上的操作为止。

7. 第 7 日，根据总账和明细账编制 2020 年 12 月份的利润表和 2020 年末的资产负债表。

8. 第 8 日，装订成册。将记账凭证、各种账簿、会计报表，分别加具封面，装订成册。

9. 第 9 日，每人写一份实训报告，总结在会计操作实训中的体会、收获，并提出该实训课程需要改进和注意的问题（2 000 字以上）。

10. 第 10 日，进行会计实训经验交流，进一步进行总结。

三、企业基本情况简介

企业名称：光明工业公司

地址：江南市光明路 25 号

电话：88670188

开户银行及账号:江南市光明路分理处905156

税务登记号:20025812

企业法人代表:王森

经营范围:该企业主要生产和销售A产品和B产品

财务部人员:

财务主管:许志;会计:王珊;出纳:吕文娜等,他们各自负债自己的相关工作,如负责审核与编制会计报表;负责定期编制科目汇总表和总账登记;负责采购成本、生产过程中各种成本费用的归集分配、产品成本计算、销售过程日常核算及有关明细账的登记;负责货币资金的收付及现金日记账和银行存款日记账的登记工作等。

其他资料:

存货按实际成本计价。

产品销售成本采用全月一次加权平均法。

全部外购材料和销售价格均为不含税价格,增值税税率为13%。

四、实训资料

(一)期初余额表

1. 总分类账户期初余额

资产账户	年初余额	12月初余额	权益账户	年初余额	12月初余额
库存现金		1 000	短期借款		200 000
银行存款		175 789	应付利息		1 400
应收账款		192 400	应付账款		23 100
其他应收款		60	其他应付款		1 770
预付账款		1 000	应交税费		25 400
原材料		69 200	应付股利		536
生产成本		16 517	本年利润		543 700
库存商品		68 140	实收资本		250 000
固定资产		640 000	资本公积		20 000
累计折旧		(34 900)	盈余公积		63 300
合 计		1 129 206	合 计		1 129 206

2. 明细分类账户期初余额

(1)原材料账户

明细账户	编号	单位	数量	单位	金额
甲材料	101	千克	2 500	12	30 000
乙材料	102	千克	1 800	14	25 200
丙材料	103	千克	1 400	10	14 000
合计					69 200

(2)生产成本账户

明细账户	单位	数量	成本项目			
			直接材料	直接人工	制造费用	合计
A 产品	件	75	5 300	1 800	1 800	8 900
B 产品	件	40	4 100	1 200	2 317	7 617
合计			9 400	3 000	4 117	16 517

(3)库存商品账户

明细账户	单位	数量	单位成本	金额
A 产品	件	230	281.62	64 772
B 产品	件	200	200	40 000
合计				104 772

3. 往来款项明细账余额

(1)应收账款明细账

明细账户	借或贷	余额
南京新欣工厂	借	112 400
天津市机械厂	借	80 000
合计		192 400

(2)应付账款明细账

明细账户	借或贷	余额
上海红星工厂	贷	17 100
昆明钢铁厂	贷	6 000
合计		23 100

(二)光明工业公司发生如下经济业务

表题 1 -1

中国工商银行现金支票存根

支票号码　No. 2454745

科目____________

对方科目____________

出票日期 2020 年 12 月 1 日

收款人:光明工业公司
金额:¥1000.00
用途:提现备用

单位主管　　　　　会计

表题 2 -1　　　　**中国工商银行信汇凭证(回单)**

委托日期:　　　　2020 年 12 月 1 日

汇款人	全称	光明工业公司	收款人	全称	上海红星工厂									
	账号	905156		账号	765248526									
	汇出地点	江南市		汇入地点	上海市									
汇出行名称		江南市永庆路分理处	汇入行名称		上海市福州路分理处									
人民币(大写)		肆万柒仟贰佰元整			千	百	十	万	千	百	十	元	角	分
							¥	4	7	2	0	0	0	0
汇出银行签章			附加信息及用途											

表题 2 -2　　　　**铁路运费杂费收据**

付款单位或姓名:上海红星工厂　　　2020 年 12 月 1 日　　　No. 0895

原运输票据			办理种别	
发站	上海	到站	江南市	
车种车号	N268			
货物名称	件数	包装	重量	计费重量
丙材料		箱	4 000 kg	4 000 kg
类别	费率	数量	金额	附记
运费			350.00	
搬运			50.00	
合计			400.00	
合计(大写)　肆佰元整				
收款单位:上海市火车站		经办人:刘云		

表题 2－3

增值税专用发票

发票联　　　　No. 0028627

开票日期:2020 年 12 月 1 日

购货单位	名 称	光明工业公司	纳税人登记号	200250812
	地址、电话	江南市永庆路25号 88670188	开户银行及账号	江南市永庆路分理处905156

货物或应税劳务名称	计量单位	数量	单价	金额 百	十	万	千	百	十	元	角	分	税率(%)	税额 百	十	万	千	百	十	元	角	分
丙材料	千克	4 000	10.00			4	0	0	0	0	0	0	13				5	2	0	0	0	0
合 计					¥	4	0	0	0	0	0	0				¥	5	2	0	0	0	0
价税合计(大写)	⊗肆万伍仟贰佰元整												¥45200.00									
备 注																						

销货单位	名 称	上海红星工厂	纳税人登记号	1002548
	地址、电话	上海市福州路30号	开户银行及账号	上海市福州路分理处 765248526

销货单位(章):(上海红星工厂)　　收款人:张海　　复核:郑文　　开票人:林志

第三联 发票联 购货方记账联

表题 2－4

增值税专用发票

抵扣联　　　　No. 0028627

开票日期:2020 年 12 月 1 日

购货单位	名 称	光明工业公司	纳税人登记号	200250812
	地址、电话	江南市永庆路25号 88670188	开户银行及账号	江南市永庆路分理处905156

货物或应税劳务名称	计量单位	数量	单价	金额 百	十	万	千	百	十	元	角	分	税率(%)	税额 百	十	万	千	百	十	元	角	分
丙材料	千克	4 000	10.00			4	0	0	0	0	0	0	13				5	2	0	0	0	0
合 计					¥	4	0	0	0	0	0	0				¥	5	2	0	0	0	0
价税合计(大写)	⊗肆万伍仟贰佰元整												¥45200.00									
备 注																						

销货单位	名 称	上海红星工厂	纳税人登记号	1002548
	地址、电话	上海市福州路30号	开户银行及账号	上海市福州路分理处 765248526

销货单位(章):(上海红星工厂)　　收款人:张海　　复核:郑文　　开票人:林志

第二联 抵扣联 购货方抵扣税款凭证

表题 3－1

差旅费借款单

2020 年 12 月 1 日　　No. 081

借款人	李明	借款单位	供应部
借款事由	采购用差旅费	出差地点	昆明
借款金额	人民币(大写):捌佰元整　　¥800.00		

审批:许志　借款单位负责人:汪海　出纳:吕文娜　借款人:李明

记账联

表题 4－1

中国工商银行

现金支票存根

支票号码　No. 2454746

科　　目________

对方科目________

签发日期 2020 年 12 月 1 日

收款人:光明工业公司
金额:¥800.00
用途:备用金
备注:

单位主管　会计

复核　记账

表题 5－1

中国工商银行

转账支票存根

支票号码　No. 2447646

科　　目________

对方科目________

签发日期 2020 年 12 月 1 日

收款人:江南市邮政局
金额:¥1200.00
用途:预定报纸杂志
备注:

单位主管　会计

复核　记账

表题 5－2

收　　据

2020 年 12 月 2 日　　No. 431245

今收到　江南市光明工业公司		
交来　预定报纸杂志款		
人民币(大写)壹仟贰佰元整　　¥ 1 200.00		
收款单位 盖　　章　（江南市邮政局章）	收款人	苏华

第二联　付款方收执

表题 6－1

领 料 单

领料单位:生产车间　　2020 年 12 月 3 日　　编号:006786

用途	生产 A 产品			材料类别及编号	主要材料 101	
材料名称及规格	计量单位	数量		单价	金额	备注
		领料	实际			
甲材料	千克	1 000	1 000	12.00	12 000.00	

领料单位负责人:周健　领料:徐岑　发料:张飞　审核:刘源

第二联　财务科核算

表题 6－2

领 料 单

领料单位:生产车间　　2020 年 12 月 3 日　　编号:006787

用途	生产 A 产品		材料类别及编号	主要材料 102	
材料名称及规格	计量单位	数量	单价	金额	备注
		领料	实际			
乙材料	千克	500	500	14.00	7 000.00	

第二联　财务科核算

领料单位负责人:周健　　领料:徐岑　　发料:张飞　　审核:刘源

表题 6－3

领 料 单

领料单位:生产车间　　2020 年 12 月 3 日　　编号:006788

用途	生产 A 产品			材料类别及编号	主要材料 103	
材料名称及规格	计量单位	数量		单价	金额	备注
		领料	实际			
丙材料	千克	300	300	10.00	3 000.00	

第二联　财务科核算

领料单位负责人:周健　　领料:徐岑　　发料:张飞　　审核:刘源

表题 7－1

行政事业性收费专用收款收据

2020 年 12 月 3 日　　第 2251540 号

交款单位或交款人	张华	收费许可证	字第　　号
收费项目	学费		
计费标准	100.00		
收费金额	人民币(大写):壹佰元整		
	¥100.00		
收款单位	江南市质量技术监督局(公章)	收款人	石静

第二联　收据

领料单位负责人:周健　　领料:徐岑　　发料:张飞　　审核:刘源

表题 8－1

收　料　单

供应单位:上海红星工厂　　收料单编号:04512

发票号码: No. 0028627　　2020 年 12 月 4 日　　收料仓库:一库

材料编号	材料名称及规格	计量单位	数量		单价	发票价格	运杂费	单位成本	合计
			应收	实收					
103	丙材料	千克	4 000	4 000	10.00	40 000.00	400.00	10.10	40 400.00
备注									

第二联　财务科核算

收料人员:张飞　　检验人员:张力　　填单人员:袁明明

表题 9－1　　**中国工商银行信汇凭证(收账通知)**

委托日期:2020 年 12 月 1 日　　第 085 号

收款人	全称	光明工业公司			付款人	全称	北京机械厂	
	账号	905156				账号	71786	
	汇入地点	江南市县	汇入行名	江南市永庆路分理处		汇出地点	北京市县	汇出行名 北京宣武分理处

金额	人民币(大写)	百	十	万	千	百	十	元	角	分
	陆仟肆佰元整			¥	6	4	0	0	0	0

汇款用途:偿还前欠货款		留行代取预留 收款人印鉴
上列款项已代进账,如有错误,请持此联来行面洽。 汇入行盖章 2020 年 12 月 5 日	上列款项已照收无误。 收款人盖章 2020 年 12 月 5 日	科目(付)________ 对方科目(收)________ 汇入行解汇日期　年　月　日 复核　出纳　记账

此联是收款人的收款通知或代取款收据

表题 10－1　　**增值税专用发票**

记账联

开票日期:　　2020 年 12 月 6 日　　No. 0058625

购货单位 名称	上安市浦江机械厂	纳税人登记号	004714
购货单位 地址、电话	淮海道 8 号	开户银行及账号	淮海道办事处

货物或应税劳务名称	计量单位	数量	单价	金额 百	十	万	千	百	十	元	角	分	税率(%)	税额 百	十	万	千	百	十	元	角	分
A产品	件	60	500.00			3	0	0	0	0	0	0	13				3	9	0	0	0	0
合计					¥	3	0	0	0	0	0	0				¥	3	9	0	0	0	0

价税合计(大写)	⊗叁万叁仟玖佰元整		¥33900.00
备　注			
销货单位 名称	光明工业公司	纳税人登记号	200250812
销货单位 地址、电话	江南市永庆路25号 88670188	开户银行及帐号	江南市永庆路分理处 905156

销货单位(章):光明工业公司　　收款人:吕文娜　　复核:王珊　　开票人:刘畅

第一联 记账联 销货方记账

表题 10－2

中国工商银行
转账支票存根
支票号码:No. 25557677
科目________________
对方科目____________
签发日期:2020 年 2 月 6 日

收款人:江南市火车站
金额:¥300.00
用途:代垫运费
备注:

单位主管　　　会计
复　核　　　记账

表题 10－3　　**产品出库单**

购货单位:上安市浦江机械厂　　2020 年 12 月 6 日　　编号:006810

编号	名称及规格	单位	数量	单位成本	金额	备注
	A 产品	件	60			
合计						

第二联　交财务

表题 11－1　　**服务业发票**

发票联

客户名称:光明工业公司　　2020 年 12 月 6 日　　No. 006832

服务项目	单位	数量	单价	金额						
				万	千	百	十	元	角	分
市内运输费	次	1	60			¥	6	0	0	0
合计人民币(大写)⊗万⊗仟⊗佰陆拾元整				¥60.00						

第二联　发票联

开票单位:江南市商业储运公司　　开票人:卢彤

表题 12－1　　　　**增值税税收缴款书**

隶属关系：　　　　填发日期 2020 年 12 月 7 日

注册类型：　　　　征收机关：

缴款单位（人）	代码	200250812	电话	88670188	预算科目	编码	增值税
	全称	江南市光明工业公司				名称	
	开户银行	工商行江南市永庆路分理处				级次	
	账号	905156			收款国库		江南市金库
税款所属时期		2020年11月1日 至2020年11月30日			税款限缴日期 2020年12月15日		

品目 名称	课税 数量	计税金额或 销售收入	税率或 单位税额	已缴或 扣除额	税额 百	十	万	千	百	十	元	角	分
增值税								8	4	0	0	0	0
合 计							¥	8	4	0	0	0	0
合计金额	人民币（大写）捌仟肆佰元整												
缴款单位（人） （盖章） 经办人（章）	税务机关 （盖章） 填票人（章）	上列款项已收妥并划转收款单位账户 （转讫） 国库（银行）　盖章　　年　月　日		备注									

（无银行收讫章无效）　　　　逾期不缴按税法规定加收滞纳金

作完税凭证

第一联（收据）国库（经收处）收款人盖章后退缴款单位（人）

表题 12－2　　　　**城市维护建设税缴款书**

隶属关系：　　　　填发日期 2020 年 12 月 7 日

注册类型：　　　　征收机关：

缴款单位（人）	代码	200250812	电话	88670188	预算科目	编码	城市维护建设税
	全称	江南市光明工业公司				名称	
	开户银行	工商行江南市永庆路分理处				级次	
	账号	905156			收款国库		江南市金库
税款所属时期		2020年11月1日 至2020年11月30日			税款限缴日期 2020年12月15日		

品目 名称	课税 数量	计税金额或 销售收入	税率或 单位税额	已缴或 扣除额	税额 百	十	万	千	百	十	元	角	分
中等城市		8400.00	7%						5	8	0	0	0
合 计								¥	5	8	0	0	0
合计金额	人民币（大写）伍佰捌拾元整												
缴款单位（人） （盖章） 经办人（章）	税务机关 （盖章） 填票人（章）	上列款项已收妥并划转收款单位账户 （转讫） 国库（银行）　盖章　　年　月　日		备注									

（无银行收讫章无效）　　　　逾期不缴按税法规定加收滞纳金

作完税凭证

第一联（收据）国库（经收处）收款人盖章后退缴款单位（人）

表题 12－3

企业所得税缴款书

隶属关系：　　　　填发日期 2020 年 12 月 7 日

注册类型：　　　　征收机关：

<table>
<tr><td rowspan="4">缴款单位(人)</td><td>代码</td><td>200250812</td><td>电话</td><td>88670188</td><td rowspan="3">预算科目</td><td>编码</td><td colspan="9">企业所得税</td></tr>
<tr><td>全称</td><td colspan="3">江南市光明工业公司</td><td>名称</td><td colspan="9"></td></tr>
<tr><td>开户银行</td><td colspan="3">工商行江南市永庆路分理处</td><td>级次</td><td colspan="9"></td></tr>
<tr><td>账号</td><td colspan="3">905156</td><td colspan="2">收款国库</td><td colspan="9">江南市金库</td></tr>
<tr><td colspan="5">税款所属时期 2020年11月1日 至2020年11月30日</td><td colspan="11">税款限缴日期 2020年12月15日</td></tr>
<tr><td colspan="2" rowspan="2">品目名称</td><td rowspan="2">课税数量</td><td colspan="2" rowspan="2">计税金额或销售收入</td><td colspan="2" rowspan="2">税率或单位税额</td><td rowspan="2">已缴或扣除额</td><td colspan="9">实缴税额</td></tr>
<tr><td>百</td><td>十</td><td>万</td><td>千</td><td>百</td><td>十</td><td>元</td><td>角</td><td>分</td></tr>
<tr><td colspan="2">工业</td><td></td><td colspan="2"></td><td colspan="2"></td><td></td><td></td><td></td><td>1</td><td>6</td><td>4</td><td>1</td><td>2</td><td>0</td><td>0</td></tr>
<tr><td colspan="2"></td><td></td><td colspan="2"></td><td colspan="2"></td><td></td><td></td><td></td><td></td><td></td><td></td><td></td><td></td><td></td><td></td></tr>
<tr><td colspan="2">合 计</td><td></td><td colspan="2"></td><td colspan="2"></td><td></td><td></td><td>¥</td><td>1</td><td>6</td><td>4</td><td>1</td><td>2</td><td>0</td><td>0</td></tr>
<tr><td colspan="2">合计金额</td><td colspan="15">人民币(大写)壹万陆仟肆佰壹拾贰元整</td></tr>
<tr><td colspan="2">缴款单位(人)
(盖章)
经办人(章)</td><td colspan="2">税务机关
(盖章)
填票人(章)</td><td colspan="6">上列款项已收妥并划转收款单位账户
(转讫)
国库(银行)　盖章　　年　月　日</td><td>备注</td><td colspan="6"></td></tr>
</table>

（无银行收讫章无效）　　　　逾期不缴按税法规定加收滞纳金

作完税凭证

第一联（收据）国库（经收处）收款人盖章后退缴款单位（人）

表题 13－1

城市排水管理所收据

2020 年 12 月 7 日　　　　No. 287455

<table>
<tr><td colspan="3">今收到　光明工业公司</td></tr>
<tr><td colspan="3">交来　排水费</td></tr>
<tr><td colspan="3">人民币(大写)壹佰元整　　　　¥ 100.00</td></tr>
<tr><td>收款单位
盖　　章　（江南市排水管理所）</td><td>收款人</td><td>江河</td></tr>
</table>

第二联　付款方收执

表题 13－2

中国工商银行
转账支票存根
支票号码 No. 25557678
科　　目______________
对方科目______________
签发日期:2020 年 12 月 7 日

收款人:江南市排水管理所
金额:¥100.00
用途:排水费
备注:

单位主管　　　　会计
复　　核　　　　记账

表题 14－1　　　　**中国工商银行信汇凭证(回单)**

委托日期:2020 年 12 月 7 日　　　　第 0154 号

<table>
<tr><td rowspan="3">收款人</td><td>全称</td><td colspan="3">江苏南京胜利工厂</td><td rowspan="3">汇款人</td><td>全称</td><td colspan="3">光明工业公司</td></tr>
<tr><td>账号</td><td colspan="3">731251</td><td>账号</td><td colspan="3">905156</td></tr>
<tr><td>汇入地点</td><td>南京市县</td><td>汇入行名</td><td>下关分理处</td><td>汇出地点</td><td>南京市县</td><td>汇出行名</td><td>永庆路分理处</td></tr>
</table>

<table>
<tr><td rowspan="2">金额</td><td rowspan="2">人民币(大写)</td><td rowspan="2">壹万贰仟陆佰元整</td><td>千</td><td>百</td><td>十</td><td>万</td><td>千</td><td>百</td><td>十</td><td>元</td><td>角</td><td>分</td></tr>
<tr><td></td><td></td><td>¥</td><td>1</td><td>2</td><td>6</td><td>0</td><td>0</td><td>0</td><td>0</td></tr>
</table>

<table>
<tr><td>汇款用途:偿还欠款</td><td rowspan="3">工商行江南市永庆路分理处
汇出行盖章
2020 年 12 月 7 日</td></tr>
<tr><td>上列款项已根据委托办理,如需查询,请持此回单来行面洽</td></tr>
<tr><td>单位主管　　会计　　复核　　记账</td></tr>
</table>

此联是汇出行给汇款人的回单

表题 15－1　　　　**差旅费报销单**

出差起止日期:2020.12.3—2020.12.7　　　　共计 5 天

<table>
<tr><td colspan="2">姓名</td><td colspan="4">李明</td><td colspan="2">单位</td><td colspan="4">供应部</td><td colspan="4">出差事由</td><td colspan="4">采购</td></tr>
<tr><td rowspan="3">车种</td><td rowspan="3">车次</td><td colspan="8">时间</td><td rowspan="3">车船费</td><td rowspan="3">住宿费</td><td rowspan="3">市内交通费</td><td colspan="2">其他</td><td rowspan="3">未买卧铺补助</td><td colspan="3">出差补助</td><td rowspan="3">合计金额</td></tr>
<tr><td colspan="4">起始</td><td colspan="4">终止</td><td rowspan="2">摘要</td><td rowspan="2">金额</td><td rowspan="2">天数</td><td rowspan="2">标准</td><td rowspan="2">金额</td></tr>
<tr><td>月</td><td>日</td><td>时</td><td>地点</td><td>月</td><td>日</td><td>时</td><td>地点</td></tr>
<tr><td>火车</td><td>N47</td><td>12</td><td>3</td><td>7</td><td>江南</td><td>12</td><td>4</td><td>8</td><td>昆明</td><td>550.00</td><td>200.00</td><td>100.00</td><td></td><td></td><td></td><td>5</td><td>10.00</td><td>50.00</td><td>900.00</td></tr>
<tr><td>火车</td><td>N48</td><td>12</td><td>6</td><td>15</td><td>昆明</td><td>12</td><td>7</td><td>17</td><td>江南</td><td></td><td></td><td></td><td></td><td></td><td></td><td></td><td></td><td></td><td></td></tr>
<tr><td colspan="20">合计报销金额:人民币(大写)玖佰元整　　　　¥900.00</td></tr>
<tr><td colspan="20">备注:原借:800.00　报销 900.00　补付 100.00</td></tr>
</table>

附件共 16 张

财务审核:许志　　　　报销单位负责人:李明　　　　报销时间:2020.12.8

表题 16－1

托收承付凭证(承付支款通知)⑤

委托日期 2020 年 12 月 5 日　　　　托收号码:251

<table>
<tr><td rowspan="3">付款人</td><td>全称</td><td colspan="4">光明工业公司</td><td rowspan="3">收款人</td><td>全称</td><td colspan="10">昆明钢铁厂</td></tr>
<tr><td>账号或地址</td><td colspan="4">905156</td><td>账号或地址</td><td colspan="10">1314580</td></tr>
<tr><td>开户银行</td><td colspan="4">江南市永庆路分理处</td><td>开户银行</td><td colspan="10">昆明市云西路办事处</td></tr>
<tr><td rowspan="2">金额</td><td rowspan="2">人民币
(大写)</td><td colspan="6" rowspan="2">陆万柒仟壹佰贰拾元整</td><td>千</td><td>百</td><td>十</td><td>万</td><td>千</td><td>百</td><td>十</td><td>元</td><td>角</td><td>分</td></tr>
<tr><td></td><td></td><td>¥</td><td>6</td><td>7</td><td>1</td><td>2</td><td>0</td><td>0</td><td>0</td></tr>
<tr><td colspan="3">附件</td><td colspan="4">商品发运情况</td><td colspan="11">合同名称号码</td></tr>
<tr><td colspan="2">附寄单证张数或册数</td><td>2</td><td colspan="4">发运</td><td colspan="11">购销合同 78－645 号</td></tr>
<tr><td colspan="2">备注:</td><td colspan="16">付款人注意:
1. 根据结算办法规定,上列托收款项,如超过承付期并未拒付时,即视同全部承付,如系全额支付即以此联代支款通知;如遇延付时,再由银行另送延付部分支付的支款通知。
2. 如需提前承付或多承付时,应另写书面通知送银行办理。
3. 如系全部或部分拒付,应在承付期限内另填拒绝承付理由书送银行办理。</td></tr>
</table>

此联是付款人开户行通知付款人按期承付货款的承付(支款)通知

单位主管　　会计　　复核　　记账　　付款单位开户银行盖章 2020 年 12 月 8 日

表题 16－2

铁路运费杂费收据

付款单位或姓名:昆明钢铁厂　　2020 年 12 月 5 日　　No. 007635

<table>
<tr><td>原运输票据</td><td colspan="2"></td><td colspan="2">办理种别</td><td></td></tr>
<tr><td>发站</td><td>昆明</td><td>到站</td><td colspan="3">江南市</td></tr>
<tr><td>车种车号</td><td colspan="5">N48</td></tr>
<tr><td>货物名称</td><td>件数</td><td>包装</td><td>重量</td><td colspan="2">计费重量</td></tr>
<tr><td>甲材料</td><td></td><td>箱</td><td>2 000 kg</td><td colspan="2">2 000 kg</td></tr>
<tr><td>乙材料</td><td></td><td>箱</td><td>2 500 kg</td><td colspan="2">2 500 kg</td></tr>
<tr><td>类别</td><td>费率</td><td>数量</td><td>金额</td><td colspan="2">附记</td></tr>
<tr><td>运费</td><td></td><td></td><td>400.00</td><td colspan="2" rowspan="5"></td></tr>
<tr><td>搬运</td><td></td><td></td><td>50.00</td></tr>
<tr><td>合计</td><td></td><td></td><td>450.00</td></tr>
<tr><td colspan="4">合计(大写)肆佰伍拾元整</td></tr>
<tr><td colspan="4">收款单位:昆明市火车站　　　　经办人:王发</td></tr>
</table>

表题 16－3

增值税专用发票

发票联

No. 0076383

开票日期:2020 年 12 月 5 日

购货单位	名称	光明工业公司	纳税人登记号	200250812
	地址、电话	江南市永庆路25号 88670188	开户银行及账号	江南市永庆路分理处905156

货物或应税劳务名称	计量单位	数量	单价	金额									税率(%)	税额								
				百	十	万	千	百	十	元	角	分		百	十	万	千	百	十	元	角	分
甲材料	公斤	2 000	12.00			2	4	0	0	0	0	0	13				3	1	2	0	0	0
乙材料	公斤	2 500	14.00			3	5	0	0	0	0	0	13				4	5	5	0	0	0
合 计					¥	5	9	0	0	0	0	0				¥	7	6	7	0	0	0
价税合计(大写)	⊗陆万陆仟陆佰柒拾元整													¥66670.00								
备 注																						

销货单位	名称	昆明钢铁厂	纳税人登记号	700356
	地址、电话	昆明市云西路85号	开户银行及账号	昆明市云西路办事处 1314580

销货单位(章):(昆明钢铁厂)　收款人:李海　复核:张文　开票人:林松

第三联 发票联 购货方记账联

表题 16－4

增值税专用发票

抵扣联

No. 0076383

开票日期:2020 年 12 月 5 日

购货单位	名称	光明工业公司	纳税人登记号	200250812
	地址、电话	江南市永庆路25号 88670188	开户银行及账号	江南市永庆路分理处905156

货物或应税劳务名称	计量单位	数量	单价	金额									税率(%)	税额								
				百	十	万	千	百	十	元	角	分		百	十	万	千	百	十	元	角	分
甲材料	公斤	2 000	12.00			2	4	0	0	0	0	0	13				3	1	2	0	0	0
乙材料	公斤	2 500	14.00			3	5	0	0	0	0	0	13				4	5	5	0	0	0
合 计					¥	5	9	0	0	0	0	0				¥	7	6	7	0	0	0
价税合计(大写)	⊗陆万陆仟陆佰柒拾元整													¥66670.00								
备 注																						

销货单位	名称	昆明钢铁厂	纳税人登记号	700356
	地址、电话	昆明市云西路85号	开户银行及账号	昆明市云西路办事处 1314580

销货单位(章):(昆明钢铁厂)　收款人:李海　复核:张文　开票人:林松

第二联 抵扣联 购货方作抵扣税款凭证

表题 17－1

领 料 单

领料单位:生产车间　　　　2020 年 12 月 9 日　　　　编号:006789

用途	生产 B 产品		材料类别及编号	主要材料 103	
材料名称及规格	计量单位	数量		单价	金额	备注
		领料	实际			
丙材料	千克	500	500	10.00	5 000.00	

领料单位负责人:周健　　领料:王峰　　发料:张飞　　审核:刘源

第二联　财务科核算

表题 18－1

领 料 单

领料单位:生产车间　　　　2020 年 12 月 9 日　　　　编号:006790

用途	车间一般消耗		材料类别及编号	主要材料 102	
材料名称及规格	计量单位	数量		单价	金额	备注
		领料	实际			
乙材料	千克	200	200	14.00	2 800.00	

领料单位负责人:周健　　领料:王峰　　发料:张飞　　审核:刘源

第二联　财务科核算

表题 19－1

中国工商银行借款凭证　4

银行编号:467851　　　　2020 年 12 月 9 日

<table>
<tr><td>购货单位</td><td colspan="2">江南市光明工业公司</td><td colspan="9">贷款申请书编号</td><td colspan="2">200250812</td></tr>
<tr><td rowspan="2">贷款金额</td><td colspan="2" rowspan="2">人民币：拾万元整</td><td>百</td><td>十</td><td>万</td><td>千</td><td>百</td><td>十</td><td>元</td><td>角</td><td>分</td><td rowspan="2">还款日期</td><td rowspan="2">2021 年 6 月 9 日</td></tr>
<tr><td>¥</td><td>1</td><td>0</td><td>0</td><td>0</td><td>0</td><td>0</td><td>0</td><td>0</td></tr>
<tr><td rowspan="2">银行核定金额</td><td rowspan="2" colspan="5">（大写）拾万元整</td><td colspan="7">银行核定还款日期</td><td>2021 年 6 月 9 日</td></tr>
<tr><td colspan="7">银行实际发出日期</td><td>2020 年 12 月 9 日</td></tr>
<tr><td colspan="6">兹向你行贷到上列贷款，到期时请凭此借据从本单位存款账户内收回。
此致
中国工商银行　分行
永庆路办事处
贷款单位（章）（盖预留印签）负责任（章）许志</td><td colspan="8">上项贷款已按银行核定金额发放，并收入你单位　账户。
此致
江南市光明工业公司单位
银行签章：永庆路办事处
2020 年 12 月 9 日</td></tr>
</table>

还款记录	日期	还款金额	未还金额	记账员	复核员	日期	还款金额	未还金额	记账员	复核员

此联经银行签章后代收账通知

表题 20－1

收 料 单

供应单位:昆明钢铁厂　　　　收料单编号:04513

发票号码:No. 0076283　　　　2020 年 12 月 9 日　　　　收料仓库:一库

材料编号	材料名称及规格	计量单位	数量		实际成本				
			应收	实收	单价	发票价格	运杂费	单位成本	合计
101	甲材料	千克	2 000	2 000	12.00	24 000.00	200.00	12.10	24 200.00
备注									

收料人员:张飞　　　　检验人员:张力　　　　填单人员:李明

表题 20－2

收 料 单

供应单位:昆明钢铁厂　　　　收料编号:04514

发票号码:No. 0076383　　　　2020 年 12 月 9 日　　　　收料仓库:一库

材料编号	材料名称及规格	计量单位	数量		实际成本				
			应收	实收	单价	发票价格	运杂费	单位成本	合计
102	乙材料	千克	2 500	2 500	14.00	35 000.00	250.00	14.10	35 250.00
备注									

收料人员:张飞　　　　检验人员:张力　　　　填单人员:李明

表题 21－1

固定资产调拨单

调出单位:江南市工业总公司

调入单位:江南市光明工业公司　　　　2020 年 12 月 9 日

调拨原因及依据		投资		评估确认价值			38 000.00	
固定资产名称	规格及型号	单位	数量	预计使用年数	已使用年数	原值	已提折旧	净值
铣床	G038	台	1	20	4	50 000.00	10 000.00	40 000.00
调出单位 签章: 财务: 经办:		江南市工业总公司 (公章)		调入单位 签章: 财务: 经办:			江南市光明工业公司 (公章)	

表题 22－1　　　　**中国工商银行信汇凭证（收账通知）　4**

委托日期：2020 年 12 月 4 日　　　　第 01560 号

<table>
<tr><td rowspan="3">收款人</td><td>全称</td><td colspan="3">光明工业公司</td><td rowspan="3">汇款人</td><td>全称</td><td colspan="3">天津刀具厂</td></tr>
<tr><td>账号</td><td colspan="3">905156</td><td>账号</td><td colspan="3">51719</td></tr>
<tr><td>汇入地点</td><td>江南市县</td><td>汇入行名</td><td>江南市永庆路分理处</td><td>汇出地点</td><td>天津市县</td><td>汇出行名</td><td>天津市和平区办事处</td></tr>
<tr><td>金额</td><td>人民币（大写）</td><td colspan="4">壹万贰仟元整</td><td colspan="4"><table><tr><td>千</td><td>百</td><td>十</td><td>万</td><td>千</td><td>百</td><td>十</td><td>元</td><td>角</td><td>分</td></tr><tr><td></td><td></td><td>¥</td><td>1</td><td>2</td><td>0</td><td>0</td><td>0</td><td>0</td><td>0</td></tr></table></td></tr>
<tr><td colspan="5">汇款用途：偿还前欠货款</td><td colspan="5">留行代取预留
收款人印鉴</td></tr>
<tr><td colspan="3">上列款项已代进账，如有错误，请持此联来行面洽。
汇入行盖章
2020 年 12 月 9 日</td><td colspan="3">上列款项已照收无误。
收款人盖章
2020 年 12 月 9 日</td><td colspan="4">科目（付）
对方科目（收）
汇入行解汇日期　年　月　日
复核　出纳　记账</td></tr>
</table>

此联是收款人的收账通知或代取款收据

表题 23－1

中国工商银行
现金支票存根
支票号码 No. 2454747
科　　目＿＿＿＿＿＿＿＿
对方科目＿＿＿＿＿＿＿＿
签发日期：2020 年 12 月 10 日

收款人：光明工业园
金额：¥800.00
用途：备用金
备注：

单位主管　　　会计
复　　核　　　记账

表题 24－1　　**中国工商银行信汇凭证(收账通知)　4**

委托日期:2020年12月7日　　第085号

<table>
<tr><td rowspan="3">收款人</td><td>全称</td><td colspan="3">光明工业公司</td><td rowspan="3">汇款人</td><td>全称</td><td colspan="3">天津机械厂</td></tr>
<tr><td>账号</td><td colspan="3">905156</td><td>账号</td><td colspan="3">101756</td></tr>
<tr><td>汇入地点</td><td>江南市县</td><td>汇入行名</td><td>江南市永庆路分理处</td><td>汇出地点</td><td>天津市县</td><td>汇出行名</td><td>天津市和平区办事处</td></tr>
<tr><td>金额</td><td>人民币(大写)</td><td colspan="8">肆万捌仟叁佰元整</td></tr>
<tr><td colspan="5">汇款用途:偿还前欠贷款</td><td colspan="5">留行代取预留
收款人印鉴</td></tr>
<tr><td colspan="3">上列款项已代进账,如有错误,请持此联来行面洽。
汇入行盖章
2020年12月10日</td><td colspan="3">上列款项已照收无误。
收款人盖章
2020年12月10日</td><td colspan="4">科目(付)
对方科目(收)
汇入行解汇日期　年　月　日
复核　出纳　记账</td></tr>
</table>

千	百	十	万	千	百	十	元	角	分
		¥	4	8	3	0	0	0	0

此联是收款人的收账通知或代取款收据

表题 25－1　　**中国工商银行信汇凭证(收账通知)　4**

委托日期:2020年12月6日　　第083432号

<table>
<tr><td rowspan="3">收款人</td><td>全称</td><td colspan="3">光明工业公司</td><td rowspan="3">汇款人</td><td>全称</td><td colspan="3">上安市浦江机械厂</td></tr>
<tr><td>账号</td><td colspan="3">905156</td><td>账号</td><td colspan="3">101756</td></tr>
<tr><td>汇入地点</td><td>江南市县</td><td>汇入行名</td><td>江南市永庆路分理处</td><td>汇出地点</td><td>上安市县</td><td>汇出行名</td><td>上安市淮南道办事处</td></tr>
<tr><td>金额</td><td>人民币(大写)</td><td colspan="8">叁万伍仟肆佰元整</td></tr>
<tr><td colspan="5">汇款用途:偿还前欠货款</td><td colspan="5">留行代取预留
收款人印鉴</td></tr>
<tr><td colspan="3">上列款项已代进账,如有错误,请持此联来行面洽。
汇入行盖章
2020年12月10日</td><td colspan="3">上列款项已照收无误。
收款人盖章
2020年12月10日</td><td colspan="4">科目(付)
对方科目(收)
汇入行解汇日期　年　月　日
复核　出纳　记账</td></tr>
</table>

千	百	十	万	千	百	十	元	角	分
		¥	3	5	4	0	0	0	0

此联是收款人的收账通知或代取款收据

表题 26－1

委托收款凭证(回单)1

委托日期 2020 年 12 月 10 日　　托收号码:00377

付款人	全称	南京新欣工厂	收款人	全称	光明工业公司
	账号	431600		账号	905156
	汇入地点	玄武区中山路分理处		汇出地点	江南市永庆路分理处

金额	人民币(大写)	贰万贰仟玖佰元整	千	百	十	万	千	百	十	元	角	分
					¥	2	2	9	0	0	0	0

款项内容	销售 B 产品	委托收款凭证名称	发票、运费收据	附寄单证张数	2
备注:				款项收妥日期 年　月　日	收款人开户行盖章

单位主管:　　会计:　　复核:　　记账:

此联是收款人开户银行给收款人的回单

表题 26－2

增值税专用发票

记账联

开票日期:2020 年 12 月 6 日　　No. 0058626

购货单位	名　称	南京新欣工厂	纳税人登记号	931596
	地址、电话	光明路34号	开户银行及账号	宣武区中山路办事处431600

货物或应税劳务名称	计量单位	数量	单价	百	十	万	千	百	十	元	角	分	税率(%)	税额 百	十	万	千	百	十	元	角	分
B产品	件	50	400.00			2	0	0	0	0	0	0	13				2	6	0	0	0	0
合　计					¥	2	0	0	0	0	0	0				¥	2	6	0	0	0	0

价税合计(大写)	⊗贰万贰仟陆佰元整　　¥22600.00			
备　注				
销货单位	名　　称	光明工业公司	纳税人登记号	200250812
	地址、电话	江南市永庆路25号 88670188	开户银行及账号	江南市永庆路分理处 905156

销货单位(章):光明工业公　　收款人:吕文娜　　复核:王珊　　开票人:刘畅

第一联　记账联　销货方记账

表题 26－3

产品出库单

购货单位:南京新欣工厂　　2020 年 12 月 10 日　　编号:006811

编号	名称及规格	单位	数量	单位成本	金额	备注
	B 产品	件	50			
合计						

第二联　交付财务

表题 26－4

中国工商银行
转账支票存根
支票号码 No. 25557679
科　　目________________
对方科目________________
签发日期:2020年12月10日

收款人:江南市火车站
金额:¥300.00
用途:代垫运费
备注:

单位主管　　　　会计
复　　核　　　　记账

表题 27－1　　　**行政事业性收费专用收款收据**

填发日期:2020年12月12日　　　　第22598500号

交款单位或交款人	王胜军	收费许可证	字第　　号
收费项目	培训费		
计费标准	100.00		
收费金额	人民币(大写):壹佰元整		
	¥100.00		
收款单位	江南市电力公司(公章)	收款人	张丽丽

第二联　记账凭证

表题 28－1

中国工商银行
转账支票存根
支票号码 No. 25557680
科　　目________________
对方科目________________
签发日期:2020年12月13日

收款人:黄河工厂
金额:¥8500.00
用途:偿还前欠货款
备注:

单位主管　　　　会计
复　　核　　　　记账

表题 29－1

广告业专用发票

发票联

客户名称：光明工业公司　　2020 年 12 月 13 日　　No. 73258

服务项目	单位	数量	单价	金额						
				万	千	百	十	元	角	分
电视广告费	次	1	1000		1	0	0	0	0	0
合计人民币（大写）　壹仟元整				￥1000.00						

开票单位	江南市电视台	开户银行	广源路分理处	银行账号	35721	备注	

开票人（章）：刘振　　收款（章）：何强

第二联　发票联

表题 29－2

中国工商银行

转账支票存根

支票号码：No. 25557681

科　　目________________

对方科目________________

签发日期：2020 年 12 月 13 日

收款人：江南市电视台
金额：￥1000.00
用途：支付广告费
备注：

单位主管　　会计

复　　核　　记账

表题 30－1

增值税专用发票

记账联　　No. 0058625

开票日期：2020 年 12 月 13 日

购货单位	名 称	天津市机械厂	纳税人登记号	123005
	地址、电话	和平路 32 号	开户银行及帐号	和平区办事处

货物或应税劳务名称	计量单位	数量	单价	金 额									税率（%）	税额								
				百	十	万	千	百	十	元	角	分		百	十	万	千	百	十	元	角	分
A产品	件	50	500.00			2	5	0	0	0	0	0	13				3	2	5	0	0	0
B产品	件	40	400.00			1	6	0	0	0	0	0					2	0	8	0	0	0
合计					￥	4	1	0	0	0	0	0				￥	5	3	3	0	0	0
价税合计（大写）	⊗肆万陆仟叁佰叁拾元整　　￥46330.00																					
备　　注																						

销货单位	名 称	光明工业公司	纳税人登记号	200250812
	地址、电话	江南市永庆路25号　88670188	开户银行及账号	江南市永庆路分理处 905156

销货单位（章）：光明工业公司　　收款人：吕文娜　　复核：王珊　　开票人：刘畅

第一联　记账联　销货方记账

表题 30－2

中国工商银行
转账支票存根
支票号码:No. 25557682
科　　目________________
对方科目________________
签发日期:2020年12月13日

收款人:江南市火车站
金额:¥330.00
用途:代垫运费
备注:

单位主管　　　　会计
复　　核　　　　记账

表题 30－3

产品出库单

购货单位:天津机械厂　　　　2020年12月13日　　　　编号:006812

编号	名称及规格	单位	数量	单位成本	金额	备注
	A产品	件	50			
	B产品	件	40			
合计						

第二联　交财务

表题 31－1

中国工商银行
现金支票存根
支票号码 No. 2454748
科　　目________________
对方科目________________
签发日期:2020年12月13日

收款人:
金额:¥26000.00
用途:备发工资
备注:

单位主管　　　　会计
复　　核　　　　记账

表题 32－1

工资结算汇总表

2020 年 12 月 13 日

姓名	基本工资	加班加点	奖金	应付工资	代扣款项	实发金额
蓝天	11 500	500		12 000		12 000
白云	8 000			8 000		8 000
凯越	3 000			3 000		3 000
关山	3 000			3 000		3 000
合计	25 500	500		26 000		26 000

劳资部门主管:刘华　　　　会计主管:许志　　　　编制:王珊

表题 33－1

商业销售发票

发票联

客户名称:光明工业公司　　　　2020 年 12 月 15 日　　　　No. 00853

服务项目	单位	数量	单价	金额						
				万	千	百	十	元	角	分
业务学习资料	本	30	4.00			1	2	0	0	0
合计					¥	1	2	0	0	0
合计人民币(大写)　⊗万⊗仟壹佰贰拾元整				¥120.00						

第二联　付款方收执

开票单位(章):江南市新华书店　　　　开票人:刘峰

表题 33－2

中国工商银行

转账支票存根

支票号码 No. 25557683

科　　目________________

对方科目________________

签发日期:2020 年 12 月 15 日

收款人:江南市新华书店
金额:¥120.00
用途:购书
备注:

单位主管　　　　会计

复　　核　　　　记账

表题 34－1

领 料 单

领料单位:生产车间　　2020 年 12 月 15 日　　编号:006791

用途	生产 A 产品			材料类别及编号	主要材料 101	
材料名称及规格	计量单位	数量		单价	金额	备注
		领料	实际			
甲材料	公斤	200	200	12.00	2 400.00	

领料单位负责人:周健　　领料:徐岑　　发料:张飞　　审核:刘源

第二联　财务科核算

表题 34－2

领 料 单

领料单位:生产车间　　2020 年 12 月 15 日　　编号:006792

用途	生产 A 产品			材料类别及编号	主要材料 102	
材料名称及规格	计量单位	数量		单价	金额	备注
		领料	实际			
乙材料	公斤	100	100	14.00	1 400.00	

领料单位负责人:周健　　领料:徐岑　　发料:张飞　　审核:刘源

第二联　财务科核算

表题 34－3

领 料 单

领料单位:生产车间　　2020 年 12 月 15 日　　编号:006793

用途	生产 A 产品			材料类别及编号	主要材料 103	
材料名称及规格	计量单位	数量		单价	金额	备注
		领料	实际			
丙材料	公斤	40	40	10.00	400.00	

领料单位负责人:周健　　领料:徐岑　　发料:张飞　　审核:刘源

第二联　财务科核算

表题 35－1　　**增值税专用发票**

记 账 联　　No. 0058628

开票日期:2020 年 12 月 17 日

购货单位	名 称	江南市纺织厂			纳税人登记号										2003466									
	地址、电话	光明路 7 号			开户银行及账号										光明路办事处									
货物或应税劳务名称		计量单位	数量	单价	金 额									税率(%)	税额									
					百	十	万	千	百	十	元	角	分		百	十	万	千	百	十	元	角	分	
B产品		件	50	400.00			2	0	0	0	0	0	0	13				2	6	0	0	0	0	
合计						¥	2	0	0	0	0	0	0				¥	2	6	0	0	0	0	
价税合计（大写）		⊗贰万贰仟陆佰元整　　¥22600.00																						
备　　注																								
销货单位	名 称	光明工业公司			纳税人登记号										200250812									
	地址、电话	江南市永庆路25号 88670188			开户银行及账号										江南市永庆路分理处 905156									

销货单位(章):光明工业公司　　收款人:吕文娜　　复核:王珊　　开票人:刘畅

第一联　记账联　销货方记账

表题 35－2　　**产品出库单**

购货单位:江南市纺织厂　　2020 年 12 月 13 日　　编号:006812

编号	名称及规格	单位	数量	单位成本	金额	备注
	B 产品	件	50			
合计						

第二联　交财务

表题 35－3　　**中国工商银行进账单（回单或收账通知）**

隶属关系:

委托日期:2020 年 12 月 17 日

注册类型:　　征收机关:

收款人	全称	光明工业公司	付款人	全称	江南市纺织厂
	账号	905156		账号	2662181
	开户银行	江南市永庆路分理处		开户银行	光明路办事处
金额	人民币（大写）	贰万贰仟陆佰元整		千 百 十 万 千 百 十 元 角 分	¥ 2 2 6 0 0 0 0
票据种类	转账支票		收款人开户行盖章		
票据张数	1				
单位主管　会计　复合　记账					

此联是收款人开户行给收款人的回单或收账通知

表题 36 - 1

中国工商银行
转账支票存根
支票号码 No. 25557684
科　　目________________
对方科目________________
签发日期:2020 年 12 月 17 日

收款人:江南市大兴运输站
金额: ¥1710.00
用途:归还其他应付款
备注:

单位主管　　　会计
复　　核　　　记账

表题 37 - 1　　　**委托收款凭证(收账通知)**

委托日期 2020 年 12 月 10 日　　　托收号码:00377

<table>
<tr><td rowspan="3">付款人</td><td>全称</td><td colspan="2">南京新欣工厂</td><td rowspan="3">收款人</td><td>全称</td><td colspan="10">光明工业公司</td></tr>
<tr><td>账号</td><td colspan="2">431600</td><td>账号</td><td colspan="10">905156</td></tr>
<tr><td>汇入地点</td><td colspan="2">宣武区中山路分理处</td><td>汇出地点</td><td colspan="10">江南市永庆路分理处</td></tr>
<tr><td rowspan="2">金额</td><td rowspan="2">人民币(大写)</td><td colspan="4" rowspan="2">贰万叁仟柒佰元整</td><td>千</td><td>百</td><td>十</td><td>万</td><td>千</td><td>百</td><td>十</td><td>元</td><td>角</td><td>分</td></tr>
<tr><td></td><td></td><td>¥</td><td>2</td><td>3</td><td>7</td><td>0</td><td>0</td><td>0</td><td>0</td></tr>
<tr><td>款项内容</td><td>销售 B 产品</td><td>委托收款凭证名称</td><td colspan="3">发票、运费收据</td><td colspan="5">附寄单证张数</td><td colspan="5">2</td></tr>
<tr><td colspan="3">备注</td><td colspan="13">上列款项:
1. 已全部划回收入你方账户
2. 已收回部分款项收入你方账户
3. 全部未收到
收款人开户行盖章
2020 年 12 月 17 日</td></tr>
</table>

此联是收款人开户行给收款人的回单或收账通知

单位主管　　　会计　　　复核　　　记账

表题 38 - 1　　　**江南市电信局收费专用收据**

客户名称:光明工业公司　　　客户号码:88670188

<table>
<tr><td colspan="2">2020 年 12 月 20 日</td></tr>
<tr><td colspan="2">电话费:1500.00　传真费:500.00</td></tr>
<tr><td>备注:</td><td>本次交纳:2000.00　上次余额:0　本次余额:0</td></tr>
<tr><td>金额(大写)</td><td>贰仟元整</td></tr>
</table>

报销凭证

表题 38－2

中国工商银行
转账支票存根
支票号码 No. 25557685
科　　目________________
对方科目________________
签发日期:2020 年 12 月 20 日

收款人:江南市电信局
金额:¥2000.00
用途:交电话费
备注:

单位主管　　　　会计
复　　合　　　　记账

表题 39－1

商业销售发票

发票联

客户名称:光明工业公司　　　　2020 年 12 月 20 日　　　　No. 0078324

商品名称	规格	单位	数量	单价	金额						
					万	千	百	十	元	角	分
消防器材	H02	件	80	25		2	0	0	0	0	0
合计					¥	2	0	0	0	0	0
合计人民币(大写)　贰仟元整											

第二联　付款方收执

开票单位(章):江南市卫民消防器材商店　　　　开票人:冯书明

表题 39－2

中国工商银行
转账支票存根
支票号码 No. 25557686
科　　目________________
对方科目________________
签发日期:2020 年 12 月 20 日

收款人:卫民消防器材商店
金额:¥2000.00
用途:购买消防器材
备注:

单位主管　　　　会计
复　　核　　　　记账

表题 40－1　　**增值税专用发票**

记 账 联　　No. 0058629

开票日期:2020 年 12 月 20 日

<table>
<tr><td rowspan="2">购货单位</td><td>名　称</td><td colspan="3">江南市汽车修配厂</td><td colspan="9">纳税人登记号</td><td colspan="10">478211</td></tr>
<tr><td>地址、电话</td><td colspan="3">北大街8号</td><td colspan="9">开户银行及账号</td><td colspan="10">北大街办事处</td></tr>
<tr><td colspan="2" rowspan="2">货物或应税劳务名称</td><td rowspan="2">计量单位</td><td rowspan="2">数量</td><td rowspan="2">单价</td><td colspan="9">金额</td><td>税率</td><td colspan="9">税额</td></tr>
<tr><td>百</td><td>十</td><td>万</td><td>千</td><td>百</td><td>十</td><td>元</td><td>角</td><td>分</td><td>(%)</td><td>百</td><td>十</td><td>万</td><td>千</td><td>百</td><td>十</td><td>元</td><td>角</td><td>分</td></tr>
<tr><td colspan="2">B产品</td><td>件</td><td>50</td><td>400.00</td><td></td><td></td><td>2</td><td>0</td><td>0</td><td>0</td><td>0</td><td>0</td><td>0</td><td>13</td><td></td><td></td><td></td><td>2</td><td>6</td><td>0</td><td>0</td><td>0</td><td>0</td></tr>
<tr><td colspan="2"></td><td></td><td></td><td></td><td></td><td></td><td></td><td></td><td></td><td></td><td></td><td></td><td></td><td></td><td></td><td></td><td></td><td></td><td></td><td></td><td></td><td></td><td></td></tr>
<tr><td colspan="2">合 计</td><td></td><td></td><td></td><td></td><td>¥</td><td>2</td><td>0</td><td>0</td><td>0</td><td>0</td><td>0</td><td>0</td><td></td><td></td><td></td><td>¥</td><td>2</td><td>6</td><td>0</td><td>0</td><td>0</td><td>0</td></tr>
<tr><td colspan="2">价税合计(大写)</td><td colspan="22">⊗贰万贰仟陆佰元整　　¥22600.00</td></tr>
<tr><td colspan="2">备 注</td><td colspan="22"></td></tr>
<tr><td rowspan="2">销货单位</td><td>名　称</td><td colspan="3">光明工业公司</td><td colspan="9">纳税人登记号</td><td colspan="10">200250812</td></tr>
<tr><td>地址、电话</td><td colspan="3">江南市永庆路25号
88670188</td><td colspan="9">开户银行及账号</td><td colspan="10">江南市永庆路分理处
905156</td></tr>
</table>

第一联　记账联　销货方记账

销货单位(章):光明工业公司　　收款人:吕文娜　　复核:王珊　　开票人:刘畅

表题 40－2　　**中国工商银行进账单(回单或收账通知)1**

委托日期:2020 年 12 月 20 日　　第 07788 号

<table>
<tr><td rowspan="3">收款人</td><td>全称</td><td colspan="3">光明工业公司</td><td rowspan="3">付款人</td><td>全称</td><td colspan="10">江南市汽车修配厂</td></tr>
<tr><td>账号</td><td colspan="3">905156</td><td>账号</td><td colspan="10">898501</td></tr>
<tr><td>汇入地点</td><td colspan="3">江南市永庆路分理处</td><td>汇出地点</td><td colspan="10">北大街办事处</td></tr>
<tr><td rowspan="2">金额</td><td rowspan="2">人民币(大写)</td><td colspan="5" rowspan="2">贰万贰仟陆佰元整</td><td>千</td><td>百</td><td>十</td><td>万</td><td>千</td><td>百</td><td>十</td><td>元</td><td>角</td><td>分</td></tr>
<tr><td></td><td></td><td>¥</td><td>2</td><td>2</td><td>6</td><td>0</td><td>0</td><td>0</td><td>0</td></tr>
<tr><td colspan="2">票据种类</td><td colspan="2">转账支票</td><td colspan="13" rowspan="3">收款人开户行盖章</td></tr>
<tr><td colspan="2">票据张数</td><td colspan="2">1</td></tr>
<tr><td colspan="4">单位主管　会计　复合　记账</td></tr>
</table>

此联是收款人开户行给收款人的回单或收账通知

表题 40－3　　**产品出库单**

购货单位:江南市汽车修配厂　　2020 年 12 月 20 日　　编号:006814

编号	名称及规格	单位	数量	单位成本	金额	备注
	B 产品	件	50			
合计						

第二联　交财务

表题 41－1

中国工商银行特种转账传票

委托日期:2020 年 12 月 20 日

收款单位	全称	永庆路分理处	付款单位	全称	光明工业公司
	账号	501002		账号	905156
	开户银行	永庆路分理处		开户银行	永庆路分理处

金额	人民币（大写）	千	百	十	万	千	百	十	元	角	分
	贰仟元整				¥	2	0	0	0	0	0

原凭证金额		赔偿金		科目(付)________________ 对方科目(收)________________ 复核　　　　　记账
原凭证名称		号码		
转账原因	归还利息 （银行盖章）			

代收入或付出凭证（代收账或支付通知）附件

表题 42－1

增值税专用发票

记 账 联　　　　No. 0058630

开票日期:2020 年 12 月 20 日

购货单位	名 称	江南市跃进工厂		纳税人登记号	46231
	地址、电话	通道街 32 号		开户银行及账号	新城办事处

货物或应税劳务名称	计量单位	数量	单价	金额 百	十	万	千	百	十	元	角	分	税率(%)	税额 百	十	万	千	百	十	元	角	分
A产品	件	20	500.00			1	0	0	0	0	0	0	13				1	3	0	0	0	0
合计					¥	1	0	0	0	0	0	0				¥	1	3	0	0	0	0
价税合计（大写）	⊗壹万壹仟叁佰元整　　¥11300.00																					
备　注																						

销货单位	名 称	光明工业公司	纳税人登记号	200250812
	地址、电话	江南市永庆路25号 88670188	开户银行及账号	江南市永庆路分理处 905156

销货单位(章):光明工业公司　收款人:吕文娜　复核:王珊　开票人:刘畅

第一联　记账联　销货方记账

表题 42－2

产品出库单

购货单位:江南市跃进工厂　2020 年 12 月 20 日　编号:006815

编号	名称及规格	单位	数量	单位成本	金额	备注
	A 产品	件	20			
合计						

第二联　交财务

表题 42－3 **中国工商银行进账单(回单或收账通知)1**

委托日期:2020 年 12 月 20 日 第 07801 号

<table>
<tr><td rowspan="3">收款人</td><td>全称</td><td colspan="2">光明工业公司</td><td rowspan="3">付款人</td><td>全称</td><td colspan="10">江南市跃进工厂</td></tr>
<tr><td>账号</td><td colspan="2">905156</td><td>账号</td><td colspan="10">4562781</td></tr>
<tr><td>开户银行</td><td colspan="2">江南市永庆路分理处</td><td>开户银行</td><td colspan="10">新城办事处</td></tr>
<tr><td rowspan="2">金额</td><td rowspan="2">人民币
(大写)</td><td colspan="4" rowspan="2">壹万壹仟叁佰元整</td><td>千</td><td>百</td><td>十</td><td>万</td><td>千</td><td>百</td><td>十</td><td>元</td><td>角</td><td>分</td></tr>
<tr><td></td><td></td><td>¥</td><td>1</td><td>1</td><td>3</td><td>0</td><td>0</td><td>0</td><td>0</td></tr>
<tr><td colspan="2">票据种类</td><td colspan="2">转账支票</td><td colspan="12" rowspan="3">收款人开户行盖章</td></tr>
<tr><td colspan="2">票据张数</td><td colspan="2">1</td></tr>
<tr><td colspan="4">单位主管　会计　复合　记账</td></tr>
</table>

此联是收款人开户行给收款人的回单或收账通知

表题 43－1

中国工商银行
转账支票存根
支票号码 No. 25557687
科　　目________________
对方科目________________
签发日期:2020 年 12 月 20 日

收款人:中华工厂
金额:¥2000.00
用途:偿还前欠货款
备注:

单位主管　　会计
复　核　　记账

表题 44－2

中国工商银行
转账支票存根
支票号码 No. 25557688
科　　目________________
对方科目________________
签发日期:2020 年 12 月 21 日

收款人:江南市百货商场
金额:¥500.00
用途:购买学习机
备注:

单位主管　　会计
复　核　　记账

表题 44－1

商业销售发票

发票联

客户名称:光明工业公司　　2020 年 12 月 21 日　　No. 868450

商品名称格	单位	数量	单价	金额						
				万	千	百	十	元	角	分
学习机	A3	台	500.00			5	0	0	0	0
合计										
合计人民币(大写)　⊗万⊗仟伍佰元整			¥500.00							

第二联　付款方收执

表题 45－1

服务业发票

发票联

客户名称:光明工业公司　　2020 年 12 月 24 日　　No. 00600142

商品名称格	单位	数量	单价	金额						
				万	千	百	十	元	角	分
会议室租用费			2 000.00		2	0	0	0	0	0
合计										
合计人民币(大写):⊗万贰仟元整		¥2 000.00								

第二联　发票联

开票单位(章):江南市绿洲饭店　　开票人:李永

表题 45－2

中国工商银行

现金支票存根

支票号码 No. 25557689

科　　目________________

对方科目________________

签发日期:2020 年 12 月 24 日

收款人:江南市绿洲饭店
金额:¥2000.00
用途:展销租用会议室
备 注:

单位主管　　会计

复　　核　　记账

表题 46－1

领 料 单

领料单位:生产车间　　2020年12月24日　　编号:006794

用途	生产B产品			材料类别及编号	主要材料102	
材料名称及规格	计量单位	数量		单价	金额	备注
		领料	实际			
甲材料	公斤	1 000	1 000	12.00	12 000.00	

领料单位负责人:周健　　领料:徐岑　　发料:张飞　　审核:刘源

第二联　财务科核算

表题 46－2

领 料 单

领料单位:生产车间　　2020年12月24日　　编号:006795

用途	生产B产品			材料类别及编号	主要材料102	
材料名称及规格	计量单位	数量		单价	金额	备注
		领料	实际			
乙材料	千克	800	800	14.00	11 200.00	

领料单位负责人:周健　　领料:徐岑　　发料:张飞　　审核:刘源

第二联　财务科核算

表题 46－3

领 料 单

领料单位:生产车间　　2020年12月24日　　编号:006796

用途	生产B产品			材料类别及编号	主要材料	
材料名称及规格	计量单位	数量		单价	金额	备注
		领料	实际			
丙材料	千克	1 500	1 500	10.10	15 150.00	

领料单位负责人:周健　　领料:徐岑　　发料:张飞　　审核:刘源

第二联　财务科核算

表题 47－1

领 料 单

领料单位:生产车间　　2020年12月24日　　编号:006796

用途	车间一般消耗			材料类别及编号	主要材料	
材料名称及规格	计量单位	数量		单价	金额	备注
		领料	实际			
丙材料	千克	50	50	10.10	505.00	

领料单位负责人:周健　　领料:徐岑　　发料:张飞　　审核:刘源

第二联　财务科核算

表题 48－1

增值税专用发票

记 账 联　　No. 0058631

开票日期:2020 年 12 月 24 日

购货单位	名称	平安铸造厂			纳税人登记号	455281	
	地址、电话	平安道 40 号			开户银行及账号	平安道分理处	
货物或应税劳务名称		计量单位	数量	单价	金额（百十万千百十元角分）	税率(%)	税额（百十万千百十元角分）
A产品		件	100	500.00	5000000	13	650000
合计					¥5000000		¥650000
价税合计（大写）		⊗伍万陆仟伍佰元整					¥56500.00
备注							
销货单位	名称	光明工业公司			纳税人登记号	200250812	
	地址、电话	江南市永庆路25号 88670188			开户银行及账号	江南市永庆路分理处 905156	

销货单位(章):光明工业公司　　收款人:吕文娜　　复核:王珊　　开票人:刘畅

第一联 记账联 销货方记账

表题 48－2

产品出库单

购货单位:江南铸造厂　　2020 年 12 月 24 日　　编号:006816

编号	名称及规格	单位	数量	单位成本	金额	备注
	A 产品	件	100			
合计						

第二联 交财务

表题 48－3

中国工商银行进账单(回单或收账通知)1

2020 年 12 月 24 日　　第 07880 号

收款人	全称	光明工业公司	付款人	全称	江南铸造厂
	账号	905156		账号	4725678
	开户银行	江南市永庆路分理处		开户银行	江南道分理处
金额	人民币（大写）	伍万陆仟伍佰元整		千百十万千百十元角分	¥5650000
票据种类	转账支票		收款人开户行盖章		
票据张数	1				
单位主管　会计　复合　记账					

此联是收款人开户行给收款人的回单或收账通知

表题 49－1

服务业发票

发票联

客户名称:光明工业公司　　2020 年 12 月 27 日　　No. 095432

服务项目	单位	数量	单价	金额						
				万	千	百	十	元	角	分
车间房屋维修费	次	1	400			4	0	0	0	0
合计					¥	4	0	0	0	0
合计人民币(大写)　⊗万⊗仟肆佰元整				¥400.00						

第二联　发票联

表题 49－2

中国工商银行
转账支票存根
支票号码 No. 25557690
科　　目________________
对方科目________________
签发日期:2020 年 12 月 27 日

收款人:星光维修队
金额: ¥400.00
用途:车间日常维修费
备注:

单位主管　　会计
复　　核　　记账

表题 50－1

材料盘盈盘亏报告表

部门:一仓库　　2020 年 12 月 27 日

编号	品名规格	单位	账面数量	实存数量	盘盈		盘亏		原因
					数量	金额	数量	金额	
103	丙材料	千克	3 010	2 810			200	2 020.00	水灾

会计主管:许志　　保管:张力　　盘点:张飞

第二联　财会

表题 51－1

服务业发票

发票联

客户名称:光明工业公司　　2020 年 12 月 28 日　　No. 05965522

服务项目	单位	数量	单价	金额						
				万	千	百	十	元	角	分
招待餐饮费	次	1	320.00			3	2	0	0	0
合计					¥	3	2	0	0	0
合计人民币(大写)　⊗万⊗仟叁佰贰拾元整										

第二联　发票联

开票单位:江南市友谊饭店　　开票人:韩伟

表题 52－1

中国工商银行
现金支票存根
支票号码 No. 25557691
科　　目________________
对方科目________________
签发日期:2020 年 12 月 28 日

收款人:公司子弟学校
金额:¥1500.00
用途:拨付子弟学校经费
备注:

单位主管　　会计
复　　核　　记账

表题 52－2

收据

2020 年 12 月 7 日　　No. 05781221

今收到　光明工业公司		
交来　拨付子弟学校经费		
人民币(大写)壹仟伍佰元整　　¥1500.00		
收款单位 盖章(江南市子弟学校章)	收款人	李丹

第二联　付款方收执

表题53－1

自来水公司12月份水费专用发票

发票联

客户名称:光明工业公司　　　　2020年12月31日

服务项目	用水性质	水量	计量单位	单价	金额
水	工业用	5 000	吨	0.30	1 500.00
合计					￥1 500.00
合计人民币(大写)⊗万壹仟伍佰零拾零元零角零分					

第二联　发票联

收款人:李倩　　　　销售单位(章)江南市自来水公司

表题53－2

水费分配表

2020年12月31日

应借科目＼项目	用水数量	分配率	分配金额
生产成本—A产品	1 500		450.00
生产成本—B产品	2 000		600.00
制造费用	950		285.00
管理费用	550		165.00
合计	5 000	0.30	1 500.00

会计主管:许志　　　　制表:王珊

表题53－3

中国工商银行

转账支票存根

支票号码 No.25557692

科　　目________________

对方科目________________

签发日期:2020年12月31日

收款人:江南市自来水公司
金额:￥1500.00
用途:交水费
备注:

单位主管　　　　会计

复　　核　　　　记账

表题 54－1

市国家电网电费收据

2020 年 12 月 31 日　　　　No. 028715

用户	光明工业公司	地址	江南市永庆路 25 号
本月指数	101665	上月指数	97165
实用电量(度)	4 500	单价	0.40
金额(大写)	壹仟捌佰元整	¥1800.00	
备注			

收款单位(章)江南市国家电网　　　　核收员:刘正

表题 54－2

外购电费分配表

2020 年 12 月 31 日

项目 / 应借科目	用电度数		分配	
	动力用电	照明用电	分配率	分配金额
生产成本—A 产品	1 750			700.00
生产成本—B 产品	1 625			650.00
制造费用		475		190.00
管理费用		650		260.00
合计	3 375	1 125	0.40	1 800.00

表题 54－3

中国工商银行
转账支票存根
支票号码 No. 25557693
科　　目________________
对方科目________________
签发日期:2020 年 12 月 31 日

收款人:江南市国家电网
金额: ¥1800.00
用途:交电费
备注:

单位主管　　　会计
复　　核　　　记账

表题 55－1

材料盘盈盘亏报告表

部门:一仓库

2020年12月27日

<table>
<tr><td rowspan="2">编号</td><td rowspan="2">品名规格</td><td rowspan="2">单位</td><td rowspan="2">账面数量</td><td rowspan="2">实存数量</td><td colspan="2">盘盈</td><td colspan="2">盘亏</td><td rowspan="2">原因</td></tr>
<tr><td>数量</td><td>金额</td><td>数量</td><td>金额</td></tr>
<tr><td>103</td><td>丙材料</td><td>千克</td><td>3 010</td><td>2 810</td><td></td><td></td><td>200</td><td>2 020.00</td><td>水灾</td></tr>
<tr><td colspan="2" rowspan="2">处理意见</td><td colspan="2">保管部门</td><td colspan="2">清查小组</td><td colspan="4">审批部门</td></tr>
<tr><td colspan="2">应由保险公司赔偿</td><td colspan="2">应由保险公司赔偿</td><td colspan="4">市保险公司已同意赔偿盘亏材料损失2 000元。剩余材料损失转作营业外支出</td></tr>
</table>

第三联 财会

会计主管:许志　　　　审批人:李志刚

表题 56－1

待摊费用分配表

2020年12月31日

<table>
<tr><td rowspan="2">项目
应借科目</td><td colspan="3">财产保险费</td><td colspan="3">报纸订阅费</td><td rowspan="2">合计</td></tr>
<tr><td>年实付费</td><td>分摊月数</td><td>本月摊销额</td><td>年实付费</td><td>分摊月数</td><td>本月摊销额</td></tr>
<tr><td>制造费用</td><td>4 800.00</td><td>12</td><td>400.00</td><td></td><td></td><td></td><td>400.00</td></tr>
<tr><td>管理费用</td><td>4 800.00</td><td>12</td><td>400.00</td><td>2 400.00</td><td>12</td><td>200.00</td><td>600.00</td></tr>
<tr><td>合计</td><td></td><td></td><td>800.00</td><td></td><td></td><td>200.00</td><td>1 000.00</td></tr>
</table>

主管:许志　　　　制表:王珊

表题 57－1

固定资产折旧计算表

2020年12月31日

项目	固定资产原值	月综合折旧率	月计提折旧额
生产车间	400 000.00		2 000.00
行政部门	240 000.00		1 200.00
合计	640 000.00	0.5%	3 200.00

表题 58－1

工资费用分配表

2020年12月31日　　　　单位:元

应借科目车间或部门	生产成本—A产品	生产成本—B产品	制造费用	管理费用	合计
生产车间	12 000.00	8 000.00	3 000.00		23 000.00
企业管理部门				3 000.00	3 000.00
合计					26 000.00

主管:许志　　　　制表:王珊

表题 59－1

工会经费提取计算表

2020 年 12 月 31 日

车间或部门人员类别		应付工资总额	提取比例	应提工会经费
生产车间	生产工人(A 产品)	12 000.00		240.00
	生产工人(B 产品)	8 000.00		160.00
	管理人员	3 000.00		60.00
企业管理人员		3 000.00		60.00
合计		26 000.00	2%	520.00

主管:许志　　　　制表:王珊

表题 60－1

制造费用分配表

车间:生产车间　　　　2020 年 12 月 31 日

分配对象		分配率	分配表
A 产品	12 000.00		5 784.00
B 产品	8 000.00		3 856.00
合计	20 000.00	0.5	9 640.00

主管:许志　　　　制表:王珊

表题 61－1

完工产品成本计算单

车间:生产车间　　　　2020 年 12 月 31 日

产品名称	A 产品	本月完工产量	200 件
成本项目	总成本(元)	单位成本(元)	
直接材料	32 650.00	163.25	
直接人工	14 040.00	70.20	
制造费用	7 584.00	37.92	
合计	54 274.00	271.37	

主管:许志　　　　制表:王珊

表题 61－2

产品入库单

交库单位:生产车间　　　　2020 年 12 月 31 日　　　　产品仓库:A 产品

产品名称及规格	计量单位	交付数量	检验结果		实收数量	金额
			合格	不合格		
A 产品	件	75	75		75	20 352.75

会计主管:许志　　生产车间:刘佳　　验收:夏雨　　交库人:徐苓

表题 61－3　　产成品入库单

交库单位:生产车间　　2020年12月31日　　产品仓库:A产品库

产品名称及规格	计量单位	交付数量	检验结果		实收数量	金额
			合格	不合格		
A产品	件	70	70		70	18 995.9

会计主管:许志　　生产车间:刘佳　　验收:夏雨　　交库人:徐苓

表题 61－4　　产成品入库单

交库单位:生产车间　　2020年12月31日　　产品仓库:A产品库

产品名称及规格	计量单位	交付数量	检验结果		实收数量	金额
			合格	不合格		
A产品	件	55	55		55	14 925.35

会计主管:许志　　生产车间:刘佳　　验收:夏雨　　交库人:徐苓

表题 62－1　　应交城市维护建设税计算表

2020年12月31日

计税依据		适用税率	应缴税金
项目	金额		
增值税	11 960.00	7%	837.20
消费税			
合计	¥11 960.00		¥837.20

会计主管:许志　　制表:王珊

表题 63－1　　主营业务成本计算表

2020年12月31日

产品名称	单位	月初结存		本月入库		本月销售		
		数量	总成本	数量	总成本	数量	单位成本	总成本
A产品	件	230	64 772.00	200	54 274.00	230	276.85	63 675.50
B产品	件	200	40 000.00			190	200.00	38 000.00
合计								101 675.50

会计主管:许志　　制表:王珊

表题 64－1

光明工业公司内部转账单

2020 年 12 月 31 日

项目	科目	金额
应借科目	主营业务收入	191 000.00
应贷科目	本年利润	191 000.00

制表:王珊

表题 65－1

光明工业公司内部转账单

2020 年 12 月 31 日

项目	科目	金额
应借科目	本年利润	120 517.70
应贷科目	主营业务成本	101 675.50
	税金及附加	837.20
	销售费用	3 000.00
	管理费用	11 485.00
	财务费用	2 000.00
	营业外支出	1 520.00

制表:王珊

表题 66－1

企业所得税计算表

2020 年 12 月 31 日

项目	本月利润总额	本月纳税调整增加额	本月纳税调整较少额	本月应纳税所得额	税率(%)	本月应交所得税额
金额					25%	

财务主管:许志　　制表:王姗姗　　审核:

表题 66－2

内部转账单

2020 年 12 月 31 日

项目	金额
结转所得税费用至本年利润	

财务主管:许志　　制表:王姗姗　　审核:

表题67－1

盈余公积计算表

2020年12月31日

分配基数	金额	分配比例	分配金额	备注
1～11月利润				
12月利润				
年度累计净利润		10%		

财务主管:许志　　制表:王姗姗　　审核:

表题68－1

应付利润计算表

2020年12月31日

分配基数	金额	分配比例	分配金额	备注
1～11月净利润				
12月净利润				
年度累计净利润		30%		

财务主管:许志　　制表:王姗姗　　审核:

表题69－1

内部转账单

2020年12月31日

项目	金额
结转本年净利润至利润分配账户	

财务主管:许志　　制表:　　审核:

表题70－1

内部转账单(结转利润分配明细账户)

2020年12月31日

项目	金额
提取法定盈余公积(10%)	
应付现金股利或利润(30%)	

财务主管:许志　　制表:王姗姗　　审核:

五、实训操作程序与实训要求

(一)实训程序

1. 开设账户。根据会计基础工作的要求和某企业11月30日账户余额资料开设总分类账、现金日记账、银行存款日记账及各相关的明细账。

2. 填制和审核原始凭证。

3. 编制并审核记账凭证(通用记账凭证)。

4. 登记明细分类账。对现金日记账、银行存款日记账、各相关的明细账、应在业务发生时根据原始凭证或记账凭证进行登记。

5. 编制科目汇总表(或记账凭证汇总表)。按 15 天进行汇总。

6. 登记总分类账簿。根据科目汇总表(或记账凭证汇总表)登记总分类账。

7. 对账和结账。月末结出各类账户本期发生额及期末余额,利用账簿、凭证等资料进行账证核对、账账核对,并据以编制总分类账户发生额及余额试算平衡表。

8. 编制会计报表。根据正确无误的账簿记录编制资产负债表、利润表。

9. 装订成册。将记账凭证、各种账簿、会计报表,分别加具封面,装订成册。

10. 每人写一份实训报告,总结在会计手工操作实训中的体会、收获,并提出该实训课程需要改进和注意的问题(2 000 字以上)。

(二)实训要求

1. 熟悉有关财经法规、会计准则、会计工作基础规范要求,按规定处理经济业务。

2. 掌握相关账务处理程序的操作步骤(如科目汇总表账务处理程序)。

3. 实训期间做到独立思考、不懂就问,必须按照指导教师的要求和进度保质保量地完成实训任务。

4. 学生在填制会计凭证、登记账簿和编制会计报表、会计数字书写以及会计凭证装订等操作时,必须遵循《会计基础工作规范》的操作规范。

第三部分　模拟训练

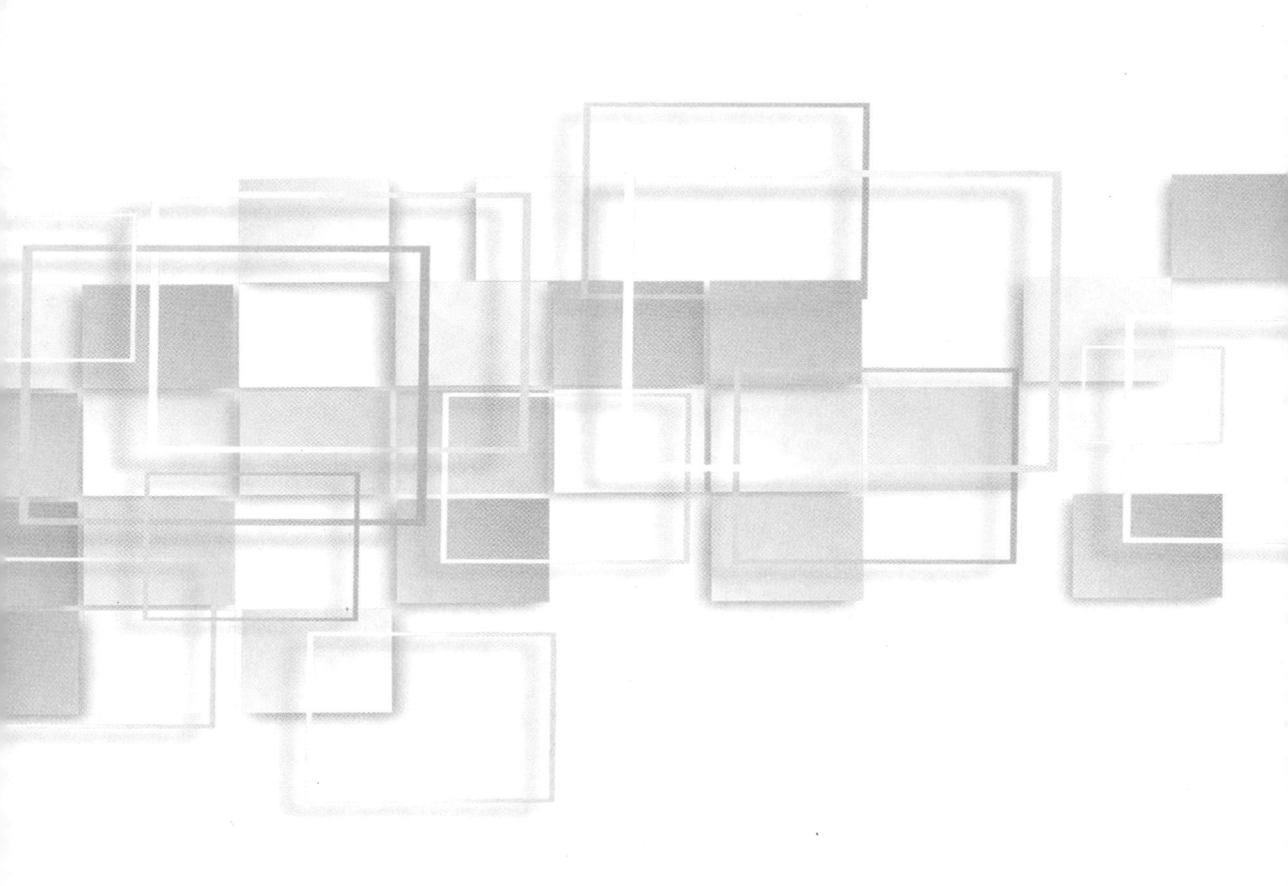

计算分析题

1. 请根据下列表中各账户的已知数据计算每个账户的未知数据(单位:元)。

账户名称	期初余额		本期发生额		期末余额	
	借方	贷方	借方	贷方	借方	贷方
预收账款		15 000	6 000	9 000		(1)
预付账款	25 000		10 000	(2)	5 000	
应付账款		(3)	14 000	12 000		40 000
应收账款	70 000		40 000	(4)	80 000	
C 公司	10 000		10 000	15 000	(5)	
D 公司	60 000		30 000	15 000	75 000	

2. 浦发公司 2020 年 12 月 31 日总分类账户本期发生额和余额对照表(试算平衡表)如下:

总分类账户本期发生额和余额对照表(试算平衡表)

2020 年 12 月 31 日　　单位:元

账户名称	期初余额		本期发生额		期末余额	
	借方	贷方	借方	贷方	借方	贷方
库存现金	7 200	—	1 200	3 600	4 800	—
银行存款	96 000	—	(1)	75 600	(2)	—
库存商品	60 000	—	26 400	38 400	48 000	—
应收账款	(3)	—	(4)	100 800	96 000	—
无形资产	118 200	—	28 800	27 000	120 000	—
实收资本	—	180 000	—	36 000	—	216 000
盈余公积	—	48 000	24 000	12 000	—	36 000
短期借款	—	60 000	42 000	—	—	18 000
应付债券	—	96 000	10 200	79 800	—	165 600
合计	384 000	(5)	373 200	373 200	435 600	435 600

要求:根据试算平衡表的原理计算试算平衡表中项目(1)~(5)的金额。(不要求列出计算过程)

3. 某企业 2020 年 8 月发生的经济业务及登记的总分类账和明细分类账如下:

(1)4 日,向 A 企业购入甲材料 1 000 千克,单价 17 元,价款 17 000 元,购入乙材料 2 500 公斤,单价 9 元,价款 22 500 元。货物已验收入库,款项 39 500 元尚未支付(不考虑

增值税,下同)

(2)8日,向B企业购入甲材料2 000千克,单价17元,价款34 000元,货物已验收入库,款项尚未支付。

(3)13日,生产车间为生产产品领用材料,其中领用甲材料1 400千克,单价17元,价值23 800元,领用乙材料3 000千克,单价9元,价值27 000元。

(4)23日,向A企业偿还前欠货款20 000元,向B企业偿还前欠货款40 000元,用银行存款支付。

(5)26日,向A企业购入乙材料1 600千克,单价9元,价款14 400元已用银行存款支付,货物同时验收入库。

要求:根据以上资料,完成下表的编制(单位:元)。

总分类账户

会计科目:应付账款

2020年		凭证字号	摘要	借方	贷方	借或贷	余额
月	日	略					
8	1		月余额			贷	(1)
	4		购入材料		(2)	贷	82 500
	8		购入材料		34 000	贷	(3)
	23		归还前欠货款	60 000		贷	(4)
	31		本月合计	(5)	73 500	贷	56 500

4. 某工业企业2020年1月份发生下列经济业务:

(1)1日,从银行提取现金1 000元备用。

(2)2日,黄海厂购进材料一批,已验收入库,价款5 000元,增值税进项税额650元,款项尚未支付。

(3)2日,销售给广丰工厂C产品一批价款为100 000元,增值税销项税额13 000元,款项尚未收到。

(4)3日,厂部的张三出差,借支差旅费500元,以现金付讫。

(5)4日,车间领用乙材料一批,其中用于B产品生产3 000元,用于车间一般耗费500元。

(6)5日,销售给吉润公司D产品一批,价款为20 000元,增值税销项税额2 600元,款项尚未收到。

(7)5日,从华东公司购进丙材料一批,价款8 000元,增值税进项税额1 040元,材料已运达企业但尚未验收入库,款项尚未支付。

(8)7日,接到银行通知,收到广丰工厂前欠货款113 000元,已经办妥入账。

(9)8日,接到银行转账支付5日所欠华东公司的购货款9 040元。

(10)10日,购入电脑一台,增值税专用发票上价款8 000元,增值税税额1 040元签发一张转账支票支付。

要求:根据以上经济业务,完成下列“科目汇总表”的编制(在下表的空格中填入正确的数字,单位:元)。

会计科目	借方发生额	贷方发生额
库存现金	1 000	500
银行存款	113 000	(1)
应收账款	(2)	113 000
原材料	5 000	3 500
在途物资	8 000	—
生产成本	3 000	—
其他应收款	500	—
固定资产	8 000	—
主营业务收入	—	(3)
制造费用	500	—
应交税费	(4)	15 600
应付账款	9 040	(5)
合计	286 370	286 370

5. 华天公司 2020 年 12 月银行存款日记账与银行对账单在 28 日以后的资料如下(假定 28 日以前的记录均正确,28 日以后的银行对账单记录无误):

(1)华天公司银行存款日记账的账面记录(单位:元)

日期	摘要	金额
29 日	存入购货方转账支票#104	14 040
30 日	开出转账支票#052,支付购料款	9 360
30 日	开出转账支票#053,支付运输费	2 100
31 日	存入购货方转账支票#170	5 850
31 日	开出现金支票#022,支付明年上半年房租	9 600
银行存款日记账期末余额		107 840

(2)银行对账单的记录(单位:元)

日期	摘要	金额
30 日	存入转账支票#104	14 040
30 日	开出转账支票#052	9 360
31 日	开出转账支票#053	2 100
31 日	代付借款利息	680
31 日	收回托收的货款	20 000
银行存款对账单期末余额		130 910

要求:华天公司在更正错账后编制了下列银行存款余额调节表,请完成下表。

银行存款余额调节表

2020年12月31日　　单位:元

项目	金额	项目	金额
企业银行存款日记账余额	107 840	银行对账单余额	130 910
加:银行已收,企业未收	(1)	加:企业已收,银行未收	(2)
减:银行已付,企业未付	(3)	减:企业已付,银行未付	(4)
调节后存款余额	(5)	调节后的余额	(5)

6.某企业2020年5月31日银行存款日记账余额238 000元,银行对账单余额243 000元。经逐笔核对,发现有几笔未达账项:

(1)企业偿还A公司货款25 000元已登记入账,但银行尚未登记入账;

(2)企业收到销售商品款35 100元已登记入账,但银行尚未登记入账;

(3)银行已划转电费4 900元登记入账,但企业尚未收到付款通知单、未登记入账;

(4)银行已收到外地汇入货款20 000元登记入账,但企业尚未收到收款通知单、未登记入账。

要求:编制银行余额调节表。

银行存款余额调节表

2020年5月31日　　单位:元

项目	金额	项目	金额
企业银行存款日记账余额	238 000	银行对账单余额	243 000
+银行已收,企业未收	(1)	+企业已收,银行未收	(2)
-银行已付,企业未付	(3)	-企业已付,银行未付	(4)
调节后存款余额	(5)	调节后的余额	(5)

7.甲公司财产清查中发现如下问题:

(1)在财产清查过程中盘盈库存现金20 000元,其中12 000元属于应支付给其他公司的违约金,剩余盘盈金额无法查明原因。

(2)在财产清查中,盘亏设备一台,原值为8 000元,计提折旧3 000元。经查明,过失人赔偿5 000元,已批准进行处理。

(3)现金清查时短款52元,属于出纳员的责任,尚未收到赔款。

(4)发现某产品盘盈200千克,单位成本为10元,共计2 000元。经查该项盘盈属于收发计量错误造成。

(5)盘亏材料10 000元,可以收回的保险赔偿和过失人赔偿款合计5 000元,剩余的净损失中有3 000元属于非常损失,2 000元属于自然损耗。

要求:根据上述业务编制(1)~(5)的会计分录。

8. 光明公司某月有关账户的余额资料如下：

其中“应收账款”明细账户金额：A 公司借方金额 81 900 元；B 公司贷方金额 25 300 元；C 公司贷方金额 3 200 元；“应付账款”明细账户金额：D 公司贷方余额 102 000 元；E 公司借方余额 37 200 元；现金借方余额 900 元；银行存款借方余额 50 000 元；其他货币资金借方余额 20 000 元。

根据以上资料，计算资产负债表中的：

(1) 应收账款；

(2) 预收账款；

(3) 应付账款；

(4) 预付账款；

(5) 货币资金。

9. 北京金山公司 1 月 31 日有关账户余额如下(单位：元)：

账户	余额		账户	余额	
	借方	贷方		借方	贷方
库存现金	1 000		固定资产	50 000	
银行存款	20 000		累计折旧		10 000
原材料	13 000		本年利润		4 000
生产成本	6 050		利润分配		
			未分配利润		3 200
库存商品	37 000		应付利润	9 000	
应收账款			应付账款		8 000
甲公司	45 000	30 000	丙公司	10 000	10 000
乙公司	75 000		丁公司	2 000	
预付账款		62 800	预收账款	57 000	
A 公司		64 000	D 公司		5 000
B 公司	3 500		E 公司		8 000
C 公司		2 300	F 公司	70 000	

根据上述资料计算资产负债表中的：

(1) 存货；

(2) 应收账款；

(3) 预收账款；

(4) 应付账款；

(5) 预付账款。

10. 华天公司 2020 年 10 月份的余额试算平衡表如下(单位：元)：

余额试算平衡表

2020年10月31日

会计科目	期末余额	
	借方	贷方
库存现金	380	
银行存款	65 000	
其他货币资金	1 220	
应收账款	36 400	
坏账准备		500
原材料	27 400	
库存商品	41 500	
材料成本差异		1 900
固定资产	324 500	
累计折旧		14 500
固定资产清理		5 000
长期待摊费用	39 300	
应付账款		31 400
预收账款		4 200
长期借款		118 000
实收资本		300 000
盈余公积		1 500
利润分配		8 700
本年利润		50 000
合计	535 700	535 700

补充资料：

(1)长期待摊费用中含将于半年内摊销的金额3 000元。

(2)长期借款期末余额中将于一年到期归还的长期借款数为50 000元。

(3)应收账款有关明细账期末余额情况为

应收账款——A公司贷方余额5 000元；

应收账款——B公司借方余额41 400元。

(4)应付账款有关明细账期末余额情况为

应付账款——C公司贷方余额39 500元；

应付账款——D公司借方余额8 100元。

(5)预收账款有关明细账期末余额情况为

预收账款——E公司贷方余额7 200元；

预收账款——F公司借方余额3 000元。

要求：请根据上述资料，计算华天公司10月31日资产负债表中下列报表项目的期末数。

(1)货币资金 =(　　)元;

(2)应收账款 =(　　)元;

(3)预付账款 =(　　)元;

(4)存货 =(　　)元;

(5)应付账款 =(　　)元。

11. 顺天公司所得税税率 25%,该公司 2020 年的收入和费用有关资料如下表所示(单位:元):

账户名称	借方	贷方
主营业务收入		650 000
其他业务收入		85 000
营业外收入		3 500
投资收益		11 800
主营业务成本	370 000	
其他业务成本	41 000	
税金及附加	7 800	
销售费用	12 000	
管理费用	23 000	
财务费用	3 500	
资产减值损失	4 500	
营业外支出	8 000	

请代为计算顺天公司 2020 年度的利润表中下列项目的金额:

(1)营业收入(　　);

(2)营业成本(　　);

(3)营业利润(　　);

(4)利润总额(　　);

(5)净利润(　　)。

12. 华天公司为增值税一般纳税企业,主要生产和销售甲产品,使用增值税税率 13%,所得税税率 25%,城建税教育费附加略。该公司 2020 年发生以下业务:

①销售甲产品一批,该批产品的成本 16 万元,销售价格 40 万元,专用发票注明增值税税额 5.2 万元,产品已经发出,提货单已交给买方,货款及增值税尚未收到。

②当年分配并发放职工工资 40 万元,其中生产工人工资 24 万元,车间管理人员工资 8 万元,企业管理人员工资 8 万元。

③本年出租一台设备,取得租金收入 8 万元。

④本年度计提固定资产折旧 8 万元,其中,计入制造费用的固定资产折旧 5 万元,计入管理费用的固定资产折旧 2 万元,出租设备的折旧 1 万元。

⑤用银行存款支付销售费用1万元。

⑥在本年年末的财产清查中发现账外设备一台,其市场价格2万元,经批准后处理。

则华天公司2020年度利润表的下列报表项目金额为:

(1)营业收入(　　)元;

(2)营业成本(　　)元;

(3)营业利润(　　)元;

(4)利润总额(　　)元;

(5)所得税费用(　　)元。

13. 汇丰公司2020年1月末结账前的损益类账户余额如下(单位:元):

科目名称	借方发生额	贷方发生额
主营业务收入		420 000
其他业务收入		64 000
主营业务成本	275 000	
其他业务成本	50 000	
税金及附加	15 000	
销售费用	10 000	
管理费用	32 000	
财务费用	10 000	
投资收益		8 000
营业外收入		12 000
营业外支出	12 000	
所得税费用	24 420	

要求:根据上述账户余额,编制当月利润表。

利润表(简表)

编制单位:汇丰公司　　　　2020年1月　　　　单位:元

项目	本期金额
一、营业收入	(1)
营业成本	325 000
税金及附加	15 000
销售费用	10 000
管理费用	32 000
财务费用	10 000
资产减值损失	—
公允价值变动损益(损失以“-”号填列)	—
投资收益(损失以“-”号填列)	(2)
其中:对联营企业和合营企业的投资收益	—

续表

项目	本期金额
二、营业利润(亏损以"－"号填列)	(3)
营业外收入	12 000
营业外支出	12 000
其中:非流动资产处置损失	—
三、利润总额(亏损总额以"－"号填列)	(4)
减:所得税费用	24 420
四、净利润(净亏损以"－"号填列)	(5)
五、每股收益	—
(一)基本每股收益	—

14. 德力公司所得税税率25%,该公司1月至11月损益类账户累计发生额和12月损益类有关账户发生额如下(单位:元):

账户名称	1～11月累计发生额		12月发生额	
	借方	贷方	借方	贷方
主营业务收入		1 000 000		100 000
其他业务收入		500 000		10 000
营业外收入		10 000		1 000
投资收益		80 000		10 000
坏账准备		5 000		8 000
主营业务成本	700 000		60 000	
其他业务成本	300 000		6 000	
生产成本	70 000		2 000	
销售费用	200 000		7 000	
管理费用	100 000		5 000	
制造费用	50 000		10 000	
财务费用	5 000		1 000	
税金及附加	20 000		2 000	
营业外支出	5 000		500	
资产减值损失	20 000		5 000	

要求:计算该公司利润表中相关项目的金额。

12月利润表中的项目:

(1)营业收入(　　)元;

(2)营业成本(　　)元;

(3)营业利润(　　)元;

(4)利润总额(　　)元;

(5)净利润(　　)元。

全年累计的利润表相关项目:

(1)营业收入(　　);

(2)营业成本(　　);

(3)营业利润(　　);

(4)利润总额(　　);

(5)净利润(　　)。

15. 四通公司2020年12月末结账前的月试算表如下(单位:元):

结账前月试算平衡表

2020年12月

账户名称	借方余额	贷方余额
库存现金	500	
银行存款	85 000	
应收账款	45 500	
库存商品	170 000	
固定资产	200 000	
累计折旧		5 000
短期借款		20 000
应付账款		50 000
实收资本		200 000
盈余公积		2 000
利润分配		8 000
本年利润		40 000
主营业务收入		206 000
销售费用	10 000	
管理费用	20 000	
合计	531 000	531 000

月末,四通公司的会计人员对以下经济事项进行了结账处理:

(1)计提本月办公用固定资产折旧1 000元。

(2)结转本月已售商品成本,共计100 000元。

(3)结转本月的损益类账户至"本年利润"的账户。

(4)按25%的所得税税率计算本月应交所得税。

(5)将本月所得税结转至"本年利润"账户。

(6)结转"本年利润"账户。

要求:根据上述资料,完成下列四通公司12月份的结账后试算平衡表的编制(单位:元)。

结账后月试算平衡表

2020 年 12 月

账户名称	借方金额	贷方金额
库存现金	500	
银行存款	85 000	
应收账款	(1)	
库存商品	(2)	
固定资产	20 000	
累计折旧		6 000
短期借款		20 000
应付账款		50 000
应交税费		(3)
实收资本		200 000
盈余公积		2 000
利润分配		(4)
合计	401 000	(5)

16. 甲公司 2020 年度有关资料如下:(单位:万元)

①年初未分配利润为 150 万,本年利润总额为 400 万,适用的企业所得税税率为 25%,假定不存在纳税调整因素。

②按税后利润的 10% 和 5% 提取法定盈余公积和任意盈余公积。

③向投资者宣告分配利润为 40 万。

要求:

(1)计算甲公司本期所得税费用。(金额)

(2)编制甲公司确认本期所得税费用的会计分录。

(3)编制甲公司提取盈余公积的会计分录。

(4)编制甲公司宣告分配利润的会计分录。

(5)计算年末未分配利润。(金额)

17. 资料一:假定 A、B、C 三公司共同投资组成了 ABC 有限责任公司。按 ABC 有限公司的章程规定,注册资本为 900 万元,A、B、C 三方各占三分之一的股份。假定 A 公司以厂房投资,该厂房原值 500 万元,已折旧 300 万元,投资各方确认的价值为 300 万元(公允价值);B 公司以价值 200 万元的新设备一套和价值 100 万元的一项专利权投资,其价值已被投资各方确认,并已向 ABC 公司移交了专利证书等有关凭证,C 公司以货币资金 300 万元投资,已存入 ABC 公司的开户银行。

资料二:假定 D 公司有意投资 ABC 公司,经与 A、B、C 三方协商,将 ABC 公司变更为 ABCD 公司,注册资本达到 1 200 万元,A、B、C、D 公司四方各占四分之一股权。D 公司需以货币资金出资 400 万元,可取得 25% 的股份。协议签订后,修改了原公司章程,D 公司所出的 400 万元已存入 ABCD 公司的开户银行,并办理了变更登记手续。

要求:

(1)根据资料一,编制ABC公司实际收到A公司投资的有关会计分录。

(2)根据资料一,编制ABC公司实际收到B公司投资的有关会计分录。

(3)根据资料一,编制ABC公司实际收到C公司投资的有关会计分录。

(4)根据资料二,编制实际收到D公司投资的有关会计分录。

(5)假设无其他经济业务,根据资料一、二,计算ABCD公司实收资本的金额。(单位:万元)

18. 劳伦斯特公司2020年8月末资产总额500万,负债总额为零,9月份公司发生如下经济业务:

①以银行存款购买一台价值30万元不需要安装的机器设备。

②向广大公司购买生产用材料15万元(不考虑相关税费),材料已入库,款项未付。

③接受投资者投入的无形资产20万元(计入实收资本)。

④用银行存款偿还欠广大公司购料款15万元。

⑤向银行借入2年期借款20万元。

要求:

(1)根据上述经济业务,编制第一个业务会计分录;

(2)根据上述经济业务,编制第二个业务会计分录;

(3)根据上述经济业务,编制第三个业务会计分录;

(4)根据上述经济业务,编制第四个业务会计分录;

(5)根据上述经济业务,编制第五个业务会计分录;

(6)计算9月末资产总额(答案中的金额单位用万元表示)。

19. 东经公司5月份发生下列经济业务:

①3日,销售产品一批,开出增值税专用票价款100 000元,增值税税额13 000元,使用银行款款代购货方垫付运输费2 000元,款未收。

②16日,缴纳上月增值税税额10 000元,并付税收滞纳金及罚款500元,使用银行存款支付。

③20日,销售原材料10 000元,增值税税额1 300元,收到银行本票一张。

④31日,结转本月销售产品成本70 000元。

⑤31日,计提坏账准备300元。

要求:

(1)根据经济业务①,编制会计分录;

(2)根据经济业务②,编制会计分录;

(3)根据经济业务③,编制会计分录;

(4)根据经济业务④,编制会计分录;

(5)根据经济业务⑤,编制会计分录。

20. M公司为一般纳税企业,其存货采用实际成本法进行管理,2020年5月发生以下经济业务:

(1)1日,向A公司购入原材料一批,价款10 000元。材料已验收入库,款项尚未支付。

(2)4日,销售甲商品500件,每件售价100元,成本每件60元,商品已发出,当即结转成本,货款已收存银行。

(3)接供电部门通知,本月应付电费30 000元,其中生产车间电费25 000元,行政管理部门5 000元,当即通过银行转账支付。

(4)5日,与D公司签订供货合同,合同规定供货金额100 000元,D公司公告银行先预付全部款项的60%,余款在货物验收后付清,开出发票,当即发货。

(5)10日,收到D公司通过银行转账的40%余款。

要求:根据经济业务,在不考虑增值税的情况下,编制有关会计分录。

21. 某企业6月份发生以下经济业务:

①6月2日,企业开出一张现金支票,从银行提取现金30 000元,备发工资。

②6月5日,企业向希望工程捐款10 000元,已转账付讫。

③6月6日,企业收回前欠货款200 000元,存入开户银行。

④6月7日,企业购入一台不需要安装的机器,入账价值50 000元,货款已通过银行划转。

⑤6月8日,企业从银行借入长期借款100 000元。

要求:

(1)请根据经济业务①编制会计分录;

(2)请根据经济业务②编制会计分录;

(3)请根据经济业务③编制会计分录;

(4)请根据经济业务④编制会计分录;

(5)请根据经济业务⑤编制会计分录。

22. 月明公司2月发生如下业务:

①公司从基本账户提取现金2 000元,以备日常使用。

②收到投资方投入设备一台,投资合同约定其价值(该约定价值为公允价值)为100 000元(假定不考虑增值税)。

③采购材料,按合同规定开出支票向大明公司预付货款60 000元。

④按规定分配给投资者年度利润120 000元,款项尚未支付。

⑤以银行存款10 000元偿还前欠某单位账款。

要求:

(1)根据经济业务①,编制会计分录;

(2)根据经济业务②,编制会计分录;

(3)根据经济业务③,编制会计分录;

(4)根据经济业务④,编制会计分录;

(5)根据经济业务⑤,编制会计分录。

23. 东山公司是一家工业生产企业,为增值税一般纳税人,存货采用实际成本法计价。11月发生如下业务:

①11月1日采购A材料一批,价款为2 000元,增值税税额为260元,未发生其他费用,款项上月已经支付。

②11月2日购入A材料一批,买价为5 000元,增值税税额为650元,途中发生运费、保险费等200元,各种款项已经通过银行存款支付,材料已经验收入库。

③11月10日购入B材料一批,买价为2 000元,增值税税额为260元,对方代垫运费300元,款项已经通过银行存款支付,但材料尚未入库。

④11 月 25 日根据本月“发料凭证汇总表”分配原材料费用,基本生产车间领用 A 材料 5 000 元,行政管理部门领用 A 材料 200 元,在建工程领用 A 材料 100 元。

⑤11 月 30 日收到采购的 C 材料,但是发票账单未到,款项也尚未支付。企业暂估价为 2 000 元。

要求:

(1)编制上述业务①的会计分录。

(2)编制上述业务②的会计分录。

(3)编制上述业务③的会计分录。

(4)编制上述业务④的会计分录。

(5)编制上述业务⑤的会计分录。

24. 光明公司期末结账前,各损益类科目余额如下表所示(单位:元):

科目名称	结账前余额	
	借方	贷方
主营业务收入		6 000 000
其他业务收入		700 000
公允价值变动损益		150 000
投资收益		600 000
营业外收入		50 000
主营业务成本	4 000 000	
其他业务成本	400 000	
税金及附加	80 000	
销售费用	500 000	
管理费用	770 000	
财务费用	200 000	
资产减值损失	100 000	
营业外支出	250 000	

要求:

(1)编制期末结转收入、利得类科目的会计分录。

(2)编制期末结转费用、损失类科目的会计分录。

(3)计算企业所得税税额(使用的企业所得税税率为 25%,假定不存在所得税调整项目)。

(4)编制计提所得税费用及结转所得税费用的分录。

(5)编制结转本年利润的分录。

25. 甲公司为增值税一般纳税人,主要生产和销售 A 产品和 B 产品,适用增值税税率 13%,所得税率 25%,假定不考虑其他相关税费。该公司 2020 年 1 月份发生以下经济业务:

(1)对外销售 A 产品一批,开具增值税专用发票上注明的售价 160 000 元,增值税税额 20 800 元。商品已发出,款项尚未收到。该批商品的成本为 100 000 元。

(2)对外销售 B 产品一批,开具增值税专用发票上注明的售价 80 000 元,增值税税额 10 400 元。商品已发出货款也已全额收到并存入银行。该批商品的成本为 56 000 元。

(3)与运输公司结算本月商品销售过程中发生的运输费 5 000 元,以银行存款支付。

(4)以现金支付职工工资 45 000 元。

(5)对外销售多余材料,开具增值税专用发票上注明的售价 10 000 元,增值税税额 1 300 元。商品已发出,款项尚未收到。该批原材料的实际成本为 8 000 元。

要求:根据上述资料,逐笔编制相应的会计分录。

26. 甲公司为增值税一般纳税人,2020 年 3 月份发生以下业务:

(1)3 月 2 日销售一批商品,开具增值税专用发票上注明的售价 800 000 元,增值税税额 104 000 元。商品已发出,款项尚未收到。该批商品的成本为 600 000 元。

(2)3 月 10 日,销售一批材料,开具增值税专用发票上注明的售价 60 000 元,增值税税额 7 800 元,款项已用银行收讫。该批原材料的实际成本 34 000 元。

(3)3 月份,销售部门发生费用 340 000 元,其中,销售人员薪酬 250 000 元,销售部门专用办公设备折旧费 90 000 元。

(4)3 月份,行政管理部门发生费用 13 500 元,其中,行政人员薪酬 100 000 元,行政部门专用设备折旧费 35 000 元。

(5)3 月 31 日,发生公益性捐赠 40 000 元,通过银行转账支付。

要求:逐笔编制上述业务的会计分录

27. 甲公司的生产车间生产甲、乙两种产品,2020 年 9 月份,车间发生的相关业务如下:

(1)车间为生产甲产品向仓库领用 A 材料 1 500 千克,计 15 000 元,B 材料 500 千克,计 5 000 元,为生产乙产品领用 A 材料 500 千克,计 7 500 元,B 材料 300 千克,计 3 000 元。

(2)计提厂房及设备等本月折旧费用 750 元。

(3)分配工资,其中行政管理人员 6 000 元,车间管理人员 3 500 元,生产甲产品工人工资 12 000 元,生产乙产品工人工资 8 000 元。

(4)计算本月单位负担的社会保险费,行政管理人员 1 500 元,车间管理人员 875 元,生产甲产品工人工资和乙产品工人工资分别为 3 000 元和 2 000 元。

(5)将制造费用结转至生产成本。(制造费用总额 5 125 元)

要求:写出每笔业务的会计分录。

28. 大华公司 2020 年发生业务如下:

(1)从甲公司购入原材料 800 千克,单价 600 元,增值税税率 13%,价税合计 542 400 元,款项已付,原材料已验收入库。

(2)以银行存款偿还长期借款 90 000 元。

(3)向 B 公司销售商品 1 000 件,单价 460 元,增值税税率 13%,价税合计 519 800 元,款项尚未收到。

(4)购入设备一台,价款 120 000 元,增值税税率 13%,价税合计 135 600 元,以银行存款支付。

(5)结转销售给 B 公司商品的销售成本 320 000 元。

要求:请编制有关会计分录。

29. 某企业为增值税一般纳税人,2020 年 5 月发生的有关经济业务如下:

(1)预收购货单位的货款 450 万元,存入银行。

(2)向购货单位发出产品一批,开出的增值税专用发票所列价款 500 万元,增值税税额 65 万元,共计 565 万元。原已向购货单位预收货款 450 万元,不足部分购货单位以银行存款补付,该批产品实际成本 300 万元。

(3)预提本月份应负担的短期借款利息 130 万元。

(4)以银行存款 650 万元支付本月职工工资。

要求:根据以上资料,逐笔编制相应的会计分录。(答案中的金额单位均用万元表示)

30. 某企业 12 月编制试算平衡表如下(单位:元):

账户名称	期初余额		本期发生额		期末余额	
	借方	贷方	借方	贷方	借方	贷方
银行存款	(1)		60 000	20 000	70 000	
固定资产	100 000		(2)		(3)	
原材料	70 000		30 000		100 000	
应付账款				60 000		60 000
实收资本		(4)		50 000		250 000
合计	(5)	200 000	(6)	130 000	(7)	310 000

要求:(1)计算固定资产的本期借方发生额。

(2)计算固定资产的期末借方余额。

(3)计算银行存款的期初余额。

(4)计算实收资本的期初贷方余额。

31. 甲公司有关资料如下:

(1)11 月末总账账户余额如下:(单位:元)

银行存款	340 751.95	库存现金	5 085.85
原材料	122 060.40	短期借款	50 858.50
应付账款	10 171.70	实收资本	305 151.00
资本公积	81 373.60	盈余公积	20 343.40

(2)甲公司 12 月份发生下列经济业务(不考虑相关税费):

①经批准用资本公积 50 858.50 元转增资本;

②购入原材料一批,计 20 343.40 元,料已入库,款未付;

③以银行存款支付前欠货款 10 171.70 元;

④从银行提取现金 2 034.34 元,备用;

⑤收到投资人追加投资 101 717.00 元,存入银行;

⑥从银行借入短期借款 20 343.40 元,直接归还前欠货款。

该公司已经完成了填制记账凭证、记账、结账以及试算平衡工作。

要求:(1)根据以上资料,编制甲公司第①笔业务的会计分录;

(2)计算甲公司“银行存款”账户 12 月末借方余额为(　　)元;

(3)计算甲公司 12 月末资产总额是(　　)元;

(4)计算甲公司 12 月末的留存收益是(　　)元;

(5)甲公司12月份的“试算平衡表”中,借方发生额为(　　)元。

32. 乙公司某年12月初资产总额1 000 000元,负债总额300 000元,所有者权益总额700 000元。12月份发生如下经济业务:

①投资者投入汽车一辆,用作固定资产,价值40 000元;

②向银行借入短期借款200 000元,存入存款户;

③以银行存款100 000元偿还长期借款;

④由银行存款户提取现金3 000元备用;

⑤收回外单位前欠货款50 000元存入银行;

⑥购入材料70 000元,材料验收入库,价款未付;

⑦本公司欠A公司货款150 000元,转作A公司对本公司投资;

⑧向银行借入短期借款50 000元,直接偿还应付账款(未通过本公司银行存款账户)。

要求:

(1)编制第①笔业务的会计分录;

(2)编制第⑦笔业务的会计分录;

(3)编制第⑧笔业务的会计分录;

(4)计算乙公司12月末的资产总额是(　　)元;

(5)计算乙公司12月末的负债总额是(　　)元。

33. ABC公司2020年12月末有关明细账户余额如下:

①应收账款——H公司30 331元(借方)

②应付账款——G公司36 603元(贷方)

③预收账款——M公司40 905元(借方)

　　　　　——N公司40 076元(贷方)

④预付账款——E公司32 007元(借方)

　　　　　——F公司31 528元(贷方)

要求:根据上述资料计算ABC公司2014年12月末,资产负债表中的下列报表项目的期末数。

(1)“应收账款”(　　);

(2)“应付账款”(　　);

(3)“预收账款”(　　);

(4)“预付账款”(　　)。

34. 东方公司发生下列固定资产相关业务:

①2020年3月15日购入一台不需要安装设备并投入生产车间使用,取得的增值税专用发票上注明的设备价款为50 000元,增值税税额为6 500元。

②公司对上述设备采用年限平均法计提折旧,该设备预计使用10年,预计净残值率为4%;

③2020年3月25日,公司将该设备出售给南方公司,该设备转入清理。

④出售该设备开具的增值税专用发票上注明的设备价款41 000元,增值税税额5 330元。假设再无其他税费,也无价值准备。

⑤结转该设备清理净损益。

要求:(1)根据上述经济业务,编制业务①的会计分录;

(2)根据上述经济业务,计算该设备2019年应计提的折旧;

(3)根据上述经济业务,编制业务③的会计分录;

(4)根据上述经济业务,编制业务④的会计分录;

(5)根据上述经济业务,编制业务⑤的会计分录。

35. 某企业外购一台设备,原值为720 000元,预计可使用20年,该设备报废时的净残值率为4%。要求计算该设备的折旧率和月折旧额。

36. 某企业购入运货汽车一辆,原值400 000元,预计行驶里程200 000千米,预计净残值率5%,本月行驶5 000千米。计算该汽车的本月折旧额。

37. 甲公司2020年12月最后3天的银行存款和银行对账单的有关记录如下:

甲公司银行存款日记账记录

单位:元

日期	摘要	金额
12月29日	销售商品收到204#转账支票一张	25 000
12月29日	开出108#现金支票一张	800
12月30日	收到Y公司交来的360#转账支票一张	4 800
12月30日	开出205#转账支票以支付货款	11 700
12月31日	开出206#转账支票支付下年报纸杂志费	700
12月31日	月末余额	147 800

银行对账单记录

单位:元

日期	摘要	金额
12月29日	支付108#现金支票	800
12月30日	收到204#转账支票一张	25 000
12月30日	收到托收的货款	35 000
12月30日	支付205#转账支票	11 700
12月31日	结转银行结算手续费	100
12月31日	月末余额	178 600

要求:编制甲公司的银行存款余额调节表。

银行存款余额调节表

2020年12月31日

单位:元

项目	金额	项目	金额
企业银行存款日记账余额	147 800	银行对账单余额	178 600
加:银行应收,企业未收	35 000	加:企业已收银行未收	(3)
减:银行已付,企业未付	(1)	减:企业已付银行未付	(4)
调节后余额	(2)	调节后余额	(5)

38. 某企业 1 月发生下列经济业务(不考虑相关税费):

①本月短期借款利息 7 000 元,将于本季度末支付。

②销售产品一批,货款总计 20 000 元,当即收到 15 000 元存入银行,其余货款暂欠。

③以银行存款预付 1 ~6 月份固定资产租金 6 000 元。

④收到上月的应收销货款 9 000 元,存入开户银行。

⑤收到购货单位预付的购货款 8 000 元,存入开户银行,下月交货。

⑥以库存现金支付管理部门办公用品费 150 元。

⑦本月用电 150 000 度,每度 0. 80 元,计 120 000 元,以银行存款支付 100 000 元,其余暂欠。

要求:(1)按收付实现制计算,该企业 1 月份的收入为(　　)元;

(2)按收付实现制计算,该企业 1 月份的费用为(　　)元;

(3)按权责发生制计算,该企业 1 月份的收入为(　　)元;

(4)按权责发生制计算,该企业 1 月份的费用为(　　)元。

39. 永新公司“库存现金盘点报告表”及“账存实存对比表”显示:

(1)库存现金溢余 1 000 元,其中:300 元属于出纳多收甲单位应偿还;其余 700 元无法查明原因。

(2)库存商品盘亏 3 000 元,属于收发计量不准所致。

(3)原材料盘亏及毁损 6 000 元,其中 1 000 元属于收发计量不准所致;3 500 元属于非常损失(其中,2 100 元应由保险公司赔偿);1 400 元属于自然损耗。

(4)盘亏机器 2 台,其账面原值 65 000 元,已提折旧 16 000 元。

要求:根据上述资料编制各项业务的会计分录。

40. 某企业本月营业收入为 1 515 000 元,营业外收入 100 000 元,投资收益为 60 000 元,营业成本为 760 000 元,税金及附加为 30 000 元,营业外支出为 80 000 元,管理费用为 40 000 元,销售费用为 30 000 元,财务费用为 15 000 元,所得税费用为 180 000 元。

要求:(1)计算该企业本月营业利润为(　　)元;

(2)计算该企业本月利润总额为(　　)元;

(3)计算该企业本月净利润为(　　)元。

41. 某企业 2020 年 3 月初库存甲商品 200 件,单位成本 500 元;3 月购入甲商品 1 200 件,单位成本 500 元。本月销售甲商品 1 000 件。期末经实地盘点,查明甲商品实存为 360 件。

要求:

(1)在实地盘存制下,该企业 2020 年 3 月份销售甲商品的成本为(　　)元;

(2)在永续盘存制下,该企业 2020 年 3 月末库存商品的账面余额为(　　)元;

(3)采用永续盘存制,可以确定该企业 2020 年 3 月末甲商品盘盈或盘亏(　　)件;

(4)采用永续盘存制,确定该企业 2020 年 3 月末甲商品盘盈或盘亏金额(　　)元。

42. 甲公司为增值税一般纳税人,购入一台不需要安装设备,用于制造产品。该设备买价 500 000 元,增值税税额 65 000 元,运费 2 000 元,一并以银行存款支付。试编制会计分录。

43. A 公司从 B 公司购进原材料,3 月份相关业务如下:

①3 月 5 日以银行存款预付 B 公司定金 50 000 元;

②3 月 10 日收到 B 公司发运的材料,专用发票注明价款 80 000 元,增值税税额

10 400 元,材料验收入库,余款 40 400 元,暂欠;

③3 月 30 日以银行存款偿还前欠购料余款 40 400 元。

A 公司设置“预付账款”账户核算。

要求:(1)根据上述资料,编制业务①会计分录;

(2)根据上述资料,编制业务②会计分录;

(3)根据上述资料,编制业务③会计分录。

44. 江南制药股份有限公司 2020 年 12 月发生下列业务:

(1)从银行提取现金 3 000 元。

(2)用银行存款购入生产运输用卡车一辆,计 250 000 元。

(3)大华生物科技有限公司用价值 300 000 元的材料向本厂投资,材料已验收入库。

(4)用银行存款 60 000 元归还向建设银行所借的短期借款。

(5)收到海欣医药公司偿还的前欠华伟公司的购货款。

试算平衡表

2020 年 12 月 31 日　　单位:元

账户名称	期初余额		本期发生额		期末余额	
	借方	贷方	借方	贷方	借方	贷方
库存现金	8 000					
银行存款	850 000		(2)			
应收账款	102 000					
原材料	40 000		(3)			
固定资产	300 000					
短期借款		80 000				
应付账款		70 000		(4)		
实收资本		1 150 000				
合计	1 300 000	1 300 000	(1)	373 200	(5)	

要求:在试算平衡表中填上正确的金额。

45. 某公司 2020 年 10 月份和 11 月份各部门固定资产折旧增减变动情况如下表(单位:元):

部门	10 月份计提折旧额	10 月份增加固定资产应提折旧额	10 月份减少固定资产应提折旧额	11 月份增加固定资产应提折旧额	11 月份减少固定资产应提折旧额	11 月份计提折旧额	12 月份计提折旧额
生产车间	10 000	5 000	3 000	6 000	7 000	(1)	
机修车间	15 000	(2)	4 500	(3)	3 500	16 000	17 000
行政管理	(4)	6 000	5 500	4 000	(5)	18 000	20 000

要求:根据固定资产折旧有关规定,在合适的空格填写正确数字。

46. 湖光公司为增值税一般纳税企业，主要生产和销售甲产品，适用增值税税率 13%，所得税税率 25%，不考虑其他相关税费。该公司 2020 年发生以下业务：

①销售甲产品一批，该批产品的成本 16 万元，销售价格 40 万元，专用发票注明增值税税额 5.2 万元，产品已经发出，提货单已交给买方。货款及增值税款尚未收到。

②当年分配并发放职工工资 40 万元，其中生产工人工资 24 万元，车间管理人员工资 8 万元，企业管理人员工资 8 万元。

③本年出租一台设备，取得租金收入 8 万元。

④本年度计提固定资产折旧 8 万元，其中计入制造费用的固定资产折旧 5 万元，计入管理费用的折旧 2 万元，出租设备的折旧 1 万元。

⑤用银行存款支付销售费用 1 万元。

⑥在本年年末的财产清查中发现一笔无法支付的应付款项 2 万元，经批准转作营业外收入。

要求：计算湖光公司 2020 年度利润表部分项目金额。

(1) 营业收入________元；

(2) 营业成本________元；

(3) 营业利润________元；

(4) 利润总额________元；

(5) 净利润________元。

47. 华伟公司 2020 年 11 月 30 日银行存款日记账余额为 98 500 元，9 月底公司与银行往来的其余资料如下：

(1) 11 月 30 日收到购货方转账支票一张，金额为 12 600 元，已经送存银行，但银行尚未入账。

(2) 本公司当月的水电费 800 元银行已代为支付，但公司未接到通知而尚未入账。

(3) 本公司当月开出的用以支付供货方货款的转账支票，尚有 4 500 元未兑现。

(4) 本公司送存银行的某客户转账支票 35 000 元，因对方存款不足而被退票，而公司未接到通知。

要求：完成下列华伟公司的银行存款余额调节表。

银行存款余额调节表

编制单位：华伟公司　　　　2020 年 11 月 30 日　　　　单位：元

项目	金额	项目	金额
企业银行存款日记账余额	98 500	银行对账单余额	76 600
加：银行已收企业未收款项合计	(1)	加：企业已收银行未收款项合计	(3)
减：银行已付企业未付款项合计	800	减：企业已付银行未付款项合计	(4)
调节后存款余额	(2)	调节后的余额	(5)

48. 光大公司适用企业所得税率为 25%，该公司 2020 年 11 月份的利润表如下表所示：

利润表(简表)

编制单位:光大公司　　2020年11月　　单位:元

项目	本期金额	本年累计金额
一、营业收入		2 985 000
营业成本		1 500 000
税金及附加		88 000
销售费用		210 000
管理费用		350 000
财务费用		4 000
信用减值损失		3 000
二、营业利润(亏损以“-”号填列)		830 000
加:营业外收入		3 000
减:营业外支出		8 000
其中:非流动资产处置损失		
三、利润总额(亏损总额以“-”号填列)		825 000
减:所得税费用		206 250
四、净利润(净利润以“-”号填列)		618 750

光大公司12月份发生以下经济业务:

(1)对外销售甲商品3 500件,单价68元,增值税税率13%,已办妥银行托收货款手续。

(2)因债权人破产,一笔7 000元的应付款项无法支付,经批准转作营业外收入。

(3)计算分配本月应付职工工资共计40 000元。其中管理部门25 000元,专设销售机构人员工资15 000元。

(4)计提本月办公用固定资产折旧1 200元。

(5)结转已销的3 500件甲商品的销售成本140 000元。

(6)将本月实现的损益结转至“本年利润”账户。

要求:根据上述资料,计算下列2020年利润表中部分项目的金额。

(1)营业收入________元;

(2)管理费用________元;

(3)营业利润________元;

(4)利润总额________元;

(5)净利润________元。

49. 环宇公司2020年11月末总账账户余额如下:银行存款345 000元,库存现金5 000元,原材料120 000元,短期借款40 000元,应付账款20 000元,实收资本300 000元,资本公积80 000元。

该公司12月份发生下列经济业务：

(1)收到投资者追加投资120 000元，存入银行(不考虑其他因素)。

(2)购入原材料一批，计20 000元，原材料已入库，尚未付款。

(3)以银行存款支付前欠货款10 000元。

(4)从银行提取现金2 000元，备用。

(5)经批准资本公积50 000元转增资本。

要求：

(1)根据上述资料，计算出环宇公司"应付账款"账户12月末余额________元。

(2)根据上述资料，计算出环宇公司"银行存款"账户12月末余额________元。

(3)根据上述资料，计算出环宇公司"实收资本"账户12月末余额________元。

(4)根据上述资料，计算出环宇公司"货币资金"账户12月末余额________元。

(5)根据上述资料，计算出环宇公司12月份账户的本期发生额合计为________元。

50. 三星公司2020年12月初有关账户余额如下(单位：元)：

账户名称	借方余额	账户名称	贷方余额
库存现金	1 280	应付账款	75 400
银行存款	223 450	短期借款	100 000
应收账款	87 600	应交税费	15 800
库存商品	158 900	累计折旧	24 600
固定资产	587 570	实收资本	800 000
长期股权投资	100 000	未分配利润	143 000
合计	1 158 800	合计	1 158 800

三星公司12月份发生以下业务：

(1)收到其他单位前欠货款32 000元，存入银行。

(2)销售商品1 000件，每件售价100元，每件成本70元，增值税税率13%，款项已收，存入银行。

(3)采购商品一批，增值税专用发票列示的价款50 000元，增值税税率13%，货已入库，款未付。

(4)开出转账支票支付上述销售商品运杂费用2 000元。

(5)从银行存款中归还短期借款50 000元以及本月借款利息350元。

(6)通过银行转账支付上述部分购料款36 500元。

要求：根据上述资料，在资产负债表简表中填上正确的金额。

资产负债表(简表)

2020年12月31日

编表单位:三星公司　　　　单位:元

资产	年初数	年末数	负债和所有者权益	年初数	期末数
流动资产:	略		流动负债:	略	
货币资金		280 880	短期借款		50 000
应收账款		(1)	应付账款		(4)
存货		(2)	应交税费		(5)
流动资产合计		(3)	流动负债合计		167 700
非流动资产:			所有者权益:		
长期股权投资		100 000	实收资本		800 000
固定资产		562 970	未分配利润		170 650
非流动资产合计		662 970	所有者权益合计		970 650
资产总计		1 138 350	负债及所有者权益总计		1 138 350

51. 电力公司2020年6月份A商品的购进、发出材料如下:

6月1日,A商品期初数量200件,单价60元/件。

6月5日,购入A商品500件,单价66元/件。

6月7日,发出A商品400件。

6月16日,购入A商品600件,单价70元/件。

6月18日,发出A商品800件。

6月27日,购入A商品500件,单价68元/件。

6月29日,发出A商品300件。

要求:

(1)假设该公司采用先进先出法,计算6月末结存A商品成本为________元。

(2)假设该公司采用一次加权平均法,计算加权平均单价为________元。

(3)假设该公司采用移动加权平均法,计算6月16日A商品移动加权平均单价为________元。

(4)假设该公司采用移动加权平均法,计算6月18日发出A商品成本为________元。

(5)假设该公司采用移动加权平均法,计算6月末结存A商品成本为________元。

52. 甲公司 2020 年 12 月的试算平衡表如下：

试算平衡表

2020 年 12 月 31 日　　　　单位：元

会计科目	期末余额	
	借方	贷方
库存现金	370	
银行存款	63 500	
应收账款	21 200	
坏账准备		1 350
原材料	46 000	
库存商品	56 800	
存货跌价准备		3060
固定资产	488 000	
累计折旧		4 860
固定资产清理		5 500
短期借款		25 000
应付账款		24 100
预收账款		4 500
长期借款		100 000
实收资本		450 000
盈余公积		4 500
本年利润		53 000
合计	675 870	675 870

补充资料：

(1)长期借款期末余额中将于一年内到期归还的长期借款数为 45 000 元。

(2)应收账款有关明细账期末余额情况为

应收账款——A 公司贷方余额 5 800 元；

——B 公司借方余额 27 000 元。

(3)应付账款有关明细账期末余额情况为

应付账款——C 公司贷方余额 32 500 元；

——D 公司借方余额 8 400 元。

(4)预收账款有关明细账期末余额情况为

预收账款——E 公司贷方余额 4 500 元。

要求：根据上述资料，计算甲公司 2020 年 12 月 31 日资产负债表中下列报表项目的期末数。

(1)应收账款________元；

(2)存货________元；

(3)流动资产合计________元;

(4)预收款项________元;

(5)流动负债合计________元。

53. 请根据题目所述条件填列(1)~(5)处。

(1)甲企业2020年1月5日销售货物一批,价款10 000元,增值税销项税率13%,收到购买单位支票一张,收讫后存入银行。出纳人员根据审核无误的原始凭证填制银行存款收款凭证。

收款凭证

借方科目:银行存款　　　　2020年12月5日　　　　收字第1号

摘要	贷方科目		金额	记账
	一级科目	二级或明细科目		
销售甲产品	主营业务收入	甲产品	(1)	
	应交税费	应交增值税	(2)	
合计			(3)	

会计主管　　记账　　稽核　　填制　　出纳　　交款人

(2)甲企业2020年12月12日购入A材料一批,买价6 000元,增值税进项税率13%,开出支票一张支付购料款。出纳人员根据审核无误的原始凭证填制银行存款付款凭证。

付款凭证

借方科目:银行存款　　　　2020年12月12日　　　　付字第1号

摘要	贷方科目		金额	记账
	一级科目	二级或明细科目		
购买材料	在途物资	A材料	(4)	
	应交税费	应交增值税	(5)	
合计				

会计主管　　记账　　稽核　　填制　　出纳　　交款人

54. 德尔公司采用科目汇总表账务处理程序,并采用全月一次汇总的方法编制科目汇总表。2020年12月,德尔公司根据所有记账凭证编制的科目汇总表如下:

单位:元

会计科目	账页	本期发生额	
		借方	贷方
银行存款		251 000	249 200
应收账款		100 000	
原材料		50 000	90 000

续表

会计科目	账页	本期发生额	
		借方	贷方
生产成本		170 000	210 000
制造费用		60 000	60 000
库存商品		210 000	220 000
固定资产		21 000	
累计折旧			4 600
固定资产清理		56 300	
应付职工薪酬		40 000	40 000
应交税费		66 500	76 000
本年利润		E	F
主营业务收入		300 000	300 000
主营业务成本		220 000	220 000
销售费用		20 000	20 000
财务费用		700	700
管理费用		4 600	46 00
营业外收入		56 300	56 300
营业外支出		11 000	11 000
所得税费用		25 000	25 000
合计		G	H

要求:(1)根据资料计算字母 E 处的金额________元。

(2)根据资料计算字母 F 处的金额________元。

(3)根据资料计算字母 G 处的金额________元。

(4)根据资料计算字母 H 处的金额________元。

(5)根据资料计算该公司本月的净利润________元。

55. 鑫鑫公司 2020 年 12 月 31 日有关账户的部分资料如下表所示:

账户期末余额表

单位:元

账户名称	期初余额		本期发生额		期末余额	
	借方	贷方	借方	贷方	借方	贷方
固定资产	800 000		440 000	20 000	(1)	
银行存款	120 000		(2)	160 000	180 000	
应付账款		160 000	140 000	120 000		(3)
短期借款		90 000	(4)	20 000		60 000
实收资本		700 000		(5)		1 240 000

要求:根据账户的期初余额、本期发生额和期末余额的计算方法,计算括号内的数字。

56. 某企业2020年11月发生的经济业务及登记的总分类账和明细账如下:

(1)3日,向甲企业购入A材料800千克,单价22元,价款17 600元;购入B材料700千克,单价16元,价款11 200元。货物已验收入库,款项尚未支付。(不考虑增值税,下同)

(2)6日,向乙企业购入C材料1 000千克,单价20元,货物已验收入库,款尚未支付。

(3)12日,生产车间为生产产品领用材料,其中A材料1 200千克,单价22元;领用B材料1 100千克,单价16元。

(4)21日,向甲企业偿还前欠货款30 000元,向乙企业偿还前欠货款10 000元,用银行存款支付。

(5)25日,向甲企业购入B材料1 100千克,单价16元,价款已用银行存款支付,货物同时验收入库。

应付账款总分类账户

会计科目:应付账款　　　　单位:元

2020年		凭证字号	摘要	借方	贷方	借或贷	余额
月	日						
	1		月初余额			贷	36 000
	3		购入材料		28 800	贷	64 800
	6		购入材料		(1)	贷	84 800
	21		归还前欠货款	(2)		贷	(3)
	31		本月合计			贷	

应付账款明细分类账户

会计科目:甲企业　　　　单位:元

2020年		凭证字号	摘要	借方	贷方	借或贷	余额
月	日						
	1		月初余额			贷	(4)
	3		购入材料		(5)	贷	54 800
	21		归还前欠货款	30 000		贷	24 800
	31		本月合计			贷	

要求:根据资料、总分类账和明细分类账的钩稽关系,将总分类账和明细分类账中空缺的数字填上。

57. 2020年11月30日,华天公司有关账户期末余额及相关经济业务如下:

①"库存现金"账户借方余额2 000元,"银行存款"账户借方余额350 000元,"其他货币资金"账户借方余额500 000元。

②"应收账款"总账账户借方余额350 000元,其所属明细账户借方余额合计为480 000元,所属明细账贷方余额合计为130 000元。

“坏账准备”账户贷方余额为30 000元(均系应收账款计提)。

③“固定资产”账户借方余额8 700 000元,“累计折旧”账户贷方余额为2 600 000元,“固定资产减值准备”账户贷方余额为600 000元,“固定资产清理”账户借方余额为500 000元。

④“应付账款”总账账户贷方余额240 000元,其所属明细账户贷方余额合计为350 000元,所属明细账借方余额合计为110 000元。

⑤“预付账款”总账账户借方余额为130 000元,其所属明细账户借方余额合计为160 000元,其所属明细账户贷方余额合计为30 000元。

要求:

(1)计算华伟公司2020年11月30日资产负债表中“货币资金”项目期末余额为______元。

(2)计算华伟公司2020年11月30日资产负债表中“应收账款”项目期末余额为______元。

(3)计算华伟公司2020年11月30日资产负债表中“预收账款”项目期末余额为______元。

(4)计算华伟公司2020年11月30日资产负债表中“固定资产”项目期末余额为______元。

(5)计算华伟公司2020年11月30日资产负债表中“预付账款”项目期末余额为______元。

58. 甲公司2019年12月30日购买了一辆汽车原价为100 000元,预计使用年限为5年,预计净残值率为1%,该车预计行驶里程数为100 000千米,2020年行驶了15 000千米。

要求:

(1)假设公司采用平均年限法,计算2020年1月份的折旧额为________元。

(2)假设公司采用工作量法,计算2020年全年的折旧额为________元。

(3)假设公司采用年数总和法,计算2021年全年的折旧额为________元。

(4)假设采用双倍余额递减法,计算2022年全年的折旧额为________元。

(5)假设采用双倍余额递减法,计算2023年全年的折旧额为________元。

59. 华天公司2020年3月末相关账户金额资料如下(单位:元):

总账名称	明细账名称	借方金额	贷方金额	总账名称	明细账名称	借方金额	贷方金额
库存现金		9 000		固定资产		400 000	
银行存款		40 000		累计折旧			50 000
应收账款	A公司	23 000		固定资产减值准备			6 000
	B公司		46 000	应付账款	E公司	6 800	
预付账款	C公司	34 000			F公司		4 500
	D公司		20 000	预收账款	G公司	56 500	
坏账准备	应收账款	500			H公司		45 000

要求:

(1)根据资料计算货币资金项目的金额为________元。

(2)根据资料计算应收账款项目的金额为________元。

(3)根据资料计算预付账款项目的金额为________元。

(4)根据资料计算预收账款项目的金额为________元。

(5)根据资料计算固定资产项目的金额为________元。

60. 华伟公司2020年发生如下经济业务:

①华伟公司为扩大生产规模从国内购进一条先进生产流水线,价款600万元,增值税税额为78万元,运输费和保险费10万元,公司开出期限为90天的商业承兑汇票一次性支付价税及运费等688万元。

②流水线运抵公司后,请专业安装公司进行安装调试,并通过开户银行支付安装调试费5万元,生产流水线经过试运行,开始正常生产。

③公司因遭受水灾而毁损一座仓库,该仓库原价为300万元,已计提折旧80万元,未计提减值准备。

④经保险公司核定应赔偿损失160万元,尚未收到赔款。毁损仓库发生的清理费用1.5万元,以现金支付。

⑤仓库清理完毕,结转相关费用。

要求:

(1)根据业务①,编制正确的会计分录。

(2)根据业务②,编制正确的会计分录。

(3)根据业务③,编制正确的会计分录。

(4)根据业务④,编制正确的会计分录。

(5)根据业务⑤,编制正确的会计分录。

61. 华光公司2020年11月初资产期初余额为150 000元,负债期初余额为100 000元,本期发生经济业务如下:

①向欣雨公司购入一批原材料,价款为12 000元,材料已办理入库手续,并签发了一张商业承兑汇票(不考虑增值税)。

②10月购入的原材料20 000元,今运抵并验收入库。

③由于经营出现危机,无力偿还东华公司欠款60 000元,经协商同意将其债权转为股权。

④经批准签发支票代所有者甲以资本金26 000元偿还甲投资者所欠其他单位的款项。

要求:

(1)根据经济业务①编制正确的会计分录。

(2)根据经济业务②编制正确的会计分录。

(3)根据经济业务③编制正确的会计分录。

(4)根据经济业务④编制正确的会计分录。

(5)计算华光公司2020年11月末所有者权益的金额。

62. 资料一:假定A、B、C三公司共同投资组成ABC有限责任公司。按ABC有限公司的章程规定,注册资本为900万元,A、B、C三方各占三分之一的股份。假定A公司以厂房投资,该厂房原值500万元,已提折旧300万元,投资各方确认的价值为300万元(同公允价值);B公司以价值200万元的新设备一套和价值100万元的一项专利权投资,其价值已被投资各方确认,并已向ABC公司移交了专利证书等有关凭证;C公司以货币资金300万元投资,已存入ABC公司的开户银行。

资料二:假定D公司和E公司有意投资ABC公司,经与A、B、C三公司协商,将ABC公司变更为ABCDE公司,注册资本增加到1 500万元,A、B、C、D、E五方各占五分之一股权,D公司需以货币资金出资400万元,以取得20%的股份;E公司以价值400万元的一项土地使用权出资,其价值已被投资各方确认,取得 20% 的股份。协议签订后,修改了原公司章程,有关出资及变更登记手续办理完毕。

要求:

(1)根据资料一,就 ABC 公司实际收到 A 公司投资时编制有关会计分录。

(2)根据资料一,就 ABC 公司实际收到 B 公司投资时编制有关会计分录。

(3)根据资料一,就 ABC 公司实际收到 C 公司投资时编制有关会计分录。

(4)根据资料二,编制实际收到 D 公司投资时的会计分录。

(5)根据资料二,编制实际收到 E 公司投资时的会计分录。

63. 某企业 2020 年 12 月份发生下列有关存货的经济业务:

①12 月 1 日,购入 A 材料 50 千克,每千克 100 元,计价款 5 000 元,增值税进项税额 650 元,均已用银行存款支付,材料尚未到达。

②12 月 5 日,购入 B 材料 200 千克,每千克 400 元,计价款 80 000 元,增值税进项税额 10 400 元,款项未付,材料已验收入库。

③12 月 6 日,购入的 A 材料,今日到达并验收入库。

④12 月 12 日,销售甲产品 100 千克,每千克 2 000 元,增值税销项税额 26 000 元,款项尚未收到。

⑤12 月 17 日,收到前欠货款 226 000 元,存入银行。

要求:

(1)根据经济业务①编制会计分录。

(2)根据经济业务②编制会计分录。

(3)根据经济业务③编制会计分录。

(4)根据经济业务④编制会计分录。

(5)根据经济业务⑤编制会计分录。

64. 华诚公司系增值税一般纳税人,适用的增值税税率为 13%。2020 年 8 月份发生的部分经济业务如下:

①"发料凭证汇总表"显示,当月生产车间共领用 A 材料 198 000 元(其中,用于甲产品生产 120 000 元,用于乙产品生产 78 000 元),车间管理部门领用 A 材料 3 000 元,公司行政管理部门领用 A 材料 2 000 元。

②"工资结算汇总表"显示,本月应付生产工人薪酬为 114 000 元(其中,生产甲产品的工人薪酬 67 000 元,生产乙产品的工人薪酬 47 000 元),应付车间管理人员薪酬为 17 100 元,应付行政管理人员薪酬为 22 800 元。

③本月计提固定资产折旧 5 000 元(其中,生产车间用固定资产计提折旧 4 000 元,行政管理部门用固定资产计提折旧 1 000 元)。

④8 月 1 日向 A 公司销售商品一批,增值税专用发票上注明销售价格为 200 000 元,增值税额为 26 000 元。提货单和增值税专用发票已交 A 公司,A 公司已承诺付款。该批商品的实际成本为 140 000 元。8 月 31 日,该批产品因质量问题被 A 公司全部退回,退回的商品已验收入库。

⑤将丙产品 15 台作为福利分配给本公司行政管理人员,丙产品每台产品成本为 140 元,市场售价每台 200 元(不含增值税)。

要求:

(1)根据经济业务①,编制会计分录。

(2)根据经济业务②,编制会计分录。

(3)根据经济业务③,编制会计分录。

(4)根据经济业务④,编制会计分录。

(5)根据经济业务⑤,编制会计分录。

65. 天天公司2020年12月份发生下列业务:

①采购员王征暂借差旅费800元,以现金支付。

②购入不需安装的设备一台,买价30 000元,增值税进项税额3 900元,款项以银行存款支付。

③偿还前欠和信工厂零件款76 518元,用银行存款支付。

④销售产品350件给三联公司,货款140 000元,增值税税额18 200元,收到对方开出的承兑期为一个月的商业汇票158 200元。

⑤公司销售积压的材料600千克,款项5 400元和702元的增值税销项税税款均已收存银行。

要求:

(1)根据经济业务①编制会计分录。

(2)根据经济业务②编制会计分录。

(3)根据经济业务③编制会计分录。

(4)根据经济业务④编制会计分录。

(5)根据经济业务⑤编制会计分录。

66. 某制造公司为一般纳税人,生产车间只生产一种A产品,月初和月末在产品统一按定额计算,每件在产品固定为3.6元,其中直接材料1.8元,工资费用1.1元,制造费用0.7元。2019年8月初有在产品3 000件;当月领用原材料81 400元,发生工资费用50 900元,分配制造费用37 000元。当月完工入库A产品26 000件,月末留存在产品2 000件。

要求:

(1)根据资料计算本月完工A产品消耗的直接材料。

(2)根据资料计算本月完工A产品消耗的直接人工。

(3)根据资料计算本月完工A产品消耗的制造费用。

(4)根据资料计算本月完工A产品单位成本。

(5)编制本月完工A产品入库的会计分录。

67. 2018年4月1日,华伟公司为建造厂房从银行借入期限为2年的长期专门借款800 000元,款项已存入银行。借款利率为8%,每年4月1日支付利息,期满后一次还清本金。该厂房于2018年7月1日完工,达到预定可使用状态。

要求:

(1)编制2018年4月1日取得长期借款时会计分录。

(2)计算2018年12月31日借款利息。

(3)编制2019年4月1日,支付利息时的会计分录。

(4)计算2019年12月31日计提利息时,予以资本化的利息。

(5)编制2020年4月1日,偿还本金和利息的会计分录。

68. 甲企业为增值税一般纳税人，增值税税率为13%，采用备抵法核算坏账。2020年12月1日，甲企业“应收账款”科目借方余额为200万元，“坏账准备”科目贷方余额为25万元。12月份，甲企业发生如下相关业务：

①12月5日，向乙企业赊销商品一批，开具的增值税专用发票上注明的售价为50万元，增值税税额6.5万元。甲企业已将商品运抵乙企业，货款尚未收到。

②12月9日，一客户破产，根据清算程序，有应收账款20万元不能收回，确认为坏账损失。

③12月21日，收到乙企业的销货款30万元，存入银行。

④12月31日，甲企业对应收账款进行减值测试，预计其未来现金流量现值为170万元。

要求：

(1)根据业务①编制相应的会计分录。

(2)根据业务②编制相应的会计分录。

(3)根据业务③编制相应的会计分录。

(4)计算甲企业12月份应计提的坏账准备金额。

(5)编制甲企业计提坏账准备的会计分录。

69. 甲公司为增值税一般纳税人，适用的增值税税率为13%，商品、原材料售价中均不含增值税。假定销售商品、原材料均符合收入确认条件，其成本在确认收入时逐笔结转，不考虑其他因素。2020年4月，甲公司发生如下交易或事项：

①销售商品一批，开具的增值税专用发票上注明的售价为200万元，增值税税额为26万元。商品已发出，款项尚未收回。该批商品实际成本为150万元。

②销售一批原材料，开具的增值税专用发票上注明的售价为80万元，增值税税额为10.4万元。材料已发出，款项收到并存入银行。该批材料的实际成本为59万元。

③将使用过的生产设备出售给乙公司，开具的增值税专用发票上注明的价款为20万元，增值税税额为2.6万元，已通过银行收回价款。该设备原价30万元，已计提累计折旧8万元。

④向乙公司销售A商品1 600件，标价总额为800万元(不含增值税)，商品实际成本为480万元。为了促销，甲公司给予乙公司15%的商业折扣并开具了增值税专用发票。甲公司已发出商品，并向银行办理了托收手续。

⑤以银行存款支付管理费用20万元，财务费用10万元，营业外支出5万元。

要求：

(1)根据经济业务①，编制正确的会计分录。

(2)根据经济业务②，编制正确的会计分录。

(3)根据经济业务③，编制正确的会计分录。

(4)根据经济业务④，编制正确的会计分录。

(5)根据经济业务⑤，编制正确的会计分录。

70. 某企业根据“工资结算汇总表”列示，当月应付工资总额为680 000元，扣除企业已为职工代垫的医药费2 000元和受房管部门委托代扣的职工房租26 000元，实发工资总额为652 000元。上述工资总额中，根据“工资费用分配表”列示产品生产人员工资为560 000元，车间管理人员工资为50 000元，企业行政管理人员工资为60 000元。

要求:

(1)编制向银行提取现金的会计分录。

(2)编制发放工资的会计分录。

(3)编制代扣款项的会计分录。

(4)编制将有关工资费用结转至生产成本的会计分录。

(5)编制将有关工资费用结转至制造费用的会计分录。

71. 天光公司为增值税的一般纳税人,适用的增值税税率为13% ,该公司2020年12月初“应交税费——应交增值税”账户期初无余额,“应交税费——未交增值税”账户期初贷方余额为26 500元。12月份发生的交易或事项有:

①购入机器设备一台,取得增值税专用发票注明的买价为210 000元,增值税税额为27 300元,发生运输费2 000元,增值税税额180元,机器设备可直接投入使用。价税款及运输费用申请的银行本票支付200 000元,余款暂欠。

②销售产品一批,销售额为450 000元,成本为300 000元,产品已发出,款项存入银行。

③天光公司以自产产品作为福利发放给职工,该产品成本为50 000元,售价和计税价格均为70 000元。

④天光公司缴纳上月未交增值税税额50 000元。

要求:

(1)计算天光公司购入生产设备的入账金额。

(2)编制天光公司经济业务①的会计分录。

(3)编制天光公司经济业务②的会计分录。

(4)编制天光公司经济业务③的会计分录。

(5)编制上月未交增值税的会计分录。

72. 2020年12月末,华天公司对公司的资产进行全面的清查,在清查中发现如下问题:(假设增值税税率13%)

①现金长款50元,经查,其中45元是与腾达公司结算零星销货款时,在发票以外多收的现金,另外5元原因不明。

②毁损乙材料10吨,每吨进价200元,经查是属于非正常损失。

③盘盈甲材料10吨,单位成本350元,经查属于收发计量错误。

④盘亏设备一台,其原值为50 000元,已提折旧额30 000元。

⑤应付华星公司的采购款5 000元,经查确实无法支付。

要求:

(1)根据资料编制现金长款报经审批后的会计分录。

(2)根据资料编制毁损乙材料报经审批前的会计分录。

(3)根据资料编制盘盈甲材料报经审批后的会计分录。

(4)根据资料编制盘亏设备报经审批前的会计分录。

(5)根据资料编制无法支付的货款报经审批后的会计分录。

73. 某企业为增值税一般纳税人,2020年8月份发生下列经济业务:

①8月1日,企业向银行借期限为1年的借款1 000 000元,存入银行。

②8月2日,向安利公司购进甲材料100吨,单价200元,计20 000元,增值税进项税2 600元;乙材料400吨,单价100元,计40 000元,增值税进项税5 200元。款项尚未支付,

材料已经验收入库。

③8 月 10 日,计提职工工资,其中办公室人员 40 000 元,财务人员 30 000 元,销售人员 70 000 元,生产工人 160 000 元。

④8 月 24 日,以银行存款 300 000 元发放工资。

⑤8 月 26 日,王经理出差归来报销差旅费 2 800 元,交回多余现金 200 元,现金收讫。

要求:

(1)根据经济业务①,编制会计分录。

(2)根据经济业务②,编制会计分录。

(3)根据经济业务③,编制会计分录。

(4)根据经济业务④,编制会计分录。

(5)根据经济业务⑤,编制会计分录。

74. 某公司 2020 年发生下列经济业务:

①2 月 1 日,购入生产用设备一台,增值税专用发票列明价款为 160 000 元,增值税税额为 20 800 元,款项通过银行付清,设备交付生产车间使用。

②3 月 2 日,购入需要安装生产用设备一台,增值税专用发票列明 100 000 元,增值税税额为 13 000 元,运杂费和安装费共计 6 000 元,均以银行存款支付。安装时领用企业生产用原材料 4 000 元,并以银行存款支付其他安装费 2 320 元。3 月 25 日安装完毕,交付生产车间使用。

③5 月 12 日,企业接受某单位投入的不需要安装的机床一台,双方投资协议约定按其净值 140 000 元确认投资额,机床已交付生产车间使用。

④8 月 10 日,企业对厂房进行扩建,领用工程物资 20 000 元,用银行存款支付其他费用 18 000 元,分摊应负担的修理工人工资薪酬 4 000 元。

⑤9 月 30 日,厂房扩建工程完工交付使用,并取得变价收入 2 000 元已存入银行。扩建后预计延长其使用年限 10 年。

要求:

(1)根据经济业务①编制会计分录。

(2)根据经济业务②编制会计分录。

(3)根据经济业务③编制会计分录。

(4)根据经济业务④编制会计分录。

(5)根据经济业务⑤编制会计分录。

75. 2020 年 1 月 1 日,丙公司从银行借入资金 2 700 000 元,借款期限为 2 年,年利率为 7%(每年末付息一次,不计复利,到期还本),所借款项已存入银行。

2020 年 1 月 20 日,丙公司用该借款购买不需安装的生产设备一台,价款 2 000 000 元,增值税税额为 260 000 元,设备于当日投入使用。该设备采用年限平均法计提折旧,预计使用 10 年,预计报废时的净残值为 50 000 元。

要求:

(1)编制丙公司借入长期借款的会计分录。

(2)编制丙公司购入生产设备的会计分录。

(3)编制丙公司按月计提长期借款利息的会计分录。

(4)编制丙公司按月计提固定资产折旧的会计分录。

(5)计算 2020 年 12 月 31 日丙公司固定资产账面价值。

76. 甲公司2020年8月发生如下部分经济业务:

①8月3日,以现金支付应由公司负担的销售A产品的运输费800元。

②8月7日,以银行存款支付业务招待费7 200元。

③8月15日,计算应交土地使用税3 500元。

④8月20日,收到银行转来的存款利息3 000元。

⑤8月30日,摊销无形资产2 000元。

要求:

(1)根据经济业务①,编制正确的会计分录。

(2)根据经济业务②,编制正确的会计分录。

(3)根据经济业务③,编制正确的会计分录。

(4)根据经济业务④,编制正确的会计分录。

(5)根据经济业务⑤,编制正确的会计分录。

77. 阳光公司2020年12月31日有关损益类账户本期发生额如下(单位:元):

账户名称	借方发生额	贷方发生额
主营业务收入		1 750 000
其他业务收入		31 000
营业外收入		65 000
主营业务成本	985 000	
税金及附加	75 000	
销售费用	40 000	
管理费用	60 000	
财务费用	20 000	
其他业务成本	22 000	
营业外支出	28 000	
资产减值准备	23 000	

阳光公司利润总额和应纳税所得额一致,所得税税率为25%。

(1)写出期末将所有损益类账户余额结转至"本年利润"的会计分录。

(2)根据上述资料,计算阳光公司2020年度的营业利润。

(3)根据上述资料,计算阳光公司2020年度的利润总额。

(4)据上述资料,计算阳光公司2020年度的净利润。

(5)写出阳光公司本期计提、结转企业所得税时,应编制的会计分录。

78. 华美公司为增值税一般纳税人,2020年7月1日从乙公司赊购一批原材料,增值税专用发票上注明的原材料价款为80 000元,增值税进项税额为10 400元。根据购货合同约定,华美公司应于7月31日之前支付货款,并附有现金折扣条件:如果华美公司能在10日内付款,可按原材料价款(不含增值税)的2%享受现金折扣;如果华美公司能在超过10日且在20日内付款,可按原材料价款(不含增值税)的1%享受现金折扣;如果超过20日付款,则须按交易金额全付。(该公司采用总价法核算)

要求:

(1)根据资料,编制华美公司7月1日赊购原材料的会计分录。

(2)假定华美公司于7月10日支付货款,计算实际付款金额。

(3)假定华美公司于7月10日支付货款,编制正确的会计分录。

(4)假定华美公司于7月18日支付货款,编制正确的会计分录。

(5)假定华美公司于7月22日支付货款,编制正确的会计分录。

79. 万达公司于2020年1月1日向银行借入一笔生产经营用短期借款,共计900 000元,期限为6个月,年利率为6%。根据与银行签署的借款协议,该项借款的本金到期后一次归还。利息分月预提,按季支付。

要求:

(1)1月1日,借入短期借款,款项存入银行账户,编制正确的会计分录。

(2)1月31日,计提1月份短期借款利息,编制正确的会计分录。

(3)3月31日,支付第一季度利息费用,编制正确的会计分录。

(4)4月30日,计提4月份短期借款利息,编制正确的会计分录。

(5)6月30日,支付第二季度利息费用,同时归还本金,编制正确的会计分录。

80. 光大公司2020年1月发生以下经济业务:

(1)销售产品一批,价款为60 000元,增值税税额为7 800元。款项存入银行。该批产品的成本为28 000元。

(2)购入原材料4 000元,增值税税额520元,材料已验收入库,款项以银行存款支付。

(3)购入不需要安装的设备一台,价款为20 000元,增值税税额为2 600元,设备当日交付使用,款项以银行存款支付。

(4)以银行存款归还短期借款5 000元及本月的借款利息450元。

(5)经核实某供货商已经破产倒闭,银行账户也已注销,以前年度所欠供货商的货款10 000元无法支付。

要求:逐笔编制光大公司上述业务的会计分录。

81. 2020年5月6日,A公司与B公司签订原材料采购合同,向B公司采购材料6 000吨,每吨单价40元,所需支付的款项总额240 000元。合同约定,合同订立之日,A公司向B公司预付货款的30%,验收货物后补付其余款项。当日,A公司以银行存款预付货款。

2020年6月25日,A公司收到B公司发来的材料并验收入库,取得的增值税专用发票上记载的价款为240 000元,增值税税额为31 200元。6月27日,A公司以银行存款补付其余款项。

2020年7月,根据A公司"发料凭证汇总表"的记录,生产车间生产产品直接领用材料120 000元,车间管理部门领用11 000元,企业行政管理部门领用6 000元。

要求:

(1)编制A公司预付货款的会计分录。

(2)编制A公司购入材料的会计分录。

(3)编制A公司补付款项的会计分录。

(4)编制A公司汇总车间领用材料的会计分录。

(5)编制A公司行政管理部门领用材料的会计分录。

82. 某企业本月主营业务收入为1 500 000元,其他业务收入为15 000元,营业外收入为100 000元,投资损失为60 000元,主营业务成本为750 000元,其他业务成本为10 000元,税金及附加为30 000元,营业外支出为80 000元,管理费用为40 000元,销售费用为30 000元,财务费用为15 000元,所得税费用为150 000元。

根据上述资料计算:

(1)该企业本月营业利润为(　　)元;

(2)该企业本月利润总额为(　　)元;

(3)该企业本月净利润为(　　)元。

期末模拟题

模拟题一

一、单项选择题(每小题1分,共20分。每小题备选答案中,只有一个符合题意的正确答案。多选、错选、不选均不得分)

1. 某企业进行现金清查时,发现现金实有数比账面余额多100元。经反复核查,长款原因不明。正确的处理方法是(　　)。

A. 归出纳员个人所有　　B. 冲减管理费用

C. 确认为其他业务收入　　D. 确认为营业外收入

2. 某企业6月初的资产总额为160 000元,负债总额为60 000元。6月份发生下列业务:取得收入共计80 000元,发生费用共计60 000元,则6月底该企业的所有者权益总额(　　)元。

A. 120 000　　B. 170 000　　C. 160 000　　D. 100 000

3. 某公司2020年5月进口一台需要安装的流水线,进口价120万元,支付关税12万元,增值税税额15.6万元,支付运杂费1.5万元,安装流水线时领用原材料2万元,支付安装费3万元,该台设备完工后的入账价值为(　　)万元。

A. 154.1　　B. 161.28　　C. 138.5　　D. 170.94

4. 审核无误的会计凭证是(　　)的依据。

A. 编制会计报表　　B. 财产清查　　C. 登记账簿　　D. 编制会计分录

5. 某小规模纳税人销售产品一批,该产品的含税价格为52 000元,如果增值税征收率为3%,则该笔业务的应交增值税税额为(　　)元。

A. 2 280　　B. 8 840　　C. 1 560　　D. 1 515

6. 不应计入固定资产入账价值的是(　　)。

A. 固定资产买价

B. 为取得固定资产而缴纳的契税

C. 购买机器设备取得的增值税专用发票上注明的增值税税额

D. 固定资产安装调试费

7. 某化工厂仓库保管人员填制的收料单,属于企业的(　　)。

A. 外来原始凭证　　B. 自制原始凭证

C. 汇总原始凭证　　D. 累计原始凭证

8. 2020年4月1日,甲公司因生产经营的临时性需要从银行取得借款40 000元,借款期限6个月,年利率为6%,到期还本,按月计提利息,按季付息。该公司确认4月份利息费的会计分录为(　　)。

A. 借:财务费用　　2 000
　　贷:短期借款　　2 000

B. 借:管理费用　　2 000
　　贷:应付利息　　2 000

C. 借:财务费用　　　　2 000
　　贷:应付利息　　　　2 000
D. 借:应付利息　　　　2 000
　　贷:银行存款　　　　2 000

9. 甲企业与乙企业之间存在购销关系,甲企业定期将“应收账款——乙企业”明细账与乙企业的“应付账款——甲企业”明细账进行核对,下列各项中,准确描述这种对账性质的是(　　)。

A. 账证核对　　B. 账账核对
C. 账实核对　　D. 余额核对

10. 下列各项中,工业企业应将相关材料实际成本结转至“其他业务成本”科目的是(　　)。

A. 对外销售材料　　B. 基本生产车间领用材料
C. 车间管理部门领用材料　　D. 行政管理部门领用材料

11. 下列项目不属于资产要素的是(　　)。

A. 应收账款　　B. 预收账款
C. 预付账款　　D. 专利权

12. 记账以后,发现记账凭证应借、应贷的账户名称和方向正确,但所记金额小于应记金额,应采用(　　)更正。

A. 划线更正法　　B. 红字更正法
C. 补充登记法　　D. 平行登记法

13. 东方公司从银行提取现金 50 000 元,以备出差费用。其编制的会计分录,借方为(　　)。

A. 其他应收款　　B. 管理费用
C. 库存现金　　D. 销售费用

14. 王新出差回来,报销差旅费 1 500 元,并交回原预借旅费多余现金 500 元。该项经济业务编制的会计分录为(　　)。

A. 借:管理费用　　　　1 500
　　贷:库存现金　　　　1 500
B. 借:库存现金　　　　500
　　贷:其他应收款　　　　500
C. 借:管理费用　　　　1 500
　　　库存现金　　　　500
　　贷:其他应收款　　　　2 000
D. 借:管理费用　　　　1 500
　　　库存现金　　　　500
　　贷:应收账款　　　　2 000

15. 企业 6 月末支付本季短期借款利息 6 000 元,前两月预提利息 4 000 元,该项经济业务应编制的会计分录为(　　)。

A. 借:财务费用　　　　6 000
　　贷:银行存款　　　　6 000

B. 借:应付利息　　6 000
　　贷:银行存款　　6 000

C. 借:应付利息　　4 000
　　　管理费用　　2 000
　　贷:银行存款　　6 000

D. 借:应付利息　　4 000
　　　财务费用　　2 000
　　贷:银行存款　　6 000

16. 借贷记账法下的发生额试算平衡的理论依据是(　　)。

A.“有借必有贷,借贷必相等”的规则　　B. 平行登记

C.“资产 = 负债 + 所有者权益”的等式　　D. 账户的结构

17. 编制资产负债表主要是根据(　　)。

A. 资产、负债及所有者权益各账户的本期发生额

B. 资产、负债及所有者权益账户的期末余额

C. 损益类各账户的本期发生额

D. 损益类各账户的期末余额

18. 账户期末余额试算等式正确的是(　　)。

A. 期末借方余额 = 期初借方余额 - 期初贷方余额 + 期末贷方余额

B. 期末借方余额 = 期初借方余额 - 期初贷方余额 - 期末贷方余额

C. 期末借方余额 = 期初借方余额 + 期初贷方余额 - 期末贷方余额

D. 期末借方余额合计 = 期末贷方余额合计

19. 库存现金的清查是通过(　　)进行的。

A. 实地盘点法　　B. 账账核对法

C. 技术分析法　　D. 函证法

20. 一项资产增加,一项负债增加的经济业务发生以后,会使企业的资产和权益的总额发生(　　)。

A. 不相等的变动　　B. 同时增加的变动

C. 同时减少的变动　　D. 以上变动均有可能

二、多项选择题(每小题 2 分,共 40 分。每小题备选方案中至少有两个符合题意的正确答案。多选、错选、不选均不得分)

1. 企业进行材料发出业务核算时,可能涉及的账户有(　　)。

A. 原材料　　B. 生产成本

C. 制造费用　　D. 管理费用

2. 下列关于“累计折旧”账户的表述中,正确的是(　　)。

A. 该账户用来反映固定资产的损耗价值　　B. 计提折旧应记入该账户的借方

C. 该账户期末应为贷方余额　　D. 企业应每月计提固定资产折旧

3. 会计人员在登账过程中,会发生无意识的隔页、跳行现象,对于账页上的隔页、跳行,正确的做法应当是(　　)。

A. 抽换账页

B. 撕掉账页

C. 将空页、空行划线注销,并由记账人员签章

D. 将空页、空行注明“此页空白”“此行空白”字样,并由记账人员签章

4. 登记现金日记账的记账凭证有(　　)。

A. 现金收款凭证　　B. 银行存款收款凭证

C. 银行存款付款凭证　　D. 现金付款凭证

5. 试算平衡的公式有(　　)。

A. 全部账户本期借方发生额合计 = 全部账户本期贷方发生额合计

B. 全部资产账户本期借方发生额合计 = 全部负债账户本期贷方发生额合计

C. 全部账户期初借方余额合计 = 全部账户期初贷方余额合计

D. 全部账户期末借方余额合计 = 全部账户期末贷方余额合计

6. 制造产品领用原材料 15 000 元,车间领用消耗性材料 3 000 元。厂部领用消耗性材料 2 000 元。编制的会计分录借方科目及其金额正确的是(　　)。

A. 生产成本　15 000　　B. 生产成本　18 000

C. 制造费用　3 000　　D. 管理费用　2 000

7. 任何会计主体必须设置的账簿有(　　)。

A. 现金日记账　　B. 银行存款日记账

C. 总分类账　　D. 明细分类账

8. 下列项目中属于流动负债项目的是(　　)。

A. 预付账款　　B. 预收账款

C. 应付账款　　D. 应付利息

9. 会计科目按提供信息的详细程度及其统驭关系可以分为(　　)。

A. 总分类账　　B. 明细分类账

C. 资产类科目　　D. 负债类科目

10. 下列项目中,应通过“应付工资薪酬”账户核算的有(　　)。

A. 职工工资、奖金、津贴和补贴　　B. 住房公积金

C. 非货币性福利　　D. 解除职工劳动关系补偿

11. 企业内审人员对当年的会计账本审查时发现,金额为 10 000 元的购货发票在填制记账凭证时误填写为 1 000 元,由于已登记入账,会计人员可以采用(　　)。

A. 用红字填写一张与原内容相同的记账凭证,同时再用蓝字重新填写一张正确的记账凭证

B. 重新填制一张正确的记账凭证,将原记账凭证换下,并对账本信息

C. 用蓝字编写一张调增 9 000 元的补充记账凭证,并登记入账

D. 将记账凭证和账簿的错误金额用红字划去,用蓝字填上正确金额,并加盖印章

12. 下列各项中,属于反映企业经营成果的会计要素是(　　)。

A. 收入　　B. 费用　　C. 负债　　D. 利润

13. 下列经济业务中,使资产与权益同时减少的有(　　)

A. 收回购货单位前欠货款,存入银行

B. 以现金支付应付工资

C. 以银行存款购买固定资产

D. 以银行存款偿还前欠购料款

14. 下列属于账户贷方登记的内容有( )。

A. 收入的增加 B. 所有者权益的增加

C. 费用的减少 D. 负债的增加

15. 下列关于库存现金清查的说法中,正确的有( )。

A. 清查库存现金时出纳员必须在现场 B. 库存现金应每日清查核对一次

C. 库存现金应该采用实地盘点法 D. 要根据盘点结果编制“现金盘点报告表”

16. 会计核算的基本前提包括( )

A. 持续经营 B. 会计分期

C. 货币计量 D. 现值

17. 下列属于会计核算方法的有( )。

A. 设置会计科目和账户 B. 填制和审核会计凭证

C. 复式记账 D. 登记账簿

18. 企业计提固定资产折旧时,累计折旧的对应账户可能有( )。

A. 生产成本 B. 管理费用

C. 其他业务成本 D. 制造费用

19. 总账与明细账平行登记的要点有( )。

A. 同方向 B. 同期间

C. 同金额 D. 同依据

20. ( )是更正错账的方法。

A. 核对法 B. 红字更正法

C. 划线更正法 D. 补充登记法

三、判断题(每小题 1 分,共 20 分。每小题判断结果正确的得 1 分,判断结果错误的扣 1 分,不判断不得分也不扣分)

1. 会计核算的相关性要求是指会计核算方法前后各期应当保持一致,不得随意改变。 ( )

2. 从银行提取现金,会引起资产与负债的同时增加。 ( )

3. 会计核算只以货币为计量单位。 ( )

4. 损益类账户期末转入“本年利润”账户后应无余额。 ( )

5. 预付账款账户的性质属于负债。 ( )

6. 重要性原则要求对重要的经济业务应单独反映,对次要业务不用记录。 ( )

7. 企业的序时账簿、总账账簿、明细账簿都必须采用订本式账簿。 ( )

8. 产品生产成本包括直接材料和直接人工两部分。 ( )

9. 资产负债表是反映企业在某一时期财务状况的会计报表,是最基本的会计报表。 ( )

10. 更正错账和结账的记账凭证,可以不附原始凭证。 ( )

11. 企业出租固定资产计提的折旧费用,应记入“其他业务成本”账户的借方。 ( )

12. “主营业务收入”账户借方登记发生的销售退回和转入“本年利润”账户的收入。 ( )

13. 外来原始凭证一般都属于一次凭证,自制原始凭证一般都属于累计凭证。 ( )

14. 账簿中书写的文字和数字上面要留有适当空间,不要写满格,一般占格距的 1/3。 (　　)

15. 账务处理程序不同,登记现金日记账和银行存款日记账的依据也不同。 (　　)

16. 会计分期是指将一个会计主体持续经营的生产经营活动划分为一个连续的、长短相同的期间,以便与公历年度保持一致。 (　　)

17. 会计主体与法律主体不完全对等,法律主体可作为会计主体,但会计主体不一定是法律主体。 (　　)

18. 原始凭证金额有错误,应由填制单位更正并加盖公章。 (　　)

19. 会计要素是构成会计报表的基本因素,同时也是设置科目的依据。 (　　)

20. 企业日常经营活动负担的"税金及附加"会减少营业利润,但是对利润总额和净利润不会产生影响。 (　　)

四、计算分析题(本题包括两大题,每大题 10 分,共 20 分)

1. 某企业 2020 年 9 月 30 日银行存款日记账余额 152 万元,银行对账单余额 148.7 万元。经核对,发现有几笔未达账项:

(1)企业开出一张支票 0.2 万元购买办公用品,企业已登记入账,但银行尚未登记入账;

(2)企业将销售商品收到的转账支票 5 万元存入银行,企业已登记入账,但银行尚未登记入账;

(3)银行受托代企业支付水电费 0.5 万元,银行已登记入账,但企业尚未收到付款通知单,未登记入账;

(4)银行已收到外地汇入货款 2 万元登记入账,但企业尚未收到收款通知单,未登记入账。

要求:编制银行存款余额调节表。

银行存款余额调节表

编制单位:某企业　　　　2020 年 9 月 30 日　　　　单位:万元

项目	金额	项目	金额
银行存款日记账余额	152	银行对账单余额	148.7
加:银行已收、企业未收款项	(1)	加:企业已收、银行未收款项	(3)
减:银行已付、企业未付款	0.5	减:企业已付、银行未付款	(4)
调节后存款余额	(2)	调节后的余额	(5)

2. 甲公司系增值税一般纳税人,适用的增值税税率 13%。2020 年 9 月份发生的部分经济业务如下:

(1)"发出材料汇总表"显示,当月生产车间共领用材料 198 000 元用于产品生产,车间管理部门领用材料 3 000 元,公司行政管理部门领用材料 2 000 元。

(2)"工资结算汇总表"显示,本月应付生产工人薪酬为 114 000 元,应付车间管理人员薪酬为 17 100 元,应付行政管理人员薪酬为 22 800 元。

(3)本月计提固定资产折旧 5 000 元(其中,生产车间用固定资产计提折旧 4 000 元,行政管理部门用固定资产计提折旧1 000元)。

(4)向三星公司销售商品一批,增值税专用发票上注明销售价格为200 000元,增值税税额26 000元,提货单和增值税专用发票已交三星公司,三星公司已承诺付款。该批商品的实际成本为140 000元。

(5)将丙产品15台作为福利分配给公司行政管理人员,丙产品每台产品成本为140元,市场售价每台200元(不含增值税)。

要求:编制上述业务相关的会计分录。

模拟题二

一、单项选择题(每小题1分,共22分。每小题备选答案中,只有一个符合题意的正确答案。多选、错选、不选均不得分)

1. 企业在进行现金清查时,查出的现金溢余数计入"待处理财产损益"科目。后经进一步核查,无法查明原因,经批准后,对该现金溢余正确的会计处理方法是(　　)。

A. 将其从"待处理财产损益"科目转入"管理费用"科目

B. 将其从"待处理财产损益"科目转入"营业外收入"科目

C. 将其从"待处理财产损益"科目转入"其他应付款"科目

D. 将其从"待处理财产损益"科目转入"其他应收款"科目

2. 某企业2020年3月份发生的费用有:计提车间用固定资产折旧10万元,发生车间管理人员工资40万元,支付广告费用30万元,预提短期借款利息20万元,支付劳动10万元。则该企业当期的期间费用总额为(　　)万元。

A. 50　　B. 60　　C. 100　　D. 110

3. 已售产品成本的结转,应从(　　)账户转入主营业务成本。

A. 制造费用　　B. 生产成本　　C. 材料采购　　D. 库存商品

4. 企业计提职工教育经费时,应贷记(　　)。

A. 其他应付款　　B. 应交税费　　C. 应付职工薪酬　　D. 银行存款

5. 某企业12月31日的有关账户余额如下:原材料20 000元,库存商品30 000元,发出商品15 000元、生产成本5 000元、存货跌价准备8 000元,资产负债表中"存货"项目填列的金额为(　　)元。

A. 78 000　　B. 62 000　　C. 57 000　　D. 63 000

6. 下列关于科目汇总表账务处理程序优点的表述中,正确的是(　　)。

A 总分类账可以较详细地反映经济业务的发生情况

B. 登记总分类的工作较小

C. 可以清晰反映科目之间的对应关系

D. 编制汇总记账凭证的程序比较简单

7. 根据账户所反映的经济内容分类"累计折旧"账户属于(　　)账户。

A. 资产　　B. 负债　　C. 成本　　D. 损益

8. 下列资产中,应确认为流动资产的是(　　)。

A. 无形资产　　B. 固定资产

C. 投资性房地产　　D. 存货

9. 某一般纳税企业购入甲材料800千克、乙材料600千克,增值税专用发票上注明甲材料买价为16 000元,乙材料买价为18 000元,增值税税额为4 420元。甲、乙材料共同发生运杂费4 800元,其中运费4 000元,运费中允许抵扣的增值税进项税额为360元。企业规定按甲、乙材料的质量比例分配采购费用。则甲材料应负担的运杂费为(　　)元。

A. 3 200　　B. 2 560　　C. 2 240　　D. 2 000

10. 某企业在遭受洪灾后,对其受损的财产物资进行清查。下列关于清查类别的表述中,正确的是(　　)。

A. 局部清查和定期清查　　B. 全面清查和定期清查

C. 局部清查和不定期清查　　D. 全面清查和不定期清查

11. 某生产车间生产甲、乙两种产品2020年3月共发生车间管理人员工资70 000元,水电10 000元。假定"制造费用"生产工人工时比例法在甲、乙产品间分配,其中甲产品的生产工时为1 200小时,乙产品的生产工时为800小时,当月甲产品应分配的制造费用为(　　)元。

A. 28 000　　B. 32 000　　C. 42 000　　D. 48 000

12. 在多步式利润表中,下列关于净利润的表述中,正确的是(　　)。

A. 利润总额减去应交所得税　　B. 利润总额减去利润分配额

C. 利润总额减去营业费用　　D. 利润总额减去所得税费用

13. 在我国,总分类科目制定的权威部门是(　　)。

A. 财政部　　B. 银监会　　C. 保监会　　D. 国家税务局

14. 某会计人员在审核记账凭证时,发现误将3 000元写成300元,尚未入账,下列错账更正方法中,正确的是(　　)。

A. 重新编制记账凭证　　B. 红字更正法

C. 补充登记法　　D. 冲销法

15. 负债按照预计期限内需要偿还的未来净现金流出量的折现金额计量,所采用的计量属性是(　　)。

A. 历史成本　　B. 可变现净值　　C. 公允价值　　D. 现值

16. 某企业2020年7月初资产总额为500万元,7月份发生以下经济业务:向银行借款50万元,归还80万元的欠款和用银行存款购买40万元的原材料。假定不考虑其他因素,7月31日,该企业资产总额为(　　)万元。

A. 570　　B. 500　　C. 510　　D. 470

17. 既需要记录金额,又需要记录实物数量的账户,一般采用(　　)账页格式。

A. 三栏式　　B. 多栏式　　C. 数量金额式　　D. 横线登记

18. 某企业"原材料"账户月初余额为38万元,本月验收入库的原材料共计24万元,发生材料共计32万元。下列有关该企业"原材料"月末余额的选项中,正确的是(　　)。

A. 余额在借方,金额为46万元　　B. 余额在贷方,金额为46万元

C. 余额在借方,金额为30万元　　D. 余额在贷方,金额为30万元

19. 下列各项中,适合于采用活页式账簿形式的是(　　)。

A. 明细分类账　　B. 银行存款日记账

C. 库存现金日记账　　D. 备查账

20. 下列报表中,属于对内会计报表的是(　　)。

A. 资产负债表　　B. 产品生产成本表

C. 利润表　　D. 现金流量表

21. 下列各项中,不属于企业资产的是(　　)。

A. 股本　　B. 融资租入的设备

C. 经营租出的厂房　　D. 非专利技术

22. 资金进入企业是资金运动的起点,主要包括(　　)。

A. 对外售产品　　B. 向所有者分配利润

C. 购置固定资产　　D. 接受投资

二、多项选择题(每小题 2 分,共 40 分。每小题备选方案中至少有两个符合题意的正确答案。多选、错选、不选均不得分)

1. 按经济内容分类,下列科目属于损益类科目的有(　　)。

A. 主营业务成本　　B. 生产成本　　C. 制造费用　　D. 管理费用

2. 所有者权益类账户的期末余额根据(　　)计算。

A. 贷方期末余额 = 贷方期初余额 + 贷方本期发生额 - 借方本期发生额

B. 贷方期末余额 = 贷方期初余额 + 借方本期发生额 - 贷方本期发生额

C. 借方本期发生额 = 贷方期初余额 + 贷方本期发生额 - 贷方期末余额

D. 借方期末余额 = 借方期初余额 + 借方本期发生额 - 贷方本期发生额

3. 下列账户内部关系中,正确的是(　　)。

A. 资产类账户期末余额 = 借方期初余额 + 本期借方发生额 - 本期贷方的发生额

B. 资产类账户期末余额 = 借方期初余额 + 本期贷方发生额 - 本期借方的发生额

C. 权益类账户期末余额 = 贷方期初余额 + 本期借方发生额 - 本期贷方的发生额

D. 权益类账户期末余额 = 贷方期初余额 + 本期贷方发生额 - 本期借方的发生额

4. 借方登记本期减少发生额的账户有(　　)。

A. 资产类账户　　B. 负债类账户　　C. 收入类账户　　D. 费用类账户

5. 下列关于会计分录表述正确的是(　　)。

A. 会计分录是指对每项经济业务标明应借、应贷会计科目名称及金额的记录

B. 会计分录有简单分录和复杂分录两种

C. 每笔分录中,借方会计科目与贷方会计科目之间互为对应科目

D. 复合分录一般不能编制多借多贷分录,但某些特殊情况例外

6. 下列错误中能通过试算平衡发现的是(　　)。

A. 某项经济业务未入账　　B. 漏记某个会计科目

C. 借贷方向颠倒　　D. 借贷金额不等

7. 下列各项中,属于会计基本职能的是(　　)。

A. 进行会计核算　　B. 预测经济前景

C. 评价未来业绩　　D. 实施会计监督

8. 下列项目中,可以作为一个会计主体进行核算的有(　　)。

A. 母公司　　B. 子公司

C. 母公司和子公司组织的企业集团　　D. 销售部门

9. 下列各项收到的款项中,属于“收入”的有(　　)。

A. 出租无形资产收到的租金　　B. 销售商品收取的增值税

C. 出售原材料收到的价款　　D. 出售无形资产收到的价款

10. 下列各项中属于货币资金的有(　　)。

A. 库存现金　　B. 短期借款　　C. 银行存款　　D. 其他货币资金

11. 甲公司月末计算本月车间使用的机器设备等固定资产的折旧费7 000元,下列分录中不正确的有(　　)。

A. 借:生产成本　　7 000
　　贷:累计折旧　　7 000

B. 借:管理费用　　7 000
　　贷: 累计折旧　　7 000

C. 借:制造费用　　7 000
　　贷:累计折旧　　7 000

D. 借:制造费用　　7 000
　　贷:固定资产　　7 000

12. 企业当年实现的净利润可以进行分配的有(　　)。

A. 提取法定盈余公积　　B. 向企业职工分配股利

C. 提取任意盈余公积　　D. 向投资者分配现金股利

13. 在下列有关账项核对中,属于账账核对的内容是(　　)。

A. 银行存款日记账余额与银行对账单余额的核对

B. 银行存款日记账余额与其总账余额的核对

C. 总账账户借方发生额合计与其明细账借方发生额合计的核对

D. 总账账户贷方余额合计与其明细账贷方余额合计的核对

14. 在下列各类错误中,应采用红字更正法进行更正的有(　　)。

A. 记账凭证没有错误,但账簿记录有数字错误

B. 因记账凭证中的会计科目有错误而引起的账簿记录错误

C. 记账凭证中的会计科目正确但所记金额大于应记金额所引起的账簿记录错误

D. 记账凭证中的会计科目正确但所记金额小于应记金额所引起的账簿记录错误

15. 财产清查按清查时间划分为(　　)。

A. 定期清查　　B. 全面清查　　C. 不定期清查　　D. 局部清查

16. 在财产清查中填制的"账存实存对比表"不是(　　)。

A. 登记总分类账的直接依据　　B. 调整账簿记录的记账凭证

C. 调整账簿记录的原始凭证　　D. 登记日记账的直接依据

17. 根据《企业会计准则——基本准则》的规定称为会计中期的有(　　)。

A. 半年度　　B. 季度　　C. 月度　　D. 旬

18. 资产负债表中所有者权益是企业资产扣除负债后的剩余权益,反映企业在某一特定日期股东(投资者)拥有的净资产的总额,它一般按照(　　)分项列示。

A. 实收资本　　B. 资本公积　　C. 盈余公积　　D. 未分配利润

19. 某企业2020年度主营业务收入为580 000元,其他业务收入为130 000元,投资收益为35 000元,发生管理费用为140 000元,销售费用为80 000元,财务费用为50 000元,营业外收入为12 000元。根据上述资料,该企业编制2020年利润表时,下列填列中正确的是(　　)。

A. "营业收入"项目填列的金额是580 000元

B.“营业利润”项目填列的金额是 440 000 元

C.“营业利润”项目填列的金额是 475 000 元

D.“利润总额”项目填列的金额是 487 000 元

20. 下列各项中,属于账证核对主要内容的有(　　)。

A. 核对会计账簿与原始凭证、记账凭证时间是否一致

B. 核对会计账簿与原始凭证、记账凭证字号是否一致

C. 核对会计账簿与原始凭证、记账凭证的金额是否一致

D. 核对会计账簿与原始凭证、记账凭证的金额是否一致

三、判断题(每小题 1 分,共 20 分。每小题判断结果正确的得 1 分,判断结果错误的扣 1 分,不判断不得分也不扣分)

1. 在汇总记账凭证账务处理程序中,即使在月份内某一贷方科目的转账凭证不多,也必须编制汇总转账凭证,根据汇总转账凭证登记总分类账。(　　)

2. 长期借款是为了满足生产经营周期资金的不足的临时需要。(　　)

3. 一般纳税企业在设置“应交增值税”明细账账页格式时采用三栏式账页格式。(　　)

4. 原材料明细账的每一账页登记完毕结转下页时,可以只将每页末的余额结转次页,不必将本页的发生额结转次页。(　　)

5. 在会计凭证传递期间,凡经办记账凭证的人员都有责任保管好凭证,严防在传递中散失。(　　)

6. 库存现金及银行存款日记账按规定应采用订本式账簿,总分类账和明细分类账既可以用订本账,也可以用活页账。(　　)

7. 明细分类科目对其所归属的总分类科目具有统驭和控制作用,反之起补充和说明。(　　)

8.“在途物资”账户用以核算企业库存的各种材料。(　　)

9. 财产清查按清查时间可以分为长期清查和短期清查。(　　)

10. 汇总记账凭证与科目汇总表的汇总方法基本相同。(　　)

11. 发现以前年度记账凭证有错误的,应当用红字填制一张更正的记账凭证。(　　)

12. 从财产清查的对象和范围看,全面清查只有在年终进行。(　　)

13. 企业每项经济业务的发生都必须从外部取得原始凭证。(　　)

14. 凡是在日常活动中形成的经济利益的总流入都应确认为收入。(　　)

15. 资产必须是由企业过去的交易或事项形成的,由企业拥有所有权的经济资源。(　　)

16. 实物资产盘点后,编制的“实存账存对比表”应作为调整实物资产账面余额记录的原始依据。(　　)

17. 在填制记账凭证时,误将 7 400 元记为 4 700 元,并登记入账,月终结账前发现错误,应采用划线更正法。(　　)

18. 会计分录的编写是否正确是记账凭证审核的一项重要内容。(　　)

19. 一般说来,分公司是法律主体,但不是会计主体。(　　)

20.“财务费用”核算企业产生的利息费用,因此“财务费用”属于负债类科目。(　　)

四、计算分析题(本题包括两大题,每大题 10 分,共 20 分)

1. 根据下列资料,分析计算填列资产负债表中括号内的数字。表中已给出的数字在计算合计数时应计算在内,标“—”者表示没有数字。

科目余额表

单位:元

总账科目	明细科目	期末借方余额	期末贷方余额
应收账款		20 000	
	甲公司	30 000	
	乙公司		10 000
坏账准备			2 000
预付账款		16 000	
	丙公司	16 000	
在途物资		32 000	
原材料		620 000	
库存商品		250 000	
应付账款			32 000
	A 公司		47 000
	B 公司	15 000	
应付股利			150 000
预收账款			13 000
	子公司		25 000
	丑公司	12 000	
本年利润			1 120 000
利润分配		860 000	
生产成本		60 000	

资产负债表(简表)

编制单位:甲公司　　2020 年 3 月 31 日　　单位:元

资产	期末数	负债及所有者权益	期末数
流动资产:		流动负债:	
货币资金	29 000	短期借款	350 000
交易性金融资产	240 000	应付账款	(　　)
应收账款	(　　)	预收账款	(　　)
预付账款	(　　)	应付职工薪酬	—
存货	(　　)	应付股利	(　　)
流动资产合计	1 302 000	应交税费	—
		流动负债合计	582 000
非流动资产:		非流动负债:	
长期股权投资	210 000	长期借款	250 000
固定资产	(　　)	应付债券	—
非流动资产合计	1 230 000	长期应付款	—
		非流动负债合计	250 000
		负债合计	832 000
		所有者权益:	
		实收资本	1 400 000
		资本公积	—
		盈余公积	40 000
		未分配利润	(　　)
		所有者权益合计	1 700 000
资产总计	(　　)	负债和所有者权益总计	(　　)

2. 华天公司所得税率是25%，该公司2020年1月至11月各损益类账户的累计发生额和12月底转账前各损益类账户的发生额如下（单位：元）：

账户名称	12月发生额		1月至11月累计发生额	
	借方	贷方	借方	贷方
主营业务收入		318 000		5 000 000
主营业务成本	252 500		2 800 000	
销售费用	2 600		10 000	
税金及附加	1 000		29 000	
其他业务成本	7 500		32 500	
营业外支出	2 000		11 000	
财务费用	3 000		30 000	
管理费用	4 400		50 000	
其他业务收入		9 500		45 000
营业外收入		3 000		
投资收益		20 000		

则华天公司2020年度利润表的下列报表项目金额如下：

（1）营业收入（　　）元；

（2）营业成本（　　）元；

（3）营业利润（　　）元；

（4）利润总额（　　）元；

（5）所得税费用（　　）元；

（6）净利润（　　）元。

模拟题三

一、单项选择题（每小题1分，共20分。每小题备选答案中，只有一个符合题意的正确答案。多选、错选、不选均不得分）

1. 某企业2020年11月末“应交税费——应交增值税”账户借方余额为20 000元，如果不采用预交增值税方式，则该企业月末应做的账务处理是（　　）。

A. 结转至“应交税费——未交增值税”账户借方

B. 结转至“应交税费——未交增值税”账户贷方

C. 结转至“应交税费——应交增值税（已交税金）”账户借方

D. 不做账务处理

2. 银行存款余额调节表中调节后余额不相等，说明企业或银行账面记录（　　）。

A. 肯定有错误　　B. 肯定没有错误

C 可能有错误　　D. 一般没有错误

3. 某固定资产原值为250 000元，预计净残值6 000元，预计可使用8年，按双倍余额递减法计算,第二年应提折旧(　　)元。

A. 46 875　　B. 45 750　　C. 61 000　　D. 30 500

4. 汇总转账凭证根据转账凭证按每个科目的(　　)分别设置,并按对应的(　　)科目分类汇总。

A. 借方、贷方　　B. 贷方、借方

C. 借方、借方　　D. 贷方、贷方

5. 一项经济业务的发生日期为5月9日,填制记账凭证的日期为5月10日,而实际登记明细账的日期为5月12日,则明细账中“日期”栏登记的日期应为(　　)。

A. 5月9日　　B. 5月10日　　C. 5月12日　　D. 以上均可

6. 下列凭证中,应在(　　)的左上方填写借方科目。

A. 原始凭证　　B. 收款凭证

C. 付款凭证　　D. 转账凭证

7. 下列各项会计要素中,不影响企业营业利润的是(　　)。

A. 管理费用　　B. 所得税费用

C. 主营业务收入　　D. 其他业务收入

8. 公司行政管理人员出差预借差旅费,进行会计处理时应记入(　　)账户的借方。

A. 制造费用　　B. 其他应收款

C. 管理费用　　D. 库存现金

9. 某公司按规定通过银行预收货款80 000元,此项交易事项引起的变化是(　　)。

A. 应付账款实现80 000元

B. 资产和负债同时减少80 000元

C. 负债和所有者权益同时增加80 000元

D. 资产和负债同时增加

10. 账簿与账户的关系是(　　)。

A. 整体与部分　　B. 主要与次要

C. 形式与内容　　D. 以上都不对

11. 现金支付厂部办公用品费250元,应计入的借方科目是(　　)。

A. 制造费用　　B. 管理费用

C. 库存现金　　D. 销售费用

12. 企业计提职工工会经费时,应贷记的科目是(　　)。

A. 其他应付款　　B. 应交税费

C. 应付职工薪酬　　D. 银行存款

13. 假设企业某月第16笔转账业务需填制三张记账凭证,则第二张记账凭证的正确编号是(　　)。

A. 转(字)16—3—2号　　B. 转(字)16—2—3号

C. 转(字)16—2/3号　　D. 转(字)16号

14. 现金日记账必须采用(　　)账簿。

A. 活页式　　B. 订本式账

C. 卡片式　　D. 任何形式

15. 财产清查中,盘亏是由保管人员失职所造成的,经批准,应由责任人赔偿的部分应记入(　　)。

A. 管理费用　　B. 其他应收款

C. 营业外支出　　D. 生产成本

16. 对于盘盈的材料经批准后应冲减(　　)。

A. 管理费用　　B. 销售费用

C. 营业外支出　　D. 营业外收入

17. 在下列各类错账中,应采用红字更正法进行更正的错账是(　　)。

A. 记账凭证没有错误,但账簿记录有数字错误

B. 因记账凭证中的会计科目有错误而引起的账簿记录错误

C. 记账凭证没有错误,但账簿记录有文字错误

D. 发现以前年度记账凭证科目运用错误,而引起的账簿记录错误

18. 2020 年 3 月份,甲企业损益类账户的发生额如下:主营业务收入(贷方)80 000 元,主营业务成本(借方)40 000 元,营业外收入(贷方)10 000 元,投资收益(贷方) 20 000 元,管理费用(借方)3 500 元,销售费用(借方)4 000 元,税金及附加(借方)1 500 元。该企业 3 月份的营业利润是(　　)。

A. 61 000 元　　B. 51 000 元　　C. 71 000 元　　D. 55 000 元

19. 某企业的所有者权益为 30 万元,即(　　)。

A. 该企业的注册资本为 30 万元

B. 该企业的净资产总额为 30 万元

C. 该企业的全部投入资本为 30 万元

D. 该企业的资产总额和权益总额均为 30 万元

20. 企业收到上月销售给某单位的货款 8 000 元。这笔经济业务编制的会计分录为(　　)。

A. 借:银行存款　8 000
　　贷:主营业务收入　8 000

B. 借:银行存款　8 000
　　贷:预收账款　8 000

C. 借:银行存款　8 000
　　贷:其他应收款　8 000

D. 借:银行存款　8 000
　　贷:应收账款　8 000

二、多项选择题(每小题 2 分,共 40 分。每小题备选方案中至少有两个符合题意的正确答案。多选、错选、不选均不得分)

1. 数量金额式明细账的账页格式适用于(　　)账户。

A. 库存商品　　B. 生产成本

C. 应收账款　　D. 原材料

2. 在登记账簿时,红色墨水适用于(　　)。

A. 采用红字更正,冲销错误记录

B. 在不设借方或贷方专栏的多栏式账页中,登记减少数

C. 期末结账时划线

D. 三栏式账户的余额前,如果未印明余额方向,在余额栏内登记负数余额

3. (　　)属于原始凭证,经审核无误后可作为编制记账凭证的依据。

A. 差旅费报销单　　B. 实存账存对比表

C. 销货合同　　D. 银行存款余额调节表

4. 对于划线更正法,下列说法正确的有(　　)。

A. 划红线注销时必须原来字迹仍可辨认

B. 对于错误的数字,应当全部划红线更正,不得只更正其中错误数字

C. 对于文字错误,可只划去错误的部分

D. 对于错误的数字,可以只更正其中的错误数字

5. 下列关于"待处理财产损益"账户的说法中,正确的是(　　)。

A. 借方登记待处理财产损益的盘亏

B. 借方登记结转的财产物资盘盈数

C. 贷方登记待处理财产物资盘盈数

D. 贷方登记转销的财产物资盘亏数

6. 下列属于会计核算的方法的是(　　)。

A. 成本计算　　B. 复式记账

C. 编制财务预算　　D. 财产清查

7. 会计核算的基本前提包括(　　)。

A. 会计分期　　B. 会计主体

C. 持续经营　　D. 可比性

8. 通过试算平衡不能发现的错误有(　　)。

A. 借贷方向完全相反　　B. 重记经济业务

C. 漏记经济业务　　D. 借贷金额不相符

9. 在我国,留存收益包括(　　)。

A. 投资者投入的资本　　B. 直接记入所有者权益的利得

C. 未分配利润　　D. 盈余公积

10. 企业发生(　　)税费时,应借记"税金及附加"科目。

A. 消费税　　B. 教育费附加

C. 企业所得税　　D. 增值税

11. 下列属于原始凭证的是(　　)。

A. 火车票　　B. 领料单

C. 增值税专用发票　　D. 产品入库单

12. 下列经济业务中,应填制付款凭证的有(　　)。

A. 提现金备用　　B. 购买材料预付订金

C. 购买材料未付款　　D. 以银行存款支付前欠货款

13. 下列关于重置成本计量的表述中,正确的有(　　)。

A. 在重置成本计量下,资产按照其取得时支付的现金或现金等价物的金额计量

B. 在重置成本计量下,资产按照其对外销售所能收到现金或现金等价物的金额计量

C. 在重置成本计量下,资产按照现在购买相同资产所需要支付的现金或现金等价物的金额计量

D. 重置成本是现在时点的成本

14. 下列会计科目中，属于损益类的有（　　）。

A. 待处理财产损益　　B. 投资收益

C. 税金及附加　　D. 所得税费用

15. 下列各项中，影响利润的因素有（　　）。

A. 资产　　B. 负债　　C. 收入　　D. 费用

16. 下列说法中，不正确的有（　　）。

A. 日记账必须采用三栏式

B. 总账最常用的格式为三栏式

C. 三栏式明细分类账适用于成本费用类科目的明细核算

D. 银行存款日记账应按企业在银行开立的账户和币种分别设置，每个银行账户设置一本日记账

17. 我国企业利润表采用多步式，分布计算的利润指标有（　　）。

A. 主营业务利润　　B. 营业利润

C. 利润总额　　D. 净利润

18. 下列各项中，应采用实地盘点法进行清查的有（　　）。

A. 固定资产　　B. 库存商品

C. 银行存款　　D. 库存现金

19. 下列关于会计科目余额的表述中，正确的有（　　）。

A. 资产科目的期末余额 = 期初余额 + 本期借方发生额 - 本期贷方发生额

B. 资产科目的期末余额 = 期初余额 + 本期贷方发生额 - 本期借方发生额

C. 权益类科目的期末余额 = 期末余额 + 本期借方发生额 - 本期贷方发生额

D. 权益类科目的期末余额 = 期末余额 + 本期贷方发生额 - 本期借方发生额

20. 下列各项属于会计事前监督的是（　　）。

A. 为未来经济活动制定定额、编制预算

B. 对正在发生的经济活动过程及其核算资料进行审查

C. 对未来经济活动在经济上是否可行进行分析判断

D. 对已经发生的经济活动及其核算资料进行审查

三、判断题（每小题 1 分，共 20 分。每小题判断结果正确的得 1 分，判断结果错误的扣 1 分，不判断不得分也不扣分）

1. 出纳人员小张开具支票一张，他所认为出票日期的正确写法是“二零二零年三月零五日”。（　　）

2. 原始凭证在有些情况下可以作为登记账簿的依据。（　　）

3. 管理费用、资产减值损失、税金及附加和营业外收入都会影响企业的营业利润。（　　）

4. 任何一项经济业务的发生都会引起资产或权益的增减变化，但始终保持“资产 = 权益”这一平衡关系，因此一项资产的增加，必然引起另一项权益的增加。（　　）

5. 银行存款日记账账面余额与银行对账单余额不一致，则说明单位与银行之间必定有一方存在账面记录错误。（　　）

6. 固定资产盘亏，应转入“待处理资产损益”账户，批准后根据具体原因分别转入“管理

费用”和“营业外支出”等账户。 ( )

7. 年度终了,应编制记账凭证把上年账户余额结平,并结转下年。 ( )

8. 未达账项是企业与银行之间,由于凭证的传递时间不同造成的银行存款日记账和对账单之间的差异。 ( )

9. 根据总账与明细账的平行登记要求,每项经济业务必须在同一天登记明细账和总账。 ( )

10. 复式记账是以资产和权益的平衡关系为记账基础,对每一项经济业务都以相等的金额同时在相互联系的两个账户中进行登记。 ( )

11. 年终有余额的账户下年时,应将余额直接记入下一会计年度新建会计账簿同一账一行余额栏内,并在摘要栏注明“上年结转”字样。 ( )

12. 累计折旧科目期末余额通常在借方,反映企业固定资产的累计折旧额。 ( )

13. 科目汇总表只能反映各个科目的借方本期发生额和贷方本期发生额,不反映各个科目之间的对应关系。 ( )

14. 短期借款利息在预提或实际支付时均应通过“短期借款”账户核算。 ( )

15. 凡需结出余额的账户,结出余额后,应在“借或贷”栏内写明余额“借”或“贷”字样,没有余额的账户,只要在余额栏内用“0”表示即可。 ( )

16. 权责发生制基础要求企业应当在收入已经实现或费用已经发生时就进行确认,而不必等到实际收到或支付现金时才确认。 ( )

17. 企业应当将待处理财产损失确认为企业的资产。 ( )

18. 现金清查中查明的现金短款,如果属于无法查明的其他原因,报经审批后应列作营业外支出。 ( )

19. 企业以经营租赁方式租入的固定资产发生的改良支出,应计入“固定资产”单独核算。 ( )

20. 汇总收款凭证,是按库存现金科目、银行存款科目贷方分别编制,按与所设置科目相对应的借方科目加以归类、汇总填列。 ( )

四、计算分析题(本题包括两大题,每大题 10 分,共 20 分)

1. 甲公司 2020 年 4 月 30 日银行对账单的存款余额为 269 000 元,银行日记账余额为 171 045 元;4 月底公司与银行往来的其余资料如下:

(1)4 月 30 日收到购货方转账支票一张,金额为 36 800 元,已经送存银行,但银行还未入账。

(2)本公司当月的水电费用 1 325 元银行已代为支付,但公司未接到通知而未入账。

(3)本公司当月开出的用以支付供货方贷款的转账支票,尚有 48 320 元未兑现。

(4)本公司送存银行的某客户转账支票 12 240 元,因对方存款不足而退票,公司未接到通知。

(5)本公司委托银行代收的款项 100 000 元,银行已转入本公司账户,但本公司尚未接到通知入账。

假定公司与银行存款的存款余额调整后相符。

要求:请代甲公司完成以下银行存款余额调节表编制。

银行存款余额调节表

编制单位:华伟公司　　2020 年 9 月 30 日　　单位:元

项目	金额	项目	金额
银行存款日记账余额	171 045	银行对账单余额	269 000
加:银行已收、企业未收款项	(1)	加:企业已收、银行未收款项	(4)
减:银行已付、企业未付款	(2)	减:企业已付、银行未付款	48 320
调节后存款余额	(3)	调节后的余额	(5)

2. 环宇公司为增值税一般纳税人,2020 年 3 月 25 日购入 1 台不需要安装设备并投入生产车间使用,取得的增值税专用发票注明的设备价款 100 000 元,增值税税额 13 000 元。公司采用年限平均法计提折旧,该设备预计使用年限 10 年,预计净残值率为 4%,2021 年 3 月 28 日,公司将该设备出售给东方公司,开具的增值税专用发票上注明的设备价款 82 000 元,增值税税额 10 660 元。

要求:完成以下计算并编制相关会计分录。

(1)环宇公司购入固定资产设备的入账价值是(　　)元。

(2)该设备每月应计提的折旧为(　　)元。

(3)该设备每月计提折旧时,正确的会计分录(　　)。

(4)2021 年 3 月 28 日,将该设备转入清理时固定资产账面价值是(　　)元。

(5)2021 年 3 月 28 日,出售该设备时应贷记“固定资产清理”科目(　　)元。

(6)该设备的清理净损益为(　　)元。

(7)结转该设备清理净损益时的会计分录(　　)。

参 考 答 案

第一部分 章节训练

第一章 会计概述

一、单项选择题

1. B 2. D 3. C 4. A 5. C 6. D 7. B 8. A 9. A 10. A 11. A 12. B 13. C 14. B 15. C 16. D 17. B 18. B 19. D 20. B 21. C 22. A 23. D 24. A 25. A 26. D 27. D 28. C 29. C 30. B 31. C 32. D 33. D 34. D 35. B 36. C 37. A 38. C 39. D 40. B 41. B 42. C 43. D

二、多项选择题

1. ABCD 2. ABCD 3. ABCD 4. ABCD 5. ABCD 6. AB 7. ABCD 8. BC 9. ACD 10. ABCD 11. ABCD 12. ACD 13. ABCD 14. ABD 15. ABC 16. ABCD 17. ABCD 18. ABCD 19. ABCD 20. AD 21. AB 22. ABCD 23. BCD 24. CD 25. ABD 26. AB 27. ABCD 28. ACD 29. ABC 30. ABCD 31. BD 32. ABC 33. ABCD

三、判断题

1. √ 2. × 3. √ 4. √ 5. × 6. × 7. × 8. × 9. × 10. √ 11. √ 12. √ 13. √ 14. × 15. √ 16. √ 17. × 18. √ 19. √ 20. × 21. × 22. √ 23. √ 24. √ 25. √ 26. √ 27. × 28. √ 29. √ 30. × 31. √ 32. √ 33. × 34. √ 35. × 36. √ 37. × 38. × 39. × 40. × 41. √ 42. × 43. ×

四、技能训练题

实训一 权责发生制与收付实现制的确认(一)

权责发生制和收付实现制收入费用确认表

单位:元

经济业务	权责发生制		收付实现制	
	收入	费用	收入	费用
1. 本期销售产品 50 000 元,存入银行	50 000		50 000	
2. 购买办公用品 550 元,支付现金		550		550
3. 用银行存款支付下半年财产保险费 126 000 元				126 000
4. 采购员王鑫预借差旅费,支付现金 1 500 元				1 500
5. 用银行存款 20 000 元预付下月电费				20 000
6. 收到购货单位归还上个月所欠货款 44 000 元,存入银行			44 000	
7. 计算提取应由本月负担但尚未支付的借款利息 2 440 元		2 440		
8. 摊销以前支付但应由本月负担的专利权购入费用 10 000 元		10 000		
9. 销售产品 100 000 元,收到转账支票 60 000 元,存入银行,其余暂时未收	100 000		60 000	
10. 销售产品 50 000 元,尚未收到	50 000			

续表

经济业务	权责发生制		收付实现制	
	收入	费用	收入	费用
11. 总经理报销差旅费 2 000 元(原借款 2 000 元)		2 000		
12. 用银行存款支付本月水费 10 000 元		10 000		10 000
13. 用银行存款支付上月的电话费 2 000 元				2 000
合计	200 000	24 990	154 000	160 050

实训二　权责发生制与收付实现制的确认(二)

权责发生制收入费用确认表

单位:元

经济业务	权责发生制		收付实现制	
	收入	费用	收入	费用
1. 支付上月份的水电费 5 600 元				5 600
2. 收到上月销售产品的货款 6 500 元			6 500	
3. 预付明年一季度的房屋租金 1 800 元				1 800
4. 支付本季度借款利息 3 300 元		1 100		3 300
5. 预收销货款 80 000 元			80 000	
6. 销售产品一批,售价 56 000 元,已收回货款 36 000 元,其余尚未收回	56 000		36 000	
7. 本月份分摊财产保险费 2 000 元		2 000		
8. 计算本月应付职工薪酬 12 000		12 000		
合计	56 000	15 100	122 500	10 700
利润额	40 900		111 800	

实训三　确认会计对象

会计核算和监督的内容

单位:元

经济业务	属于会计核算和监督的金额
1. 人力资源部部长报销差旅费 3 000 元	3 000
2. 支付电视台广告费 30 000 元	30 000
3. 仓库将采购的原材料验收入库,总价值 200 000 元	200 000
4. 总经理和供货单位就第二季度材料供应签订 500 000 元的意向书	
5. 预付 3 600 元,预订下一年度的报纸杂志	3 600
6. 董事会研究决定初步达成向甲公司投资 10 000 000 元的意向	
7. 收到销货款 56 000 元存入银行	56 000
8. 销售部收到订单,订单金额 100 000 元	

续表

经济业务	属于会计核算和监督的金额
9. 供应部门签订一项购货合同,财会部门同时支付定金30 000元	30 000
10. 收到外单位前欠货款100 000元	100 000
11. 公司计划于下年度购置一台价值200 000元的机器设备	
12. 公司计划购入技术专利一项,预计花费100 000元	
13. 天地公司打电话称其准备捐赠电脑3台,价值10 000元	
合计	422 600

第二章　会计要素和会计等式

一、单项选择题

1. D　2. A　3. C　4. A　5. D　6. C　7. A　8. C　9. D　10. B　11. D　12. C　13. A　14. A　15. B　16. B　17. D　18. D　19. A　20. A　21. D　22. D　23. C　24. A　25. A　26. C　27. B　28. D　29. B　30. A　31. A　32. B　33. C　34. B　35. D　36. D　37. A　38. B　39. D　40. C　41. B　42. B　43. C　44. A　45. B　46. B　47. C　48. C　49. A　50. C　51. A　52. A　53. B　54. B　55. A　56. A　57. A　58. C　59. B　60. A

二、多项选择题

1. AC　2. ACD　3. AB　4. AB　5. ABC　6. AD　7. CD　8. ABC　9. ABD　10. ABCD　11. BCD　12. ACD　13. ABD　14. BCD　15. ACD　16. ABD　17. ABC　18. AC　19. ABC　20. ABC　21. BCD　22. AD　23. ACD　24. ABD　25. AD　26. ABCD　27. AD　28. ABD　29. ABC　30. BC　31. ABC　32. AD　33. BD　34. CD　35. ABC　36. BCD　37. BC　38. BD　39. BCD　40. AC　41. ABC　42. AB　43. ABC　44. BCD　45. ABCD　46. ACD　47. ABC　48. AD　49. AB　50. BD　51. AB　52. AD

三、判断题

1. √　2. ×　3. ×　4. ×　5. ×　6. √　7. √　8. ×　9. ×　10. ×　11. ×　12. ×　13. ×　14. ×　15. ×　16. ×　17. √　18. √　19. √　20. √　21. ×　22. √　23. ×　24. ×　25. ×　26. √　27. ×　28. ×　29. ×　30. ×　31. ×　32. √　33. ×　34. ×　35. ×　36. √　37. ×　38. √　39. √　40. √　41. ×　42. ×　43. ×　44. ×　45. √　46. √　47. √　48. ×　49. √

四、技能训练题

实训一　会计要素的确认(一)

会计要素确认表

单位:万元

内容	资产	负债	所有者权益
1. 厂房一栋,价值3 600万元	3 600		
2. 机器设备10台,价值1 200万元	1 200		
3. 办公用房一栋,价值1 800万元	1 800		

续表

内容	资产	负债	所有者权益
4. 企业资产中有 7 200 万元是投资者投入的			7 200
5. 各种材料价值 660 万元	660		
6. 在产品价值 300 万元	300		
7. 库存产成品价值 900 万元	900		
8. 企业保险柜中有现金 12 万元	12		
9. 银行存款 960 万元	960		
10. 企业资产中有 1 200 万元是从银行借入的		1 200	
11. 因销售商品而产生 450 万元的债权未收回	450		
12. 因购买商品而产生 550 万元的债务未支付		550	
13. 以前年度未分配利润 1 002 万元			1 002
14. 向银行借款(期限 9 个月)而形成的债务 10 万元		10	
15. 购入准备短期持有的股票 25 万元	25		
16. 欠职工工资 10 万元		10	
17. 向用户收取包装物押金 5 万元		5	
18. 购入 5 年期的国库券 50 万元	50		
19. 企业的商标权 10 万元	10		
20. 向销货单位支付预购订金 10 万元	10		
合计	9 977	1 775	8 202

实训二　会计要素的确认(二)

2020 年 12 月份会计要素(关于经营成果)分类表

单位:元

收入		费用		利润	
序号	金额	序号	金额	序号	金额
7	90 000	1	150		
8	60 000	2	1 000		
9	5 000	3	6 000		
13	6 800	4	300		
14	300	5	54 000		
16	200	6	36 000		
		10	4 000		
		11	10 000		
		12	20 000		
		15	500		
合计	162 300	合计	131 950	合计	30 350

实训三　会计等式(一)

(1)资产内部一增一减,增减5 000元,金额相等,会计等式不变。

(2)资产和所有者权益同时增加,等式两边同增10 000元,增加金额相等,等式不变。

(3)资产内部一增一减,增减10 000元,金额相等,会计等式不变。

(4)资产和负债同时减少,减少金额5 000元,等式两边同减,等式不变。

(5)一项负债增加,一项负债减少,增减20 000元,金额相等,等式不变。

(6)资产和负债同时减少,减少金额2 000元,等式两边同减,等式不变。

(7)资产内部一增一减,增减2 000元,金额相等,会计等式不变。

(8)一项资产增加,一项收入增加,等式两边同增50 000元,增加金额相等,等式不变。

实训四　会计等式(二)

2020年12月份所涉及的会计要素及发生额

单位:元

项目序号	资产	负债	所有者权益	收入	费用	利润
1	100 000	100 000				
2	50 000		50 000			
3	-130				130	
7	730			730		
8	42 000	2 000				
9	-40 000					
10	-25 000				25 000	
11		30 000			30 000	
12	-20 000				20 000	
13		2 000			2 000	
14	70 000			70 000		
15	60 000				-60 000	
16						
17	-42 000				42 000	
净增加额	195 600	134 000	50 000	70 730	59 130	11 600

第三章　会计科目与账户

一、单项选择题

1. D　2. D　3. A　4. B　5. B　6. A　7. A　8. D　9. B　10. C　11. A　12. B　13. D　14. C　15. A　16. B　17. C　18. B　19. D　20. C　21. D　22. D　23. A　24. C　25. D　26. D　27. D　28. A　29. D　30. A　31. D　32. D　33. C　34. A　35. B　36. C　37. C　38. B　39. A　40. B　41. C　42. A　43. D　44. D　45. D　46. C　47. B　48. A

二、多项选择题

1. ACD 2. CD 3. BD 4. BC 5. ACD 6. ABCD 7. BC 8. ABC 9. ABC 10. AD 11. ABCD 12. ABD 13. ABCD 14. ABCD 15. BCD 16. AC 17. ABCD 18. CD 19. AC 20. BD 21. AD 22. ABCD 23. AB 24. ABCD 25. AD 26. ABC 27. BD 28. ABD 29. BD 30. CD 31. BD 32. ABD 33. ABCD 34. AD

三、判断题

1. √ 2. √ 3. √ 4. √ 5. × 6. √ 7. √ 8. √ 9. × 10. × 11. × 12. √ 13. √ 14. × 15. √ 16. × 17. √ 18. √ 19. × 20. × 21. √ 22. × 23. × 24. × 25. × 26. √ 27. √ 28. × 29. √ 30. √ 31. √

四、技能训练题

实训一　会计科目的分类

资产负债表(简表)

单位:元

资产	金额	负债和所有者权益	金额
资产类:		负债类:	
长期股权投资	1 800 000	长期借款	5 000 000
固定资产	10 200 000	短期借款	500 000
坏账准备	-5 836.2	其他应付款	33 772.2
库存商品	77 152	应付利息	3 550
库存现金	1 963.02	应付利润	680 000
累计摊销	-90 000	应付票据	290 000
累计折旧	-1 581 500	应付账款	2 500
其他应收款	600	应付职工薪酬	64 488.82
无形资产	450 000	应交税费	268 994.22
银行存款	95 060.2	负债合计	6 843 305.24
预付账款	129 600	所有者权益类:	
原材料	36 611	实收资本	8 000 000
在建工程	1 035 224.82	盈余公积	896 929.8
应收票据	5 514 808	利润分配	1 964 163.8
应收账款	40 716		
		所有者权益合计	10 861 093.6
资产合计	17 704 398.84	资产及所有者权益合计	17 704 398.84

实训二　会计科目的确认

会计科目表

序号	会计科目		序号	会计科目	
	总账科目	明细科目		总账科目	明细科目
1	库存现金		22	长期借款	
2	银行存款		23	应付账款	
3	其他货币资金	存出投资款	24	应付职工薪酬	
4	应收账款		25	应交税费	
5	预收账款		26	预付账款	
6	其他应收款		27	实收资本	
7	其他应收款		28	主营业务收入	
8	交易性金融资产		29	主营业务成本	
9	应收票据		30	其他业务收入	
10	原材料		31	其他业务成本	
11	生产成本		32	管理费用	
12	制造费用		33	销售费用	
13	制造费用		34	销售费用	
14	库存商品		35	财务费用	
15	固定资产		36	营业外收入	
16	累计折旧		37	营业外支出	
17	在建工程		38	营业外支出	
18	无形资产		39	所得税费用	
19	短期借款		40	本年利润	
20	应付票据		41	利润分配	未分配利润
21	股本		42	应付债券	

实训三　账户结构及关系

(1) 570 000　(2)40 000　(3)400 000　(4)430 000　(5)130 000　(6)290 000

实训四　账户的结构及登记

会计科目:银行存款　　　　单位:元

2020年		凭证字号	摘要	借方	贷方	借或贷	余额
月	日						
12	1					借	98 520
	1			122 400		借	220 920
	3				84 000	借	136 920
	8				60 000	借	76 920

续表

2020年		凭证字号	摘要	借方	贷方	借或贷	余额
月	日						
	16			96 000		借	172 920
	22			185		借	173 105
	26				15 600	借	157 505
	31		合计	218 585	159 600	借	157 505

会计科目:应付账款　　单位:元

2020年		凭证字号	摘要	借方	贷方	借或贷	余额
月	日						
12	1					贷	90 000
	2				128 400	贷	218 400
	9			66 000		贷	152 400
	16			68 400		贷	84 000
	22			60 000		贷	24 000
	28				169 000	贷	193 000
	31		合计	194 400	297 400	贷	193 000

会计科目:实收资本　　单位:元

2020年		凭证字号	摘要	借方	贷方	借或贷	余额
月	日						
12	1					贷	1 500 000
	2				300 000		1 800 000
	15			450 000			1 350 000
	30				160 000		1 510 000
	31		合计	450 000	460 000		1 510 000

会计科目:主营业务收入　　单位:元

2020年		凭证字号	摘要	借方	贷方	借或贷	余额
月	日						
12	6				11 400	贷	11 400
	12				39 000	贷	50 400
	18			3 800		贷	46 600
	28				50 000	贷	96 600
	30		合计	3 800	100 400	贷	96 600
			结转	96 600		平	0

第四章　会计记账方法

一、单项选择题

1. B　2. C　3. B　4. B　5. A　6. D　7. A　8. D　9. B　10. B　11. D　12. A　13. B　14. D　15. C　16. B　17. B　18. C　19. B　20. C　21. B　22. A　23. D　24. B　25. A　26. C　27. C　28. C　29. C　30. B　31. D　32. B　33. B　34. C　35. B　36. A　37. D　38. A

二、多项选择题

1. ABCD　2. ABCD　3. BC　4. ABCD　5. AD　6. CD　7. BC　8. BCD　9. ABCD　10. AB　11. ACD　12. BC　13. AB　14. AB　15. BCD　16. BC　17. AB　18. AD　19. BC　20. AD　21. AB　22. AC　23. AD　24. BC　25. AD　26. ABC　27. BD　28. AD　29. AD　30. AB　31. AB　32. AC　33. ABCD　34. (1)CD　(2)CD

三、判断题

1. √　2. √　3. √　4. ×　5. ×　6. √　7. √　8. ×　9. ×　10. ×　11. √　12. ×　13. ×　14. √　15. √　16. ×　17. ×　18. √　19. ×　20. √　21. ×　22. ×　23. √　24. ×　25. ×　26. ×　27. √　28. ×

四、技能训练题

实训一　复式记账原理应用

(一)会计分录

1. 借:库存现金　3 000
　　贷:银行存款　3 000

2. 借:原材料　80 000
　　贷:银行存款　80 000

3. 借:原材料　50 000
　　贷:应付账款　50 000

4. 借:银行存款　45 200
　　贷:应收账款　45 200

5. 借:其他应收款——张明　2 000
　　贷:银行存款　2 000

6. 借:银行存款　50 000
　　贷:短期借款　50 000

7. 借:应付账款　12 000
　　贷:银行存款　12 000
　借:银行存款　300 000
　　贷:实收资本　300 000

(二)"T"型账户

(略)

实训二　试算平衡表的编制(一)

总分类账户试算平衡表

单位:元

账户名称	期初余额		本期发生额		期末余额	
	借方	贷方	借方	贷方	借方	贷方
库存现金	100		3 000		3 100	
银行存款	250 000		396 800	97 000	549 800	
应收账款	87 500			46 800	40 700	
库存商品	120 000				120 000	
固定资产	600 000				600 000	
原材料			130 000		130 000	
其他应收款			2 000		2 000	
短期借款		230 000		50 000		280 000
应付账款		126 000	12 000	50 000		164 000
应交税费		1 600				1 600
实收资本		700 000		300 000		1 000 000
合计	1 057 600	1 057 600	543 800	543 800	1 445 600	1 445 600

实训三　试算平衡表的编制(二)

(一)会计分录

(1)借:应交税费——未交税费　　15 000
　　贷:银行存款　　15 000

(2)借:库存现金　　4 000
　　贷:银行存款　　4 000

(3)借:银行存款　　10 000
　　贷:应收账款　　10 000

(4)借:应付账款　　18 000
　　贷:银行存款　　18 000

(5)借:原材料　　26 000
　　贷:应付账款　　26 000

(6)借:其他应收款　　2 000
　　贷:库存现金　　2 000

(7)借:银行存款　　100 000
　　贷:短期借款　　100 000

(8)借:短期借款　　300 000
　　贷:实收资本　　300 000

(9)借:生产成本　　20 000
　　贷:原材料　　20 000

(10)借:库存商品　　　　　　　　30 000

　　贷:生产成本　　　　　　　　30 000

(二)"T"型账户

(略)

(三)试算平衡表

试算平衡表

单位:元

科目名称	期初借方余额	期初贷方余额	本期借方发生额	本期贷方发生额	期末借方余额	期末贷方余额
库存现金	5 000		4 000	2 000	7 000	
银行存款	200 000		110 000	37 000	273 000	
应收账款	150 000			10 000	140 000	
原材料	50 000		26 000	20 000	56 000	
生产成本	50 000		20 000	30 000	40 000	
库存商品	100 000		30 000		130 000	
固定资产	180 000				180 000	
短期借款		230 000	300 000	100 000		30 000
应付账款		190 000	18 000	26 000		198 000
应交税费		15 000	15 000			0
实收资本		300 000		300 000		600 000
其他应收款			2 000		2 000	
合计	735 000	735 000	525 000	525 000	828 000	828 000

第五章　借贷记账法下主要经济业务的账务处理

一、单项选择题

1. C　2. B　3. B　4. A　5. A　6. B　7. D　8. C　9. D　10. D　11. A　12. C　13. A　14. D　15. B　16. D　17. D　18. B　19. B　20. D　21. A　22. C　23. B　24. D　25. B　26. A　27. D　28. B　29. B　30. B　31. C　32. C　33. A　34. D　35. C　36. B　37. C　38. C　39. A　40. C

二、多项选择题

1. CD　2. BD　3. BC　4. ABCD　5. BD　6. AD　7. ACD　8. ABC　9. AB　10. BC　11. ABC　12. AC　13. ABD　14. ABCD　15. ACD　16. ABCD　17. AD　18. BCD　19. ABCD　20. ABCD　21. ABCD　22. ABCD　23. ABCD　24. BCD　25. ABCD　26. ABCD　27. ABCD　28. BC　29. ACD　30. AB　31. ABCD　32. ABC　33. ACD　34. ABC　35. ABCD　36. AC　37. ABCD　38. ACD　39. ABC　40. ABD　41. ACD

三、判断题

1. ×　2. ×　3. ×　4. √　5. √　6. ×　7. ×　8. √　9. ×　10. ×　11. √　12. √

13. × 14. × 15. √ 16. √ 17. × 18. √ 19. √ 20. × 21. × 22. √ 23. ×
24. × 25. × 26. √ 27. √ 28. × 29. √ 30. √ 31. × 32. × 33. × 34. √
35. √ 36. × 37. √ 38. √

四、技能训练题

实训一 资金筹集业务的核算

1. 借:银行存款 2 000 000
   贷:实收资本——甲 1 100 000
   ——乙 500 000
   ——丙 400 000

2. 借:原材料——甲材料 50 000
   固定资产 20 000
   无形资产 70 000
   贷:实收资本 140 000

3. 借:银行存款 500 000
   贷:长期借款 500 000

4. 借:银行存款 240 000
   贷:短期借款 240 000

实训二 固定资产业务的账务处理

1. 固定资产的原价 = 20 000 + 100 + 200 = 20 300(元)
   借:固定资产 20 300
   应交税费——应交增值税(进项税额) 2 600
   贷:银行存款 22 900

2. (1)支付设备价款、税金、运杂费、包装费:
   在建工程科目金额 = 10 000 + 100 + 200 = 10 300(元)
   借:在建工程 10 300
   应交税费——应交增值税(进项税额) 1 300
   贷:银行存款 11 600

   (2)支付安装费:
   借:在建工程 1 000
   贷:银行存款 1 000

   (3)设备安装完毕交付使用:
   固定资产入账价值 = 10 300 + 1 000 = 11 300(元)
   借:固定资产 11 300
   贷:在建工程 11 300

3. 借:固定资产 60 000
   贷:实收资本 60 000

4. 借:制造费用——一车间 1 500 000
   ——二车间 2 400 000
   ——三车间 3 000 000

管理费用　　600 000
贷:累计折旧　　7 500 000

5.(1)将固定资产转入清理:
借:固定资产清理　　500 000
累计折旧　　500 000
贷:固定资产　　1 000 000

(2)支付清理费用:
借:固定资产清理　　10 000
贷:银行存款　　10 000

(3)取得出售价款:
借:银行存款　　678 000
贷:固定资产清理　　600 000
应交税费——应交增值税(销项税额)　　78 000

(4)结转固定资产清理后的净收益:
借:固定资产清理　　90 000
贷:营业外收入　　90 000

实训三　供应过程业务的核算

1.借:原材料　　80 210
应交税费——应交增值税——进项税额　　10 400
贷:银行存款　　90 610

2.借:其他应收款——张明　　2 000
贷:库存现金　　2 000

3.借:原材料　　250 000
应交税费——应交增值税——进项税额　　32 500
贷:应付账款——星雨公司　　282 500

4.借:在途物资　　150 510
应交税费——应交增值税——进项税额　　19 500
贷:银行存款　　170 010

5.借:应付账款——星雨公司　　282 500
贷:银行存款　　282 500

6.借:原材料　　150 510
贷:在途物资　　150 510

7.借:管理费用　　1 800
库存现金　　200
贷:其他应收款——张明　　2 000

8.借:原材料——A材料　　250 500
应交税费——应交增值税(进项税额)　　32 500
贷:银行存款　　283 000

9.借:在途物资　　10 500

应交税费——应交增值税(进项税额) 1 300
贷:银行存款 11 800
借:原材料——F 材料 10 500
贷:在途物资 10 500
10. 借:原材料——G 材料 250 500
应交税费——应交增值税(进项税额) 32 500
贷:应付账款 283 000
11. 借:原材料——H 材料 15 000
贷:应付账款——暂估应付账款 15 000
12. 借:预付账款——乙公司 25 000
贷:银行存款 25 000
13. 借:原材料 50 000
应交税费——应交增值税(进项税额) 6 500
贷:预付账款——乙公司 56 500
借:预付账款——乙公司 31 500
贷:银行存款 31 500

实训四 生产过程业务的核算

(一)会计分录

1. 借:库存现金 1 000
贷:银行存款 1 000
2. 借:制造费用 1 360
贷:银行存款 1 360
3. 借:其他应收款——王伟 5 000
贷:库存现金 5 000
4. 借:生产成本——HA 产品 18 000
——HB 产品 12 000
制造费用 4 000
管理费用 2 000
贷:原材料 36 000
5. 借:管理费用 200
贷:库存现金 200
6. 借:其他应付款 1 200
贷:库存现金 1 200
7. 借:生产成本——HA 产品 12 000
——HB 产品 8 000
制造费用 2 000
管理费用 4 000
贷:应付职工薪酬——职工工资 26 000

8. 借:生产成本——HA 产品　　240
　　　　——HB 产品　　160
　　制造费用　　40
　　管理费用　　80
　　贷:应付职工薪酬——工会经费　　520

9. 借:库存现金　　26 000
　　贷:银行存款　　26 000

10. 借:应付职工薪酬——职工工资　　26 000
　　贷:库存现金　　26 000

11. 借:管理费用　　100
　　贷:其他应付款　　100

12. 借:其他业务成本　　3 000
　　贷:其他应付款　　3 000

13. 借:管理费用　　6 300
　　贷:其他应收款　　5 000
　　　　库存现金　　1 300

14. 借:财务费用　　1 300
　　贷:应付利息　　1 300

15. 借:生产成本——HA 产品　　6 000
　　　　——HB 产品　　4 000
　　制造费用　　1 000
　　管理费用　　3 000
　　贷:银行存款　　14 000

16. 借:应付职工薪酬——医疗费　　520
　　贷:库存现金　　520

17. 借:制造费用　　14 000
　　管理费用　　6 000
　　贷:累计折旧　　20 000

18. 借:生产成本——HA　　13 440
　　　　——HB　　8 960
　　贷:制造费用　　22 400

19. 借:库存商品——HA　　32 000
　　　　——HB　　33 120
　　贷:生产成本——HA　　32 000
　　　　——HB　　33 120

（二）明细账

制造费用明细账

单位：元

业务号	借方（费用项目）					贷方	余额
	材料费	人工费	折旧费	办公费	其他		
（2）				1 360			1 360
（4）	4 000						5 360
（7）		2 000					7 360
（8）		40					7 400
（15）					1 000		8 400
（17）			14 000				22 400
合计	4 000	2 040	14 000	1 360	1 000		22 400
结转						22 400	0

生产成本明细账

产品名称：HA 产品

单位：元

业务号	借方（费用项目）				贷方	余额
	直接材料	直接人工	制造费用	合计		
期初余额	1 540	800	870	3 210		3 210
（4）	18 000			18 000		21 210
（7）		12 000		12 000		33 210
（8）		240		240		33 450
（15）	6 000			6 000		39 450
（18）			13 584	13 584		53 034
本月费用	25 540	13 040	14 454	53 034		53 034
结转					32 000	21 034

生产成本明细账

产品名称：HB 产品

单位：元

业务号	借方（费用项目）				贷方	余额
	直接材料	直接人工	制造费用	合计		
（4）	12 000			12 000		12 000
（7）		8 000		8 000		20 000
（8）		160		160		20 160
（15）	4 000			4 000		24 160
（18）			8 960			33 120
本月费用	16 000	9 120	8 960			33 120
结转					33 120	0

实训五　销售过程业务的核算

1. 借:银行存款　395 500
　　贷:主营业务收入——HA　350 000
　　　　应交税费——应交增值税——销项税额　45 500
2. 借:销售费用　120
　　贷:库存现金　120
3. 借:应收账款——晨光公司　282 500
　　贷:主营业务收入——HB　250 000
　　　　应交税费——应交增值税——销项税额　32 500
4. ①借:应收账款　339 000
　　　贷:主营业务收入　300 000
　　　　　应交税费——应交增值税(销项税额)　39 000
　②借:应收账款　6 000
　　　贷:银行存款　6 000
5. 借:银行存款　345 000
　　贷:应收账款——乙公司　345 000
6. 借:应收票据　113 000
　　贷:主营业务收入　100 000
　　　　应交税费——应交增值税(销项税额)　13 000
7. 借:银行存款　113 000
　　贷:应收票据　113 000
8. ①销售时:
　借:银行存款　33 900
　　贷:其他业务收入　30 000
　　　　应交税费——应交增值税(销项税额)　3 900
　②结转成本:
　借:其他业务成本　23 000
　　贷:原材料——××材料　23 000
9. 借:销售费用　50 000
　　贷:银行存款　50 000
10. 借:银行存款　282 500
　　贷:应收账款——晨光公司　282 500
11. 借:主营业务成本　360 000
　　贷:库存商品　360 000
12. 借:税金及附加——城建税　3 000
　　贷:应交税费——应交城建税　3 000
13. 借:应交税费——应交城建税　3 000
　　贷:银行存款　3 000
14. 借:预收账款　169 500
　　贷:主营业务收入　150 000
　　　　应交税费——应交增值税(销项税额)　19 500

实训六　期间费用的账务处理

1. 借:销售费用　　60 000
　　贷:银行存款　　60 000
2. 借:管理费用　　600
　　贷:库存现金　　600
3. 借:管理费用　　2 600
　　贷:累计折旧　　2 600
4. 借:财务费用　　500
　　贷:银行存款　　500
5. 借:管理费用　　10 000
　　应交税费——应交增值税(进项税额)　　1 300
　　贷:银行存款　　11 300

实训七　利润形成与分配业务的核算

1. 借:库存现金　　340
　　贷:营业外收入　　340
2. 借:营业外支出　　40 000
　　贷:银行存款　　40 000
3. 借:营业外支出　　3 000
　　贷:银行存款　　3 000
4. 借:主营业务收入　　1 150 000
　　其他业务收入　　30 000
　　营业外收入　　150 340
　　贷:本年利润　　1 330 340
5. 借:本年利润　　1 180 600
　　贷:主营业务成本　　360 000
　　　　其他业务成本　　26 000
　　　　税金及附加　　3 000
　　　　管理费用　　636 680
　　　　销售费用　　110 120
　　　　财务费用　　1 800
　　　　营业外支出　　43 000
6. 利润总额 = 1 330 340 − 1 180 600 = 149 740
　借:所得税费用　　37 435
　　贷:应交税费——应交所得税　　37 435
7. 借:本年利润　　37 435
　　贷:所得税费用　　37 435
8. 借:本年利润　　112 305
　　贷:利润分配——未分配利润　　112 305
9. 借:利润分配——提取法定盈余公积　　11 230.5
　　　　　　——提取任意盈余公积　　5 615.25

贷:盈余公积 16 845.75

10.借:利润分配——应付现金股利或利润 30 000

贷:应付股利 30 000

11.借:利润分配——未分配利润 46 845.75

贷:利润分配——提取法定盈余公积 11 230.5

——提取任意盈余公积 5 615.25

——应付现金股利或利润 30 000

实训八 资金退出业务的核算

1.借:应付股利 1 000

贷:银行存款 1 000

2.借:应交税费——应交增值税 5 200

——城建税 364

——教育费附加 156

——所得税费用 28 990

贷:银行存款 34 710

3.借:短期借款 100 000

财务费用 2 500

贷:银行存款 102 500

第六章 会计凭证

一、单项选择题

1.A 2.B 3.B 4.C 5.C 6.D 7.B 8.D 9.B 10.B 11.B 12.C 13.D 14.D 15.D 16.A 17.B 18.B 19.C 20.C 21.C 22.C 23.B 24.C 25.D 26.C 27.A 28.D 29.D 30.D 31.B 32.D 33.D 34.C 35.B 35.D 36.B 37.C 38.B 39.C 40.B 41.D

二、多项选择题

1.CD 2.ABC 3.CD 4.ABC 5.BCD 6.CD 7.ABC 8.ABD 9.ABCD 10.AD 11.BC 12.ACD 13.ABCD 14.BC 15.BD 16.ABCD 17.ABCD 18.CD 19.ABCD 20.ABCD 21.ABC 22.ABCD 23.ABCD 24.ABCD 25.ABCD 26.ABCD 27.BCD 28.AD 29.AC 30.ABCD 31.BCD 32.AB 33.CD 34.AC 35.ABD 36.ACD 37.ABC 38.CD 39.AC

三、判断题

1.× 2.× 3.× 4.× 5.√ 6.√ 7.√ 8.× 9.× 10.× 11.√ 12.× 13.√ 14.× 15.× 16.× 17.√ 18.√ 19.√ 20.√ 21.√ 22.√ 23.× 24.× 25.√ 26.√ 27.× 28.× 29.× 30.× 31.× 32.× 33.× 34.√ 35.× 36.√ 37.× 38.× 39.√ 40.√ 41.×

四、技能训练题

实训一 阿拉伯数字与中文大写数字的书写

(略)

实训二　大小写金额的书写

序号	会计凭证账表的小写金额栏								原始凭证上的大写金额栏
1	没有数位分割线	有数位分割线							
2		万	千	百	十	元	角	分	
3	¥2.00					2	0	0	人民币:贰元整
4	¥14 891.00	1	4	8	9	1	0	0	人民币:壹万肆仟捌佰玖拾壹元整
5	¥1 509.50		1	5	0	9	5	0	人民币:壹仟伍佰零玖元伍角整
6	¥86 000.73	8	6	0	0	0	7	3	人民币:捌万陆仟元柒角叁分
7	¥2 901.05		2	9	0	1	0	5	人民币:贰仟玖佰零壹元零伍分
8	¥19 000.00	1	9	0	0	0	0	0	人民币:壹万玖仟元整
9	¥630.06			6	3	0	0	6	人民币:陆佰叁拾元零陆分
10	¥0.08							8	人民币:捌分

实训三　原始凭证的填制

表6－1　现金支票

江南市建设银行
现金支票存根
6266001
科　　目________
对方科目________
出票日期2020年10月4日
收款人：江南公司
金　额：¥115000.00
用　途：发放职工工资
单位主管：　　　会计

江南市建设银行　　　　现金支票　　　　6266001

出票日期:贰零贰零年零拾月零肆日　　付款行名称:江南建设银行解放路支行

收款人:江南公司　　出票人账号:62622012

人民币 (大写)壹拾壹万伍仟元整	千	百	十	万	千	百	十	元	角	分
		¥	1	1	5	0	0	0	0	0

用途:<u>发放职工工资</u>
上列款项请从
我账户内支付
出票人签章

科目（借）
对方科目（贷）
付讫日期2020年10月4日
出纳　　复核　　记账

表6－2　转账支票

江南市建设银行
转账支票存根
62660001
科　　目________
对方科目________
出票日期2020年10月10日
收款人：江南公司
金　额：¥50000.00
用　途：发放职工工资
单位主管：　　　会计

江南市建设银行　　　　转账支票　　　　6266001

出票日期:贰零贰零年零拾月零拾日　　付款行名称:江南建设银行解放路支行

收款人:江南公司　　出票人账号:62652312

人民币 (大写)伍万元整	千	百	十	万	千	百	十	元	角	分
			¥	5	0	0	0	0	0	0

用途:<u>发放职工工资</u>
上列款项请从
我账户内支付
出票人签章

科目（借）银行存款
对方科目（贷）应收账款
转账日期2020年10月4日
出纳　　复核　　记账

表6－3　江南市建设银行进账单(回单或收账通知)①

2020年10月10日　　　　第　　号

<table>
<tr><td rowspan="3">付款人</td><td>全称</td><td>兰天百货</td><td rowspan="3">收款人</td><td>全称</td><td colspan="10">江南公司</td></tr>
<tr><td>账号</td><td>62652312</td><td>账号</td><td colspan="10">62622012</td></tr>
<tr><td>开户银行</td><td>江南银行五四支行</td><td>开户银行</td><td colspan="10">江南建设银行解放路支行</td></tr>
<tr><td rowspan="2">金额</td><td rowspan="2">人民币（大写）</td><td colspan="3" rowspan="2">伍万元整</td><td>千</td><td>百</td><td>十</td><td>万</td><td>千</td><td>百</td><td>十</td><td>元</td><td>角</td><td>分</td></tr>
<tr><td></td><td></td><td>¥</td><td>5</td><td>0</td><td>0</td><td>0</td><td>0</td><td>0</td><td>0</td></tr>
<tr><td colspan="2">票据种类</td><td colspan="3">转账支票</td><td colspan="10" rowspan="3">收款人开户行盖章</td></tr>
<tr><td colspan="2">票据张数</td><td colspan="3">壹</td></tr>
<tr><td colspan="5">单位主管　　会计　　复核</td></tr>
</table>

表6－4　托收承付凭证(承付/支款通知)⑤

第　　号

委托日期2020年10月18日　　　　托收号码:0388

<table>
<tr><td rowspan="3">付款人</td><td>全称</td><td>江南公司</td><td rowspan="3">收款人</td><td>全称</td><td colspan="10">新宇钢铁厂</td></tr>
<tr><td>账号</td><td>62622012</td><td>账号</td><td colspan="10">62652316</td></tr>
<tr><td>开户银行</td><td>江南建设银行解放路支行</td><td>开户银行</td><td colspan="10">新宇银行五四支行</td></tr>
<tr><td rowspan="2">托收金额</td><td rowspan="2">人民币（大写）</td><td colspan="3" rowspan="2">壹拾壹万叁仟元整</td><td>千</td><td>百</td><td>十</td><td>万</td><td>千</td><td>百</td><td>十</td><td>元</td><td>角</td><td>分</td></tr>
<tr><td></td><td>¥</td><td>1</td><td>1</td><td>3</td><td>0</td><td>0</td><td>0</td><td>0</td><td>0</td></tr>
<tr><td colspan="2">附件</td><td colspan="2">商品发运情况</td><td colspan="11">合同名称号码</td></tr>
<tr><td colspan="2">附件单证张数</td><td colspan="2"></td><td colspan="11"></td></tr>
<tr><td colspan="4">备注:</td><td colspan="11">付款人开户银行盖章</td></tr>
</table>

单位主管:　　会计:　　复核:　　记账:

表 6－5　甘肃省增值税专用发票　　　　No. 0058629

开票日期:2020 年 10 月 18 日

购货单位	名称	江南公司		纳税登记号		510622200111145	
	地址、电话	江南市解放路 38 号		开户银行及账号		江南建设银行解放路支行 626222012	
货物或应税劳务名称	规格型号	计量单位	数量	单价	金额	税率(%)	税额
甲材料		千克	10 000	10	100 000	13%	13 000
合计					100 000		13 000
价税合计(大写)	⊗壹拾壹万叁仟元整　　¥113 000.00						
备注							
销货单位	名称	新宇钢铁厂		纳税登记号			
	地址、电话			开户银行及账号		新宇银行五四支行 62652316	

第三联　发票联

销货单位(章):　　　　收款人:　　　　复核:　　　　开票人:

表 6－6　验收单(收料单)

供应单位:　　　　收料仓库:

发票号码:　　　　2020 年 10 月 18 日　　　　第　　号

材料编号	材料名称	规格	单位	数量		金额			
				应收	实收	单价	买价	运费	成本
01	甲材料		千克	10 000	10 000	10	100 000		100 000
合计									

仓库负责人:　　　　经办人:　　　　收料人:

表6－7　专用收款收据

收款日期2020年10月20日

<table>
<tr><td>付款单位
(交款人)</td><td colspan="2">市百大楼</td><td colspan="3">收款单位
(收款人)</td><td colspan="3">江南公司</td><td colspan="3">收款情境</td><td colspan="2">包装物押金</td></tr>
<tr><td rowspan="2">人民币
(大写)</td><td colspan="2" rowspan="2">叁佰捌拾元整</td><td>千</td><td>百</td><td>十</td><td>万</td><td>千</td><td>百</td><td>十</td><td>元</td><td>角</td><td>分</td><td>结算方式</td></tr>
<tr><td></td><td></td><td></td><td></td><td>¥</td><td>3</td><td>8</td><td>0</td><td>0</td><td>0</td><td>转账</td></tr>
<tr><td rowspan="2">收款事由</td><td colspan="2" rowspan="2">包装物押金</td><td colspan="2" rowspan="2">经办</td><td colspan="3">部门</td><td colspan="6"></td></tr>
<tr><td colspan="3">人员</td><td colspan="6"></td></tr>
<tr><td colspan="2" rowspan="2">上述款项照数收讫无误
收款单位财会计专用章</td><td colspan="3">会计主管</td><td colspan="3">稽核</td><td colspan="3">出纳</td><td colspan="3">交款人</td></tr>
<tr><td colspan="3"></td><td colspan="3"></td><td colspan="3"></td><td colspan="3"></td></tr>
</table>

使用规定:1. 本收据只做非经营性专用收款收据,不能代替发票使用。2. 结算方式按现金、转账、付委、信汇、电汇、托收承付等方式分别填列。3. 本收据一式三联复写,不得涂改,如写错,不得撕掉要保留备查。

表6－8　甘肃省增值税普通发票　　No. 0558630

发票联

开票日期:2020年10月25日

<table>
<tr><td rowspan="2">购货
单位</td><td>名称</td><td colspan="3">江南市甲公司</td><td colspan="2">纳税登记号</td><td colspan="2">510622200222248</td></tr>
<tr><td>地址、电话</td><td colspan="3">江南市长开路</td><td colspan="2">开户银行及账号</td><td colspan="2">江南市建设银行五四支行
62652318</td></tr>
<tr><td colspan="2">货物或应税劳务名称</td><td>规格型号</td><td>计量单位</td><td>数量</td><td>单价</td><td>金额</td><td>税率(%)</td><td>税额</td></tr>
<tr><td colspan="2"></td><td></td><td></td><td></td><td></td><td>2925</td><td>13%</td><td>380.25</td></tr>
<tr><td colspan="2"></td><td></td><td></td><td></td><td></td><td></td><td></td><td></td></tr>
<tr><td colspan="2"></td><td></td><td></td><td></td><td></td><td></td><td></td><td></td></tr>
<tr><td colspan="2">合计</td><td></td><td></td><td></td><td></td><td>2925</td><td></td><td>380.25</td></tr>
<tr><td colspan="2">价税合计(大写)</td><td colspan="7">⊗叁仟叁佰零伍元贰角伍分　　¥3 305.25</td></tr>
<tr><td colspan="2">备注</td><td colspan="7"></td></tr>
<tr><td rowspan="2">销货
单位</td><td>名称</td><td colspan="3">江南公司</td><td colspan="2">纳税登记号</td><td colspan="2">510622200111145</td></tr>
<tr><td>地址、电话</td><td colspan="3">江南市解放路38号</td><td colspan="2">开户银行及账号</td><td colspan="2">建设银行解放路支行
62652316</td></tr>
</table>

第二联　发票联

销货单位(章):　　收款人:　　复核:　　开票人:

表 6－9　中国建设银行现金缴款单

币别:人民币　　　　　　　　　2020 年 10 月 25 日　　　　　　　　　流水号

<table>
<tr><td rowspan="4">单位填写</td><td>收款单位</td><td>江南公司</td><td>交款人</td><td colspan="11">王五</td></tr>
<tr><td>账户</td><td>62622012</td><td>款项来源</td><td colspan="11">销售产品</td></tr>
<tr><td colspan="3" rowspan="2">人民币(大写) 贰仟玖佰贰拾伍元整</td><td>亿</td><td>千</td><td>百</td><td>十</td><td>万</td><td>千</td><td>百</td><td>十</td><td>元</td><td>角</td><td>分</td></tr>
<tr><td></td><td></td><td></td><td></td><td>¥</td><td>2</td><td>9</td><td>2</td><td>5</td><td>0</td><td>0</td></tr>
<tr><td>银行确认栏</td><td colspan="14">现金回单(无银行打印记录及银行签章此单无效)</td></tr>
</table>

复核:　　　　　　　　　　录入:　　　　　　　　　　出纳:王五

实训四　审核原始凭证

(略)

实训五　记账凭证的填制

(一)用会计分录代替记账凭证

1. 借:银行存款　　200 000
　　贷:实收资本　　200 000

2. 借:原材料——丙材料　　50 000
　　应交税费——应交增值税　　6 500
　　贷:银行存款　　56 500

3. 借:制造费用　　2 000
　　管理费用　　3 800
　　贷:银行存款　　5 800

4. 借:其他应收款——李宏　　6 000
　　贷:库存现金　　6 000

5. 借:银行存款　　586 450
　　贷:应收账款　　586 450

6. 借:原材料——甲材料　　60 000
　　　　——乙材料　　27 500
　　应交税费——应交增值税(进项税额)　　11 375
　　贷:应付账款　　98 875

7. 借:制造费用　　5 060
　　管理费用　　4 540
　　贷:银行存款　　9 600

8. 借:生产成本——HA　　55 000
　　　　——HB　　40 000
　　制造费用　　8 000
　　管理费用　　5 000

贷:原材料——甲材料 75 000
——乙材料 33 000

9.借:应收票据 632 800
贷:主营业务收入——HA产品 440 000
——HB产品 120 000
应交税费——应交增值税(销项税额) 72 800

10.借:应收账款 151 420
贷:主营业务收入——HA产品 110 000
——HB产品 24 000
应交税费—应交增值税(销项税额) 17 420

11.借:制造费用 3 790
管理费用 3 575
贷:其他应付款——财产保险费 5 500
——报纸杂志费 1 865

12.借:固定资产 4 000
应交税费——应交增值税(进项税额) 520
贷:银行存款 4 520

13.借:库存现金 250
贷:营业外收入 250

14.借:销售费用 8 600
贷:银行存款 8 600

15.借:制造费用 7 500
管理费用 2 500
贷:累计折旧 10 000

16.借:应交税费——应交增值税 26 000
贷:应交税费——未交税费 26 000

17.借:税金及附加 2 860
贷:应交税费——应交城市维护建设税 1 820
——应交教育附加费 780
——应交地方教育附加费 260

18.借款利息计算表
借:财务费用 1 800
贷:应付利息 1 800

(二)审核

(略)

第七章 会计账簿

一、单项选择题

1.A 2.A 3.C 4.A 5.D 6.C 7.A 8.D 9.D 10.B 11.B 12.A 13.C

14. B　15. A　16. A　17. A　18. B　19. C　20. B　21. A　22. D　23. B　24. C　25. D
26. C　27. C　28. D　29. B　30. A　31. B　32. C　33. A　34. C　35. B　36. C　37. A
38. A　39. A　40. B　41. A　42. D

二、多项选择题

1. ABCD　2. AB　3. ABCD　4. AB　5. AB　6. CD　7. AD　8. ABC　9. CD　10. ABCD
11. ACD　12. ABCD　13. BC　14. AC　15. AD　16. BC　17. AC　18. AB　19. ABC
20. ABC　21. ABD　22. ABD　23. ABD　24. ABC　25. AD　26. ABD　27. BCD　28. ACD
29. CD　30. ABD　31. AB　32. ABC　33. ABC　34. ABD　35. AC　36.　AD　37. AC
38. ABC　39. ABC　40. ABC　41. ABCD　42. ABD　43. ABCD　44. ACD　45. ABCD
46. BD　47. AC　48. ABCD　49. ABD　50. AC

三、判断题

1. √　2. ×　3. √　4. ×　5. ×　6. √　7. √　8. ×　9. √　10. ×　11. √　12. ×
13. √　14. ×　15. √　16. ×　17. √　18. √　19. √　20. √　21. ×　22. ×　23. ×
24. √　25. √　26. ×　27. √　28. √　29√　30. √　31. √　32. ×　33. √　34. ×
35. ×　36. ×　37. ×　38. ×　39. ×　40. √　41. √　42. ×　43. √　44. ×

四、技能训练题

实训一　建账

（略）

实训二　会计账簿的登记

（一）会计分录（代替记账凭证）

1. 借：银行存款　500 000
　　贷：短期借款　500 000

2. 借：原材料——甲材料　275 000
　　　　——乙材料　32 000
　　应交税费——应交增值税——进项税额　39 910
　　贷：银行存款　346 910

3. 借：库存现金　50 000
　　贷：银行存款　50 000

4. 借：管理费用　550
　　贷：库存现金　550

5. 借：银行存款　90 400
　　贷：主营业务收入　80 000
　　　　应交税费——应交增值税——销项税额　10 400

6. 借：库存现金　5 500
　　贷：其他业务收入　5 500

7. 借：银行存款　5 500
　　贷：库存现金　5 500

8. 借：其他应收款——张富　1 500
　　贷：库存现金　1 500

9. 借:短期借款 100 000
　　贷:银行存款 100 000
10. 借:应付职工薪酬——职工工资 35 000
　　贷:库存现金 35 000
11. 借:制造费用 27 500
　　　管理费用 55 000
　　贷:原材料——甲材料 82 500
12. 借:制造费用 38 400
　　　管理费用 22 400
　　贷:原材料——乙材料 60 800
13. 借:制造费用 2 200
　　　管理费用 1 800
　　贷:累计折旧 4 000
14. 借:制造费用 11 300
　　　管理费用 23 700
　　贷:应付职工薪酬——职工工资 35 000
15. 借:制造费用 226
　　　管理费用 474
　　贷:应付职工薪酬——工会经费 700
16. 借:生产成本——甲产品 64 214.52
　　　　　　——乙产品 15 411.48
　　贷:制造费用 79 626
17. 借:本年利润 103 924
　　贷:管理费用 103 924

(二)各种账

原材料总账

单位:元

2020年		凭证字号	摘要	借方金额	贷方金额	对账号	借或贷	余额
月	日							
4	1						借	180 000
	4		购买	307 000			借	487 000
	30		领用		82 500		借	404 500
	30		领用		60 800		借	343 700
	30		本月合计	307 000	143 300		借	343 700

管理费用总账

单位:元

2020年		凭证字号	摘要	借方金额	贷方金额	对账号	借或贷	余额
月	日							
4	11		购买办公用品	550			借	550
	30		领用材料	55 000			借	55 550
	30		领用材料	22 400			借	77 950
	30		折旧费	1 800			借	79 750
	30		工资	23 700			借	103 450
	30		福利费	474			借	103 924
	30		本月合计	103 924			借	103 924
4	30		结转		103 924		平	0

制造费用总账

单位:元

2020年		凭证字号	摘要	借方金额	贷方金额	对账号	借或贷	余额
月	日							
4	30		领料	27 500			借	27 500
	30		领料	38 400			借	65 900
	30		折旧	2 200			借	68 100
	30		工资	11 300			借	79 400
	30		福利	226			借	79 626
	30		本月合计	79 626			借	79 626
	30		结转		79 626		平	0

库存现金日记账

单位:元

2020年		凭证字号	摘要	对方科目	借方	贷方	余额
月	日						
3	31		本月累计		15 000.00	10 000	5 000
4	7		提现		50 000		55 000
	11		购买			550	54 450
	30		销售废旧材料		5 500		59 950
	30		存现			5 500	54 450
	30		预借差旅费			1 500	52 950
	30		支付工资			35 000	17 950
4	30		本月合计		55 500	42 550	17 950

银行存款日记账

单位:元

2020 年		凭证字号	摘要	结算凭证		对方科目	借方	贷方	余额
月	日			种类	号数				
3	31		本月累计				280 000	120 000	160 000
4	1		借款				500 000		660 000
	4		购买材料					346 910	313 090
	7		提现					50 000	263 090
	20		销售				90 400		353 490
	30		存现				5 500		358 990
	30		归还借款					100 000	258 990
	30		本月合计				595 900	496 910	258 990

制造费用明细分类账

单位:元

2020 年		凭证字号	摘要				
月	日			材料	人工	折旧	合计
4	30		领料	27 500			27 500
	30		领料	38 400			65 900
	30		工资		11 300		77 200
	30		工会经费		226		77 426
	30		折旧			2 200	79 626
	30		本月合计	65 900	11 526	2 200	79 626
	30		转出	(65 900)	(11 526)	(2 200)	(79 626)

管理费用明细分类账

单位:元

2020 年		凭证字号	摘要					
月	日			办公费	材料	人工	折旧	合计
4	11		购买办公用品	550				550
	30		领料		55 000			55 550
	30		领料		22 400			77 950
	30		工资			23 700		101 650
	30		工会经费			474		102 124
	30		折旧				1 800	103 924
	30		本月合计	550	77 400	24 174	1 800	103 924
	30		结转	(550)	(77 400)	(24 174)	(1 800)	(103 924)

原材料明细账

明细科目:甲材料　　　　单位:元

2020年		凭证字号	摘要	借方金额			贷方金额			余额		
月	日			数量	单价	金额	数量	单价	金额	数量	单价	金额
4	1		期初							3 000	50	150 000
	4		购买	5 000	55	275 000				8 000	55	425 000
	30		领用				1 500	55	82 500	6 500	55	342 500
	30		本月合计	5 000		275 000	1 500		82 500	6 500		342 500

原材料明细账

明细科目:乙材料　　　　单位:元

2020年		凭证字号	摘要	借方金额			贷方金额			余额		
月	日			数量	单价	金额	数量	单价	金额	数量	单价	金额
1	1									1 000	30	30 000
	4		购买	1 000	32	32 000				2 000	32	62 000
	30		领用				1 900	32	60 800	100	32	1 200
	30		本月合计	1 000		32 000	1 900		60 800			1 200

实训三　总分类账与明细分类账的平行登记

(一)记账凭证(分录代替)

1. 借:原材料——甲材料　　280 000
　　　　　　——乙材料　　180 000
　贷:应付账款——红星公司　　460 000

2. 借:应付账款——红星公司　　90 000
　贷:银行存款　　90 000

3. 借:原材料——乙材料　　252 000
　贷:应付账款——红光公司　　252 000

4. 借:应付账款——红光公司　　70 000
　贷:银行存款　　70 000

5. 借:制造费用　　496 000
　贷:原材料——甲材料　　154 000
　　　　　——乙材料　　342 000

6. 借:应付账款——红星公司　　460 000
　　　　　　——红光公司　　252 000
　贷:银行存款　　712 000

7. 借:生产成本　　464 000
　贷:原材料——甲材料　　392 000
　　　　　——乙材料　　72 000

8. 借:原材料——甲材料　　336 000
　　贷:应付账款——红光公司　　336 000

9. 借:生产成本　　378 000
　　贷:原材料——甲材料　　378 000

10. 借:原材料——甲材料　　238 000
　　贷:应付账款——红光公司　　238 000

(二)各种账

总分类账

账户名称:原材料　　单位:元

2020年		凭证字号	摘要	借方	贷方	借或贷	余额
月	日						
11	1		期初余额			借	1 054 400
	3		①购入材料	460 000		借	1 514 400
	6		③购入材料	252 000		借	1 766 400
	13		⑤领用		496 000	借	1 270 400
	24		⑦领用		464 000	借	806 400
	27		⑧购入材料	336 000		借	1 142 400
	28		⑨领用		378 000	借	764 400
	29		⑩购入材料	238 000		借	1 002 400
	30		本月合计	1 286 000	1 338 000	借	1 002 400

原材料明细分类账

账户名称:甲材料　　计量单位:千克

2020年		凭证字号	摘要	借方金额			贷方金额			余额		
月	日			数量	单价	金额	数量	单价	金额	数量	单价	金额
11	1		期初余额							6 400	140	896 000
	3		①购入	2 000	140	280 000				8 400	140	1 176 000
	13		⑤领用				1 100	140	154 000	7 300	140	1 022 000
	24		⑦领用				2 800	140	392 000	4 500	140	630 000
	27		⑧购入	2 400	140	336 000				6 900	140	966 000
	28		⑨领用				2 700	140	378 000	4 200	140	588 000
	29		⑩购入	1 700	140	238 000				5 900	140	826 000
	30		合计	6 100	140	854 000	6 600	140	924 000	5 900	140	826 000

原材料明细账

账户名称:乙材料 单位:元

2020年		凭证字号	摘要	借方金额			贷方金额			余额		
月	日			数量	单价	金额	数量	单价	金额	数量	单价	金额
11	1		期初余额							880	180	158 400
	3		①购入	1 000	180	180 000				1 880	180	338 400
	6		③购入	1 400	180	252 000				3 280	180	590 400
	13		⑤领用				1 900	180	342 000	1 380	180	248 400
	24		⑦领用				400	180	72 000	980	180	176 400
	30		合计	2 400	180	432 000	2 300	180	414 000	980	180	176 400

总分类账

账户名称:应付账款 单位:元

2020年		凭证字号	摘要	借方	贷方	借或贷	余额
月	日						
11	1		期初余额			贷	160 000
	3		①欠货款		460 000	贷	620 000
	5		②偿还货款	90 000		贷	530 000
	6		③欠货款		252 000	贷	782 000
	8		④偿还货款	70 000		贷	712 000
	16		⑥偿还货款	712 000		平	0
	27		⑧欠货款		336 000	贷	336 000
	29		⑩欠货款		238 000	贷	574 000
11	30		本月合计	872 000	1 286 000	贷	574 000

应付账款明细账

账户名称:红星公司 单位:元

2020年		凭证字号	摘要	借方	贷方	借或贷	余额
月	日						
11	1		期初余额			贷	90 000
	3		①欠货款		460 000	贷	550 000
	5		②偿还货款	90 000		贷	460 000
	16		⑥偿还货款	460 000		平	0
11	30		本月合计	550 000	460 000	平	0

应付账款明细账

账户名称:红光公司　　　　　　　　　　　　　　　　　　　　单位:元

2020年		凭证字号	摘要	借方	贷方	借或贷	余额
月	日						
11	1		期初余额			贷	70 000
	6		③欠货款		252 000	贷	322 000
	8		④偿还货款	70 000		贷	252 000
	16		⑥偿还货款	252 000		平	0
	27		⑧欠货款		336 000	贷	336 000
			⑩欠货款		238 000	贷	574 000

实训四　错账更正方法

1. 借:其他应收款　　2 000
　　贷:库存现金　　2 000
　　更正:
　　①做红字记账凭证冲销错误记录并登账
　　借:其他应收款　　(2 000)
　　　贷:库存现金　　(2 000)
　　②做正确的记账凭证并登账
　　借:其他应收款　　2 000
　　　贷:银行存款　　2 000

2. 借:主营业务成本　　70 000
　　贷:库存商品　　70 000
　　更正:编制红字记账凭证并登记入账冲销多记金额
　　借:主营业务成本　　(63 000)
　　　贷:库存商品　　(63 000)

3. 借:管理费用　　1 000
　　贷:应付利息　　1 000
　　更正:
　　①做红字记账凭证冲销错误记录并登账
　　借:管理费用　　(1 000)
　　　贷:应付利息　　(1 000)
　　②做正确的记账凭证并登账
　　借:财务费用　　1 000
　　　贷:应付利息　　1 000

4. 借:税金及附加　　3 400
　　贷:应交税费　　3 400
　　更正:划线更正法,在错误账的数字上划一条红线,并由划线人盖章,在上方用蓝字写上正确的数字即可。

5. 借:库存商品　　56 000
　　贷:生产成本　　56 000
　　更正:①做红字记账凭证冲销错误记录并登账
　　借:库存商品　　(56 000)
　　　贷:生产成本　　(56 000)
　　②做正确的记账凭证并登账
　　借:主营业务成本　　56 000
　　　贷:库存商品　　56 000

第八章　账务处理程序

一、单项选择题

1. B　2. D　3. C　4. C　5. B　6. A　7. B　8. A　9. A　10. D　11. C　12. D　13. B　14. B　15. D　16. B　17. C　18. A　19. B　20. C　21. C　22. A　23. B　24. A

二、多项选择题

1. ABC　2. ABC　3. AC　4. ABCD　5. ABC　6. ACD　7. ABD　8. ABC　9. ABC　10AB　11. AB　12. AB　13. AC　14. BD　15. AD　16. AD　17. AD　18. AC　19. BCD　20. ABC　21. BCD　22. AB　23. AC　24. AB　25. ABCD　26. AD　27. AB　28. AC

三、判断题

1. √　2. √　3. ×　4. ×　5. √　6. √　7. ×　8. √　9. √　10. ×　11. √　12. √　13. √　14. ×　15. √　16. √　17. ×　18. √　19. √　20. √　21. ×　22. ×　23. ×　24. ×　25. √　26. ×　27. √　28. ×　29. ×　30. √　31. √　32. ×　33. ×　34. √　35. √

四、技能训练题

实训一　记账凭证账务处理程序

(一)会计分录(用会计分录代替记账凭证)

1. 借:应收账款　　565 000
　　贷:主营业务收入　　500 000
　　　　应交税费——应交增值税(销项税额)　　65 000
　借:应收账款　　1 450
　　贷:银行存款　　1 450
2. 借:银行存款　　678 000
　　贷:主营业务收入　　600 000
　　　　应交税费——应交增值税(销项税额)　　78 000
3. 借:库存现金　　805 520
　　贷:银行存款　　805 520
4. 借:应付职工薪酬　　805 520
　　贷:库存现金　　805 520
5. 借:原材料　　229 840

贷:在途物资 229 840

6. 借:管理费用 3 850

贷:其他应收款 3 850

借:库存现金 150

贷:其他应收款 150

7. 借:银行存款 11 300

贷:其他业务收入 10 000

应交税费——应交增值税(销项税额) 1 300

借:其他业务成本 9 000

贷:原材料 9 000

8. 借:管理费用 300

贷:库存现金 300

9. 借:管理费用 3 810

贷:银行存款 3 810

10. 借:银行存款 586 450

贷:应收账款 586 450

11. 借:银行存款 50 000

贷:短期借款 50 000

12. 借:预付账款 4 800

贷:银行存款 4 800

13. 借:应付账款 306 000

贷:银行存款 306 000

14. 借:原材料 325 008

应交税费——应交增值税(进项税额) 42 120

贷:银行存款 367 128

15. 借:销售费用 1 900

贷:银行存款 1 900

16. 借:银行存款 600 000

贷:实收资本 600 000

17. 借:库存现金 1 000

贷:营业外收入 1 000

18. 借:营业外支出 50 000

贷:银行存款 50 000

19. 借:生产成本——HB 735 000

——DA 825 000

制造费用 70 000

管理费用 20 000

贷:原材料 1 650 000

20. 借:生产成本——HB　　428 324
　　　　　　　——DA　　277 202
　　制造费用　　39 887
　　管理费用　　60 107
　　贷:应付职工薪酬　　805 520
21. 借:生产成本——HB　　8 566.48
　　　　　　　——DA　　5 544.04
　　制造费用　　797.74
　　管理费用　　1 202.14
　　贷:应付职工薪酬　　16 110.4
22. 借:制造费用　　39 000
　　管理费用　　12 500
　　贷:累计折旧　　51 500
23. 借:财务费用　　5 000
　　贷:应付利息　　5 000
24. 借:制造费用　　7 600
　　管理费用　　3 575
　　贷:银行存款　　11 175
25. 借:生产成本——HB　　94 370.84
　　　　　　　——DA　　62 913.9
　　贷:制造费用　　157 284.74
26. 借:库存商品——HB　　1 266 261.32
　　　　　　　——DA　　117 065.94
　　贷:生产成本——HB　　1 266 261.32
　　　　　　　——DA　　117 065.94
27. 借:主营业务成本——HB　　377 294.5
　　　　　　　　——DA　　430 657
　　贷:库存商品——HB　　377 294.5
　　　　　　　——DA　　430 657
28. 借:税金及附加　　10 218
　　贷:应交税费——应交城市维护建设税　　7 152.6
　　　　　　　——应交教育费附加　　3 065.4
29. 借:主营业务收入　　1 100 000
　　其他业务收入　　10 000
　　营业外收入　　1 000
　　贷:本年利润　　1 111 000
30. 借:本年利润　　989 413.64
　　贷:主营业务成本　　807 951.5
　　　税金及附加　　10 218

其他业务成本　9 000
营业外支出　50 000
管理费用　105 344.14
财务费用　5 000
销售费用　1 900

31. 借:所得税费用　27 646.59
　贷:应交税费——应交所得税　27 646.59

32. 借:本年利润　27 646.59
　贷:所得税费用　27 646.59

33. 借:利润分配——提取法定盈余公积　8 293.98
　贷:盈余公积　8 293.98

34. 借:利润分配——应付现金股利或利润　33 175.91
　贷:应付股利　33 175.91

35. 借:本年利润　82 939.77
　贷:利润分配——未分配利润　82 939.77

36. 借:利润分配——未分配利润　41 469.89
　贷:利润分配——提取法定盈余公积　8 293.98
　　——应付现金股利或利润　33 175.91

未分配利润 = 82 939.77 − 41 469.89 = 41 469.88

(二)其他

(略)

实训二　科目汇总表账务处理程序

(一)记账凭证(会计分录代替记账凭证)

1. 借:银行存款　36 000
　贷:应收账款——晨光公司　36 000

2. 借:原材料——甲材料　71 700
　应交税费——应交增值税(进项税额)　9 282
　贷:银行存款　80 980

3. 借:原材料——乙材料　18 000
　应交税费——应交增值税(进项税额)　2 340
　贷:应付账款——东林公司　20 340

4. 借:固定资产　21 000
　应交税费——应交增值税(进项税额)　2 600
　贷:银行存款　23 600

5. 借:制造费用　2 000
　管理费用　1 200
　贷:银行存款　3 200

6. 借:库存现金　100 000
　贷:银行存款　100 000

7. 借:应付职工薪酬——职工工资　　99 000
　贷:库存现金　　99 000
8. 借:管理费用　　1 800
　贷:库存现金　　1 800
9. 借:银行存款　　160 000
　贷:实收资本　　160 000
10. 借:管理费用　　1 720
　贷:其他应收款——李军　　1 600
　　库存现金　　120
11. 借:应交税费——应交城市维护建设税　　2 800
　　——应交教育费附加　　1 200
　贷:银行存款　　4 000
12. 借:银行存款　　84 750
　贷:主营业务收入　　75 000
　　应交税费——应交增值税(销项税额)　　9 750
13. 借:银行存款　　100 000
　贷:应收账款——红叶公司　　100 000
14. 借:应收账款——晨光公司　　180 800
　贷:主营业务收入　　160 000
　　应交税费——应交增值税(销项税额)　　20 800
15. 借:销售费用　　10 000
　贷:银行存款　　10 000
16. 借:制造费用　　3 200
　管理费用　　600
　应交税费——进项税额　　494
　贷:银行存款　　4 294
17. 借:其他应付款　　1 200
　贷:库存现金　　1 200
18. 借:营业外支出——捐赠支出　　5 000
　贷:银行存款　　5 000
19. 借:生产成本——山地自行车　　90 000
　　——多功能电动车　　48 000
　制造费用　　2 400
　管理费用　　3 600
　贷:原材料——甲材料　　96 000
　　——乙材料　　48 000
20. 借:生产成本——山地自行车　　50 000
　　——多功能电动车　　30 000
　制造费用　　4 000

管理费用　　15 000
贷:应付职工薪酬——职工工资　　99 000

21. 借:生产成本——山地自行车　　1 000
——多功能电动车　　600
制造费用　　80
管理费用　　300
贷:应付职工薪酬——工会经费　　1 980

22. 借:制造费用　　8 000
管理费用　　2 000
贷:累计折旧　　10 000

23. 借:管理费用　　120
贷:其他应付款　　120

24. 借:财务费用　　1 000
贷:应付利息　　1 000

25. 借:生产成本——山地自行车　　12 300
——多功能电动车　　7 380
贷:制造费用　　19 680

26. 借:库存商品——山地自行车　　178 300
——多功能电动车　　88 000
贷:生产成本—山地自行车　　178 300
——多功能电动车　　88 000

27. 借:主营业务成本——山地自行车　　100 000
——多功能电动车　　40 000
贷:库存商品——山地自行车　　100 000
——多功能电动车　　40 000

28. 借:税金及附加　　2 300
贷:应交税费——应交城市维护建设税　　1 610
——应交教育费附加　　690

29. 借:主营业务收入　　235 000
贷:本年利润　　235 000

30. 借:本年利润　　184 640
贷:主营业务成本　　140 000
税金及附加　　2 300
管理费用　　26 340
销售费用　　10 000
财务费用　　1 000
营业外支出　　5 000

31. 利润总额 = 235 000 - 184 640 = 50 360
所得税 = 12 590

借:所得税费用　　12 590
　贷:应交税费——应交所得税　　12 590
32. 借:本年利润　　12 590
　贷:所得税费用　　12 590
33. 借:本年利润　　37 770
　贷:利润分配——未分配利润　　37 770
34. 借:利润分配——提取法定盈余公积　　3777
　　　　——提取任意盈余公积　　1 888.5
　贷:盈余公积　　5 665.5
35. 借:利润分配——应付现金股利　　8 000
　贷:应付股利　　8 000
36. 借:利润分配——未分配利润　　13 665.5
　贷:利润分配——提取法定盈余公积　　3 777
　　　　——提取任意盈余公积　　1 888.5
　　　　——应付现金股利或利润　　8 000

(二)其他

1. 科目汇总表

科目汇总表

2020 年 12 月　　单位:元

会计科目	过账	本期发生额		记账凭证起讫号数
		借方	贷方	
库存现金		100 000	102 120	
银行存款		380 750	231 076	
应收账款		180 800	136 000	
其他应付款		1 200	120	
其他应收款			1 600	
原材料		89700	144 000	
库存商品		266 300	140 000	
固定资产		21 000		
累计折旧			10 000	
应付职工薪酬		99 000	100 980	
应付账款			20 340	
应交税费		18 716	45 440	
应付利息			1 000	
应付股利			8 000	
实收资本			160 000	

续表

会计科目	过账	本期发生额		记账凭证起讫号数
		借方	贷方	
盈余公积			5 665.5	
本年利润		235 000	235 000	
利润分配		27 331	51 435.5	
生产成本		239 280	266 300	
制造费用		19 680	19 680	
主营业务收入		235 000	235 000	
主营业务成本		140 000	140 000	
税金及附加		2 300	2 300	
管理费用		26 340	26 340	
销售费用		10 000	10 000	
财务费用		1 000	1 000	
营业外支出		5 000	5 000	
所得税费用		12 590	12 590	
合计		2 110 987	2 110 987	

2. 其他

(略)

第九章　财产清查

一、单项选择题

1. D　2. C　3. C　4. B　5. A　6. B　7. C　8. C　9. C　10. C　11. D　12. C　13. B　14. A　15. C　16. B　17. C　18. C　19. B　20. C　21. B　22. D　23. B　24. B　25. D　26. B　27. D　28. B　29. C　30. A　31. ①. D　②. B　③. C　④. B　⑤. D　⑥. D　32. C　33. C　34. B　35. C　36. C　37. A　38. D　39. A　40. C　41. B　42. D

二、多项选择题

1. ABCD　2. ABC　3. ABD　4. ABCD　5. ABD　6. AD　7. ABCD　8. CD　9. BC　10. AB　11. BD　12. BD　13. ABC　14. AC　15. AB　16. ABCD　17. BCD　18. BCD　19. AC　20. ABC　21. ABCD　22. ABCD　23. ABC　24. AB　25. ABCD　26. ABCD　27. ABCD　28. ABCD　29. ABD　30. AB　31. ABCD　32. ABC　33. BCD　34. ABC　35. CD

三、判断题

1. √　2. √　3. √　4. ×　5. ×　6. √　7. √　8. √　9. √　10. ×　11. ×　12. ×　13. √　14. ×　15. ×　16. √　17. √　18. ×　19. √　20. √　21. √　22. ×　23. √　24. ×　25. √　26. √　27. ×　28. ×　29. ×　30. ×　31. ×　32. √　33. √

四、技能训练题

实训一　财产清查及其处理

1. ①借:待处理财产损益　　360

贷:原材料——甲材料 360

②借:管理费用 360

贷:待处理财产损益 360

2. ①借:待处理财产损益 3 000

贷:原材料——乙材料 3 000

②借:营业外支出 3 000

贷:待处理财产损益 3 000

3. ①借:固定资产 6 000

贷:以前年度损益调整 4 200

累计折旧 1 800

②借:以前年度损益调整 4 200

贷:盈余公积 4 200

4. ①借:待处理财产损益 63 600

累计折旧 1 400

贷:固定资产 65 000

②借:营业外支出 63 600

贷:待处理财产损益 63 600

5. ①借:原材料——丙材料 250

贷:待处理财产损益 250

②借:待处理财产损益 250

贷:管理费用 250

6. 借:应付账款 2 000

贷:营业外收入 2 000

7. 借:坏账准备 500

贷:其他应收款 500

8. ①借:待处理财产损益 24

贷:库存现金 24

②借:库存现金 24

贷:待处理财产损益 24

9. ①借:待处理财产损益 10 000

贷:原材料——丙材料 10 000

②借:其他应收款 10 000

贷:待处理财产损益 10 000

实训二　银行存款余额调节表

(1) 46 800　(2) 15 000　(3)23 400　(4)2 000　(5)359 950　(6)359 950

实训三　银行存款余额调节表

(1)20 000　(2)5 850　(3)680　(4)9 600　(5)127 160

第十章 财务报表

一、单项选择题

1. D 2. C 3. C 4. B 5. B 6. B 7. D 8. C 9. A 10. C 11. A 12. D 13. A 14. B 15. D 16. B 17. C 18. D 19. B 20. B 21. B 22. B 23. C 24. B 25. C 26. A 27. A 28. B 29. A 30. C 31. A 32. A 33. C 34. A 35. B 36. D 37. C 38. D 39. C 40. B 41. B 42. A 43. A 44. D 45. A

二、多项选择题

1. ABC 2. ABD 3. ABD 4. BCD 5. AD 6. ABCD 7. ABD 8. ABCD 9. ABC 10. AB 11. CD 12. ABCD 13. CD 14. BCD 15. ABCD 16. ABCD 17. AD 18. ABCD 19. ABCD 20. ABCD 21. ABCD 22. ACD 23. BCD 24. ABC 25. ABCD 26. BCD 27. ABC 28. CD 29. ACD 30. AC 31. ABCD 32. ABD 33. BCD 34. BCD 35. ABCD 36. BCD 37. ABC 38. ABD 39. ABD

三、判断题

1. √ 2. × 3. × 4. √ 5. × 6. × 7. × 8. × 9. √ 10. × 11. × 12. √ 13. × 14. × 15. √ 16. × 17. × 18. √ 19. √ 20. √ 21. √ 22. × 23. √ 24. √ 25. × 26. × 27. × 28. √ 29. × 30. √ 31. × 32. × 33. √ 34. √ 35. √ 36. × 37. × 38. × 39. × 40. × 41. × 42. ×

四、技能训练题

实训一 资产负债表的编制

资产负债表(简表)

编制单位:江南公司　　2020年12月31日　　单位:元

资产	年初余额	期末余额	负债和所有者权益(或股东权益)	年初余额	期末余额
流动资产:			流动负债:		
货币资金	(略)	2 547 000	短期借款	(略)	60 000
交易性金融资产		1 010 000	交易性金融负债		
应收票据		1 007 000	应付票据		12 000
应收账款		35 000	应付账款		15 800
预付账款		10 500	预收账款		10 000
应收利息			应付职工薪酬		34 900
应收股利			应交税费		80 500
其他应收款		10 000	应付利息		4 300
存货		54 000	应付股利		
一年内到期的非流动资产			其他应付款		10 000
其他流动资产			一年内到期的长期负债		
流动资产合计		4 673 500	其他流动负债		
非流动资产:			流动负债合计		227 500

续表

资产	年初余额	期末余额	负债和所有者权益（或股东权益）	年初余额	期末余额
可供出售的金融资产			非流动负债：		
持有至到期投资			长期借款		5 030 000
长期股权投资		2 840 000	长期应付款		
长期应收款			预计负债		
固定资产		10 350 000	其他非流动负债		
工程物资			非流动负债合计		5 030 000
在建工程		5 000	负债合计		5 257 500
无形资产		382 000	所有者权益：		
开发支出			实收资本（股本）		10 000 000
商誉			资本公积		1 000 000
长期待摊费用		7 000	减：库存股		
递延所得税资产			盈余公积		
其他非流动资产			未分配利润		2 000 000
非流动资产合计		13 584 000	所有者权益合计		13 000 000
资产合计		18 257 500	负债和所有者权益（或股东权益）总计		18 257 500

实训二　利润表和资产负债表的编制

利润表（简表）

编制单位：　　　　　　　　年　月　日　　　　　　　　单位：元

项目	本期金额	上期金额
一、营业收入	70 740	（略，下同）
减：营业成本	42 000	
税金及附加	425	
管理费用	6 630	
销售费用	14 000	
财务费用	2 000	
信用减值损失		
加：加公允价值变动收益（损失以“－”填写）		
投资收益		
其中：对联营企业和合营企业的投资收益		
二、营业利润（亏损以“－”填写）	5 685	
加：营业外收入		
减：营业外支出		

续表

项目	本期金额	上期金额
三、利润总额(亏损总额以“-”填写)	5 685	
减:所得税费用	1 400	
四、净利润	4 285	
五、每股收益		

资产负债表(简表)

编制单位:江南公司　　2020年12月31日　　单位:元

资产	年初余额	期末余额	负债及所有者权益	年初余额	期末余额
流动资产:			流动负债:		
货币资金	(略)	340 960	短期借款	(略)	100 000
交易性金融资产			交易性金融负债		
应收票据			应付票据		
应收账款		35 100	应付账款		2 000
预付账款		20 000	预收账款		
应收利息			应付职工薪酬		34 000
应收股利			应交税费		7 075
其他应收款			应付利息		3 500
存货		88 300	应付股利		
一年内到期的非流动资产			其他应付款		
其他流动资产			一年内到期的长期负债		
流动资产合计		484 360	其他流动负债		
非流动资产:			流动负债合计		146 575
可供出售的金融资产			非流动负债:		
持有至到期投资			长期借款		150 000
长期股权投资			长期应付款		
长期应收款			预计负债		
固定资产		656 500	其他非流动负债		
工程物资			非流动负债合计		150 000
在建工程			负债合计		296 575
无形资产			所有者权益:		
开发支出			实收资本(股本)		810 000
商誉			资本公积		
长期待摊费用			减:库存股		
递延所得税资产			盈余公积		
其他非流动资产			未分配利润		34 285
非流动资产合计		656 500	所有者权益合计		844 285
资产合计		1 140 860	负债及所有者权益合计		1 140 860

第二部分　综合实训

(一)记账凭证(会计分录代替)

1. 借:库存现金　　1 000
　　贷:银行存款　　1 000

2. 借:在途物资——丙材料　　40 400
　　应交税费——应交增值税——进项税额　　5 200
　　贷:银行存款　　45 600

3. 借:其他应收款——李明　　800
　　贷:库存现金　　800

4. 借:库存现金　　800
　　贷:银行存款　　800

5. 借:其他应付款——江南市邮政局(报刊杂志费)　　1 200
　　贷:银行存款　　1 200

6. 借:生产成本——A 产品　　22 000
　　贷:原材料——甲材料　　12 000
　　　　——乙材料　　7 000
　　　　——丙材料　　3 000

7. 借:管理费用——培训费　　100
　　贷:库存现金　　100

8. 借:原材料——丙材料　　40 400
　　贷:在途物资——丙材料　　40 400

9. 借:银行存款　　6 400
　　贷:应收账款——北京机械厂　　6 400

10. ①借:应收账款——上安市浦江机械厂　　33 900
　　　贷:主营业务收入　　30 000
　　　　应交税费——应交增值税——销项税额　　3 900
　②借:应收账款——上安市浦江机械厂　　300
　　　贷:银行存款　　300

11. 借:管理费用　　60
　　贷:库存现金　　60

12. 借:应交税费——未交增值税　　8 400
　　　　——应交城建税　　588
　　　　——应交所得税　　16 412
　　贷:银行存款　　25 400

13. 借:管理费用　　100
　　贷:银行存款　　100

14. 借:应付账款——江苏南京胜利工厂　　12 600
　　贷:银行存款　　12 600
15. ①借:管理费用　　800
　　　贷:其他应收款——李明　　800
　②借:管理费用　　100
　　　贷:库存现金　　100
16. 借:在途物资——甲材料　　24 200
　　　　　　——乙材料　　35 250
　　应交税费——应交增值税——进项税额　　7 670
　　贷:应付账款——昆明钢铁厂　　67 120
17. 借:生产成本——B产品　　5 000
　　贷:原材料——丙材料　　5 000
18. 借:制造费用　　2 800
　　贷:原材料——乙材料　　2 800
19. 借:银行存款——工行　　100 000
　　贷:短期借款　　100 000
20. 借:原材料——甲材料　　24 200
　　　　　——乙材料　　35 250
　　贷:在途物资——甲材料　　24 200
　　　　　　——乙材料　　35 250
21. 借:固定资产　　38 000
　　贷:实收资本　　38 000
22. 借:银行存款　　12 000
　　贷:应收账款——天津刀具厂　　12 000
23. 借:库存现金　　800
　　贷:银行存款　　800
24. 借:银行存款　　48 300
　　贷:应收账款——天津机械厂　　48 300
25. 借:银行存款　　35 400
　　贷:应收账款——上安市浦江机械厂　　35 400
26. ①借:应收账款——南京新欣工厂　　22 600
　　　贷:主营业务收入　　20 000
　　　　应交税费——应交增值税——销项税额　　2 600
　②借:应收账款　　300
　　　贷:银行存款　　300
27. 借:管理费用　　100
　　贷:库存现金　　100
28. 借:应付账款——黄河工厂　　8 500
　　贷:银行存款　　8 500

29. 借:销售费用——广告费　1 000
　贷:银行存款——工行　1 000
30. ①借:应收账款——天津市机械厂　330
　贷:银行存款　330
②借:应收账款——天津市机械厂　46 660
　贷:主营业务收入——A 产品　25 000
　——B 产品　16 000
　应交税费——应交增值税——销项税额　5 330
31. 借:库存现金　26 000
　贷:银行存款　26 000
32. 借:应付职工薪酬——职工工资　26 000
　贷:库存现金　26 000
33. 借:管理费用　120
　贷:银行存款　120
34. 借:生产成本——A 产品　4 200
　贷:原材料——甲材料　2 400
　——乙材料　1 400
　——丙材料　400
35. 借:银行存款　22 600
　贷:主营业务收入　20 000
　应交税费——应交增值税——销项税额　2 600
36. 借:其他应付款——江南市大兴运输站　1 710
　贷:银行存款　1 710
37. 借:银行存款　23 700
　贷:应收账款——南京新型工厂　23 700
38. 借:管理费用　2 000
　贷:银行存款　2 000
39. 借:管理费用　2 000
　贷:银行存款　2 000
40. 借:银行存款　22 600
　贷:主营业务收入　20 000
　应交税费——应交增值税——销项税额　2 600
41. 借:财务费用　2 000
　贷:银行存款　2 000
42. 借:银行存款　11 300
　贷:主营业务收入　10 000
　应交税费——应交增值税（销项税额）　1 300
43. 借:应付账款——中华公司　2 000
　贷:银行存款——工行　2 000

44. 借:管理费用　　500
　　贷:银行存款——工行　　500
45. 借:销售费用——展销费　　2 000
　　贷:银行存款　　2 000
46. 借:生产成本——B 产品　　38 350
　　贷:原材料——甲材料　　12 000
　　　　　　——乙材料　　11 200
　　　　　　——丙材料　　15 150
47. 借:制造费用　　505
　　贷:原材料——丙材料　　505
48. 借:银行存款　　56 500
　　贷:主营业务收入　　50 000
　　　　应交税费——应交增值税　　6 500
49. 借:制造费用　　400
　　贷:银行存款——工行　　400
50. 借:待处理财产损益——待处理流动资产损益　　2 020
　　贷:原材料——丙材料　　2 020
51. 借:管理费用　　320
　　贷:库存现金　　320
52. 借:营业外支出　　1 500
　　贷:银行存款　　1 500
53. 借:生产成本——A 产品　　450
　　　　　　——B 产品　　600
　　　制造费用　　285
　　　管理费用　　165
　　贷:银行存款　　1 500
54. 借:生产成本——A 产品　　700
　　　　　　——B 产品　　650
　　　制造费用　　190
　　　管理费用　　260
　　贷:银行存款　　1 800
55. 借:其他应收款——保险公司　　2 000
　　　营业外支出　　20
　　贷:待处理财产损益——待处理流动资产损益　　2020
56. 借:制造费用　　400
　　　管理费用　　600
　　贷:其他应付款——保险费　　800
　　　　其他应付款——报纸杂志费　　200

57. 借:制造费用　　2 000
　　管理费用　　1 200
　贷:累计折旧　　3 200
58. 借:生产成本——A 产品　　12 000
　　　　——B 产品　　8 000
　　制造费用　　3 000
　　管理费用　　3 000
　贷:应付职工薪酬——职工工资　　26 000
59. 借:生产成本——A 产品　　240
　　　　——B 产品　　160
　　制造费用　　60
　　管理费用　　60
　贷:应付职工薪酬—工会经费　　520
60. 借:生产成本——A 产品　　5 784
　　　　——B 产品　　3 856
　贷:制造费用　　9 640
61. 借:库存商品——A 产品　　54 274
　贷:生产成本——A 产品　　54 274
62. 借:税金及附加　　837.2
　贷:应交税费——应交城建税　　837.2
63. 借:主营业务成本——A 产品　　63 675.5
　　　　——B 产品　　38 000
　贷:库存商品——A 产品　　63 675.5
　　　　——B 产品　　38 000
64. 借:主营业务收入　　191 000
　贷:本年利润　　191 000
65. 借:本年利润　　120 517.7
　贷:主营业务成本　　101 675.5
　　税金及附加　　837.2
　　销售费用　　3 000
　　管理费用　　11 485
　　财务费用　　2 000
　　营业外支出　　1 520
66. ①借:所得税费用　　17 620.58
　　贷:应交税费——应交所得税　　17 620.58
　②借:本年利润　　17 620.58
　　贷:所得税费用　　17 620.58
67. 借:利润分配——提取法定盈余公积　　59 656.17
　贷:盈余公积——法定盈余公积　　59 656.17

68. 借:利润分配——应付现金股利或利润　　178 968.52
　　贷:应付股利　　178 968.52
69. 借:本年利润　　596 561.72
　　贷:利润分配——未分配利润　　596 561.72
70. 借:利润分配——未分配利润　　238 624.69
　　贷:利润分配——提取法定盈余公积　　59 656.17
　　　　　　　——应付现金股利或利润　　178 968.52

(二)其他

(略)

第三部分　模拟训练

计算分析题

1. (1)18 000　(2)30 000　(3)42 000　(4)30 000　(5)5 000
2. (1)146 400　(2)166 800　(3)102 600　(4)94 200　(5)384 000
3. (1)43 000　(2)39 500　(3)116 500　(4)56 500　(5)60 000
4. (1)19 080　(2)135 600　(3)120 000　(4)2 730　(5)14 690
5. (1)20 000　(2)5 850　(3)680　(4)9 600　(5)127 160
6. (1)20 000　(2)35 100　(3)4 900　(4)25 000　(5)253 100
7. (1)借:库存现金　　20 000
　　　贷:待处理财产损益　　20 000
　　借:待处理财产损益　　20 000
　　　贷:其他应付款　　12 000
　　　　营业外收入　　8 000
　(2)借:待处理财产损益　　50 000
　　　累计折旧　　30 000
　　　贷:固定资产　　80 000
　　借:其他应收款　　5 000
　　　贷:待处理财产损益　　5 000
　(3)借:待处理财产损益　　52
　　　贷:库存现金　　52
　　借:其他应收款　　52
　　　贷:待处理财产损益　　52
　(4)借:库存商品　　2 000
　　　贷:待处理财产损益　　2 000
　　借:待处理财产损益　　2 000
　　　贷:管理费用　　2 000

(5)借:待处理财产损益　　10 000
　　贷:原材料　　10 000
　借:其他应收款　　5 000
　　营业外支出　　3 000
　　管理费用　　2 000
　　贷:待处理财产损益　　10 000

8.(1)应收账款=81 900元
(2)预收账款=(25 300+3 200=28 500)元
(3)应付账款=102 000元
(4)预付账款=37 200元
(5)货币资金=(900+20 000+50 000=70 900)元

9.(1)存货=(13 000+6 050+37 000=56 050)元
(2)应收账款=(75 000+70 000=145 000)元
(3)预收账款=(30 000+5 000+8 000=43 000)元
(4)应付账款=(64 000+2 300+10 000=76 300)元
(5)预付账款=(3 500+2 000=5 500)元

10.(1)货币资金=(66 600)元
(2)应收账款=(41 400+3 000-500=43 900)元
(3)预付账款=(8 100)元
(4)存货=(27 400+41 500-1 900=67 000)元
(5)应付账款=(39 500)元

11.(1)营业收入(650 000+85 000=735 000)元
(2)营业成本(370 000+41 000=411 000)元
(3)营业利润(735 000-411 000-7 800-12 000-23 000-3 500-4 500+11 800=285 000)元
(4)利润总额(285 000+3 500-8 000=280 500)元
(5)净利润(280 500-280 500×25%=210 375)元

12.(1)营业收入(40+8=48)万元
(2)营业成本(16+1=17)万元
(3)营业利润(48-17-10-1=20)万元
(4)利润总额(20)万元
(5)所得税费用(20×25%=5)万元

13.(1)484 000　(2)8 000　(3)100 000　(4)100 000　(5)75 580

14.12月利润表中的项目:
(1)营业收入(110 000)元
(2)营业成本(60 000+6 000=66 000)元
(3)营业利润(34 000)元
(4)利润总额(34 500)元
(5)净利润(34 500-8 625=25 875)元

全年累计的利润表相关项目:

(1)营业收入(1 000 000 + 100 000 + 500 000 + 100 00 = 1 610 000)元

(2)营业成本(700 000 + 60 000 + 300 000 + 60 00 = 1 066 000)元

(3)营业利润(1 610 000 − 1 066 000 − 22 000 − 207 000 − 105 000 − 6 000 − 25 000 + 90 000 = 269 000)元

(4)利润总额(269 000 + 11 000 − 5 500 = 274 500)元

(5)净利润(274 500 − 68 625 = 205 875)元

15. (1)45 500　(2)(170 000 − 100 000 = 70 000)　(3)18 750　(4)96 250 + 8 000 = 104 250　(5)401 000

借:主营业务收入　206 000
　贷:本年利润　206 000
借:本年利润　131 000
　贷:销售费用　10 000
　　管理费用　21 000
　　主营业务成本　100 000
借:所得税费用　18 750
　贷:应交税费　18 750
借:本年利润　18 750
　贷:所得税费用　18 750
借:本年利润　96 250
　贷:利润分配——未分配利润　96 250

16. (1)所得税 = 400 × 25% = 100(万元)

(2)借:所得税费用　100
　　贷:应交税费——应交所得税　100

(3)借:利润分配——提取法定盈余公积　30
　　　　　　——提取任意盈余公积　15
　　贷:盈余公积　45

(4)借:利润分配——应付现金股利或利润　40
　　贷:应付股利　40

(5)年末未分配利润 = 150 + (300 − 45 − 40) = 365(万元)

17. (1)借:固定资产　3 000 000
　　贷:实收资本　3 000 000

(2)借:固定资产　2 000 000
　　　无形资产　1 000 000
　　贷:实收资本　3 000 000

(3)借:银行存款　3 000 000
　　贷:实收资本　3 000 000

(4)借:银行存款　4 000 000
　　贷:实收资本　3 000 000

资本公积　　1 000 000

(5)实收资本金额 =(300 +300 +300 +300) =1 200(万元)

18.(1)借:固定资产　　30
　　贷:银行存款　　30
(2)借:原材料　　15
　　贷:应付账款　　15
(3)借:无形资产　　20
　　贷:实收资本　　20
(4)借:应付账款　　15
　　贷:银行存款　　15
(5)借:银行存款　　20
　　贷:长期借款　　20
(6)540(万元)

19.(1)借:应收账款　　115 000
　　贷:主营业务收入　　100 000
　　　应交税费——应交增值税——销项税额　　13 000
　　　银行存款　　2 000
(2)借:应交税费——应交增值税——已交税金　　10 000
　　营业外支出　　500
　　贷:银行存款　　10 500
(3)借:其他货币资金　　11 700
　　贷:其他业务收入　　10 000
　　　应交税费——应交增值税——销项税额　　1 700
(4)借:主营业务成本　　70 000
　　贷:库存商品　　70 000
(5)借:信用减值损失　　300
　　贷:坏账准备　　300

20.(1)借:原材料　　10 000
　　应交税费——应交增值税——进项税额　　1 300
　　贷:应付账款　　11 300
(2)借:银行存款　　56 500
　　贷:主营业务收入　　50 000
　　　应交税费——应交增值税　　6 500
　借:主营业务成本　　30 000
　　贷:库存商品　　30 000
(3)借:制造费用　　25 000
　　管理费用　　5 000
　　贷:银行存款　　30 000
(4)借:银行存款　　60 000

贷:预收账款 60 000

借:预收账款 11 3000

贷:主营业务收入 100 000

应交税费——应交增值税 13 000

(5)借:银行存款 53 000

贷:预收账款 53 000

21.(1)借:库存现金 30 000

贷:银行存款 30 000

(2)借:营业外支出 10 000

贷:银行存款 10 000

(3)借:银行存款 200 000

贷:应收账款 200 000

(4)借:固定资产 50 000

应交税费——应交增值税——进项税额 6 500

贷:银行存款 56 500

(5)借:银行存款 100 000

贷:长期存款 100 000

22.(1)借:库存现金 2 000

贷:银行存款 2000

(2)借:固定资产 100 000

贷:实收资本 100 000

(3)借:预付账款——大明公司 60 000

贷:银行存款 60 000

(4)借:利润分配——应付现金股利或利润 120 000

贷:应付股利 120 000

(5)借:应付账款 10 000

贷:银行存款 10 000

23.(1)借:在途物资 2 000

应交税费——应交增值税——进项税额 260

贷:预付账款 2 260

(2)借:原材料——A 材料 5 200

应交税费——应交增值税——进项税额 650

贷:银行存款 5 850

(3)借:在途物资——B 材料 2 300

应交税费——应交增值税——进项税额 260

贷:银行存款 2 560

(4)借:制造费用 5 000

管理费用 200

在建工程 1 000

贷:原材料——A 材料　　6 200

(5)借:原材料　　2 000

贷:应付账款——暂估应付款　　2 000

24.(1)借:主营业务收入　　6 000 000

其他业务收入　　700 000

公允价值变动损益　　150 000

投资收益　　600 000

营业外收入　　50 000

贷:本年利润　　7 500 000

(2)借:本年利润　　6 300 000

贷:主营业务成本　　4 000 000

其他业务成本　　400 000

税金及附加　　80 000

销售费用　　500 000

管理费用　　770 000

财务费用　　200 000

资产减值损失　　100 000

营业外支出　　250 000

(3)1 200 000×25% =300 000(元)

(4)借:所得税费用　　300 000

贷: 应交税费——应交所得税　　300 000

借:本年利润　　300 000

贷:所得税费用　　300 000

(5)借:本年利润　　900 000

贷:利润分配——未分配利润　　900 000

25.(1)借:应收账款　　180 800

贷:主营业务收入——A 产品　　160 000

应交税费——应交增值税——销项税额　　20 800

借:主营业务成本　　100 000

贷:库存商品　　100 000

(2)借:银行存款　　90 400

贷:主营业务收入——B 产品　　80 000

应交税费——应交增值税——销项税额　　10 400

借:主营业务成本　　56 000

贷:库存商品　　56 000

(3)借:销售费用　　5 000

贷:银行存款　　5 000

(4)借:应付职工薪酬　　45 000

贷:库存现金　　45 000

(5)借:应收账款 11 300
　贷:其他业务收入 10 000
　　应交税费——应交增值税——销项税额 1 300
借:其他业务成本 8 000
　贷:原材料 8 000

26.(1)借:应收账款 904 000
　贷:主营业务收入 800 000
　　应交税费——应交增值税——销项税额 104 000
借:主营业务成本 600 000
　贷:库存商品 600 000

(2)借:银行存款 67 800
　贷:其他业务收入 60 000
　　应交税费——应交增值税——销项税额 7 800
借:其他业务成本 34 000
　贷:原材料 34 000

(3)借:销售费用 340 000
　贷:应付职工薪酬 250 000
　　累计折旧 90 000

(4)借:管理费用 135 000
　贷:应付职工薪酬 100 000
　　累计折旧 35 000

(5)借:营业外支出 40 000
　贷:银行存款 40 000

27.(1)借:生产成本——基本生产成本——甲产品 20 000
　生产成本——基本生产成本——乙产品 10 500
　贷:原材料——A材料 22 500
　　原材料——B材料 8 000

(2)借:制造费用 750
　贷:累计折旧 750

(3)借:管理费用 6 000
　制造费用 3 500
　生产成本——基本生产成本——甲产品 12 000
　生产成本——基本生产成本——乙产品 8 000
　贷:应付职工薪酬 29 500

(4)借:管理费用 1 500
　制造费用 875
　生产成本——基本生产成本——甲产品 3 000
　生产成本——基本生产成本——乙产品 2 000
　贷:应付职工薪酬——社会保险 7 375

(5)借:生产成本——基本生产成本　5 125
　贷:制造费用　5 125

28.(1)借:原材料　480 000
　应交税费——应交增值税——进项税额　62 400
　贷:银行存款　542 400
(2)借:长期借款——本金　90 000
　贷:银行存款　90 000
(3)借:应收账款　519 800
　贷:主营业务收入　460 000
　　应交税费——增值税——销项税额　59 800
(4)借:固定资产　120 000
　应交税费——应交增值税——进项税额　15 600
　贷:银行存款　140 400
(5)借:主营业务成本　320 000
　贷:库存商品　320 000

29.(1)借:银行存款　450
　贷:预收账款　450
(2)借:预收账款　565
　贷:主营业务收入　500
　　应交税费——应交增值税　65
借:银行存款　115
　贷:预收账款　115
借:主营业务成本　300
　贷:库存商品　300
(3)借:财务费用　130
　贷:应付利息　130
(4)借:应付职工薪酬　650
　贷:银行存款　650

30.(1)30 000 = 70 000 + 20 000 - 60 000
(2)40 000 = 130 000 - 30 000 - 60 000
(3)140 000 = 310 000 - 100 000 - 70 000
(4)200 000
(5)200 000
(6)130 000
(7)310 000

31.(1)会计分录
借:资本公积　50 858.50
　贷:实收资本　50 858.50
(2)金额计算题:“银行存款”账户 12 月末借方余额 = 430 262.91 元;

(3)金额计算题:甲公司12月末资产总额=579 786.9元;

(4)金额计算题:甲公司12月末的留存收益=20 343.4元;

(5)金额计算题:甲公司12月份"试算平衡表"中,借方发生额合计=205 468.34元。

32.(1)会计分录题:

借:固定资产　　40 000

　贷:实收资本　　40 000

(2)会计分录题:

借:应付账款　　150 000

　贷:实收资本　　15 000

(3)会计分录题:

借:应付账款　　50 000

　贷:短期借款　　50 000

(4)金额计算题:乙公司12月末的资产总额1 210 000元;

(5)金额计算题:乙公司12月末的负债总额320 000元。

33.(1)应收账款=30 331+40 905=71 236(元)

(2)应付账款=36 603+31 528=68 131(元)

(3)预收账款=40 076(元)

(4)预付账款=32 007(元)

34.(1)会计分录

借:固定资产　　50 000

　　应交税费——应交增值税(进项税额)　　6 500

　贷:银行存款　　56 500

(2)金额计算

该设备每月计提的折旧=50 000×(1-4%)÷(10×12)=400(元)

2019年应计提折旧额=400×9=3 600(元)

(3)会计分录

至2020年3月,该台设备累计折旧400×12=4 800(元)

借:固定资产清理　　45 200

　　累计折旧　　4 800

　贷:固定资产　　50 000

(4)会计分录

借:银行存款　　46 330

　贷:固定资产清理　　41 000

　　　应交税费——应交增值税(销项税额)　　5 330

(5)会计分录

该设备清理净损益=41 000-45 200=-4 200元(清理净损失)

借:营业外支出——非流动资产处置损失　　4 200

　贷:固定资产清理　　4 200

35.年折旧率=(1-4%)/20=4.8%

月折旧率 =4.8%/12 =0.4%

月折旧额 =720 000 ×0.4% =2 880(元)

36. 单位里程折旧额 =400 000 ×(1 -5%)÷200 000 =1.9(元/千米)

本月折旧额 =5 000 ×1.9 =9 500(元)

37. (1)100　(2)182 700　(3)4 800　(4)700　(5)182 700

38. (1)收付实现制:1 月的收入 =15 000 +9 000 +8 000 =32 000(元)

(2)收付实现制:1 月的费用 =6 000 +150 +100 000 =106 150(元)

(3)权责发生制:1 月的收入 =20 000(元)

(4)权责发生制:1 月的费用 =7 000 +1 000 +150 +120 000 =128 150(元)

39. (1)会计分录

借:库存现金　1 000

　贷:待处理财产损益——待处理流动资产损益　1 000

借:待处理财产损益——待处理流动资产损益　1 000

　贷:其他应付款　300

　　营业外收入　700

(2)会计分录

借:待处理财产损益——待处理流动资产损益　3 000

　贷:库存商品　3 000

(3)会计分录

借:待处理财产损益——待处理流动资产损益　6 000

　贷:原材料　6 000

借:其他应收款　2 100

　管理费用　2 400

　营业外支出　1 500

　贷:待处理财产损益——待处理流动资产损益　6 000

(4)会计分录

借:待处理财产损益——待处理流动资产损益　49 000

　累计折旧　16 000

　贷:固定资产　65 000

借:营业外支出　49 000

　贷:待处理财产损益——待处理流动资产损益　49 000

40. (1)营业利润 =1 515 000 -760 000 -30 000 -40 000 -30 000 -15 000 +60 000 = 700 000(元)

(2)利润总额 =700 000 +100 000 -80 000 =720 000(元)

(3)净利润 =720 000 -180 000 =540 0000(元)

41. (1)实地盘存制下,2020 年 3 月份销售甲商品的成本 =200 ×500 +1 200 ×500 - 360 ×500 =520 000(元)

(2)永续盘存制下,2020 年 3 月末库存商品的账面余额 =200 ×500 +1 200 ×500 - 1 000 ×500 =200 000(元)

(3)永续盘存制下,可以确定该企业2020年3月末甲商品。

账存数 =200 +1 200 -1 000 =400(件)

实存数360件,盘亏40件。

(4)盘亏金额 =40 ×500 =20 000(元)

42. 借:固定资产　　502 000

应交税费——应交增值税——进项税额　　65 000

贷:银行存款　　567 000

43. (1)借:预付账款——B公司　　50 000

贷:银行存款　　50 000

(2)借:原材料　　80 000

应交税费——应交增值税(进项税额)　　10 400

贷:预付账款　　90 400

(3)借:预付账款——B公司　　40 400

贷:银行存款　　40 400

44. (1)本期借方发生额合计 =3 000 +100 000 +0 +300 000 +250 000 +60 000 +20 000 =733 000(元)

本期贷方发生额合计 =333 000 +100 000 +300 000 =733 000(元)

(2)银行存款的期末余额 =850 000 +100 000 -333 000 =617 000(借方)

(3)原材料的期末余额 =40 000 +300 000 -0 =340 000(借方)

(4)应付账款的期末余额 =70 000 +0 -20 000 =50 000(贷方)

本期期末借方余额合计 =(库存现金)11 000 +(银行存款)617 000 +(应收账款)2 000 +(原材料)34000 +(固定资产)550 000 =1 520 000(元)

(5)本期期末贷方余额合计 =(短期借款)20 000 +(应付账款)50 000 +(实收资本)1 450 000 =1 520 000(元)

45. (1)生产车间8月份计提折旧额 =7月份计提折旧额10 000 +7月份增加固定资产应提折旧额5 000 -7月份减少固定资产应提折旧额3 000 =12 000(元)

(2)机修车间7月份增加固定资产应提折旧额 =8月份计提折旧额16 000 -7月份计提折旧额15 000 +7月份减少固定资产应提折旧额4 500 =5 500(元)

(3)机修车间8月份增加固定资产应提折旧额 =9月份计提折旧额17 000 -8月份计提折旧额16 000 +8月份减少固定资产应提折旧额3 500 =4 500(元)

(4)行政管理7月份计提折旧额 =8月份计提折旧额18 000 -7月份增加固定资产应提折旧额6 000 +7月份减少固定资产应提折旧额5 500 =17 500(元)

(5)行政管理8月份减少固定资产应提折旧额 =8月份计提折旧额18 000 +8月份增加固定资产应提折旧额4 000 -9月份计提折旧额20 000 =2 000(元)

46. (1)营业收入 =400 000 +80 000 =480 000(元)

(2)营业成本 =160 000 +10 000 =170 000(元)

(3)营业利润 =480 000 -170 000 -80 000 -20 000 -10 000 =200 000(元)

(4)利润总额 =200 000 +20 000 =220 000(元)

(5)净利润 =利润总额 -所得税费用 =220 000 (1 -0.25) =165 000(元)

47. (1)22 000 (2)119 700 (3)47 600 (4)4 500 (5)119 700

48. (1)营业收入 = 2 985 000 + 3 500 × 68 = 3 223 000(元)

(2)管理费用 = 350 000 + 25 000 + 1 200 = 376 200(元)

(3)营业利润 = 830 000 + 3 500 × 68 − 40 000 − 1 200 − 140 000 = 886 800(元)

(4)利润总额 = 886 800 + 10 000 × 0.7 + 3 000 − 8 000 = 888 800(元)

(5)净利润 = 888 800 × (1 − 0.25) = 666 600(元)

49. (1)业务②③均涉及应付账款变动,所以,“应付账款”账户 5 月份末贷方余额 = 20 000 + 20 000 − 10 000 = 30 000(元)

(2)业务①③④均涉及银行存款的变化,所以,“银行存款”账户 5 月份末借方余额 = 345 000 + 120 000 − 10 000 − 2 000 = 453 000(元)

(3)业务①⑤均涉及实收资本的变动,所以,“实收资本”账户 5 月末贷方余额 = 300 000 + 120 000 + 50 000 = 470 000(元)

(4)“货币资金”项目包括库存现金、银行存款和其他货币资金,所以,“货币资金”项目 5 月末余额 = 453 000 + 5 000 + 2 000 = 460 000(元)

(5)每项经济业务都会涉及借、贷方,且借、贷方发生额相等,所以本期账户发生额合计 = 120 000 + 20 000 + 10 000 + 2 000 + 50 000 = 202 000(元)

50. (1)应收账款 = 87 600 − 32 000 = 55 600(元)

(2)存货 = 158 900 − 70 000 + 50 000 = 138 900(元)

(3)流动资产合计 = 280 880 + 55 600 + 138 900 = 475 380(元)

(4)应付账款 = 75 400 + 50 000 + 6 500 − 36 500 = 95 400(元)

(5)应交税费 = 15 800 + 13 000 − 6 500 = 22 300(元)

51. (1)6 月末结存 A 商品成本 = 12 000 + 33 000 − 25 200 + 42 000 − 54 800 + 34 000 − 20 600 = 20 400(元)

(2)加权平均单价 = (12 000 + 33 000 + 42 000 + 34 000)/(200 + 500 + 600 + 500) = 67.22(元/件)

(3)6 月 16 日 A 商品移动加权平均单价 = (300 × 64.29 + 42 000) ÷ (300 + 600) = 68.10(元/件)

(4)6 月 18 日发出 A 商品成本 = 68.10 × 800 = 54 480(元)

(5)6 月末结存 A 商品成本 = 300 × 68.12 = 20 406(元)

52. (1)应收账款 = 27 000 − 1 350 = 25 650(元)

(2)存货 = 46 000 + 56 800 − 3 060 = 99 740(元)

(3)流动资产合计 = 370 + 63 500 + 25 650 + 99 740 + 8 400 = 197 660(元)

(4)预收账款 = 4 500 + 5 800 = 10 300(元)

(5)流动负债合计 = 25 000 + 32 500 + 10 300 + 45 000 = 112 800(元)

53. (1)10 000 (2)1 300 (3)11 300 (4)6 000 (5)780

根据经济业务①,应编制会计分录

借:银行存款　　11 300

　贷:主营业务收入　　10 000

　　应交税费——应交增值税(销项税额)　　1 300

根据经济业务②,应编制会计分录

借:在途物资　　6 000

　应交税费——应交增值税(进项税额)　　780

　贷:银行存款　　6 780

54.(1)E处的金额=220 000+20 000+700+4 600+11 000+25 000=281 300(元)

(2)F处的金额=300 000+56 300=356 300(元)

(3)G处的金额=251 000+100 000+50 000+170 000+60 000+210 000+21 000+56 300+40 000+66 500+281 300+300 000+220 000+20 000+700+4 600+56 300+11 000+25 000=1 943 700(元)

(4)H处的金额=249 200+90 000+210 000+60 000+220 000+4 600+40 000+76 000+356 300+300 000+220 000+20 000+700+4 600=1 943 700(元)

(5)本月营业利润=300 000-220 000-20 000-700-4 600=54 700(元)

本月利润总额=54 700+56 300-11 000=100 000(元)

本月净利润=100 000-25 000=75 000(元)

55.(1)800 000+440 000-20 000=1 220 000(元)

(2)180 000+160 000-120 000=220 000(元)

(3)160 000+120 000-140 000=140 000(元)

(4)90 000+20 000-60 000=50 000(元)

(5)1 240 000-700 000=540 000(元)

56.(1)20 000　(2)40 000　(3)44 800　(4)26 000　(5)28 800

57.(1)资产负债表中"货币资金"项目期末余额=2 000+350 000+500 000=852 000(元)

(2)资产负债表中"应收账款"项目期末余额=480 000-30 000=450 000(元)

(3)资产负债表中"预收账款"项目期末余额=130 000(元)

(4)资产负债表中"固定资产"项目期末余额=8 700 000-2 600 000-600 000

=5 500 000(元)

(5)资产负债表中"预付账款"项目期末余额=110 000+160 000=270 000(元)

58.(1)2020年1月份的折旧额=100 000×(1-1%)÷5÷12=1 650(元)

(2)2020年全年的折旧额=[100 000×(1-1%)]÷100 000×15 000=14 850(元)

(3)2021年全年的折旧额=[100 000×(1-1%)]×4/15=26 400(元)

(4)2022年全年的折旧额=[10 000-(100 000×2/5+60 000×2/5)]×2/5=14 400(元)

(5)2023年全年的折旧额=[(36 000-14 400)-(100 000×1%)]÷2=10 300(元)

59.(1)货币资金=9 000+40 000=49 000(元)

(2)应收账款=23 000+56 500-500=79 000(元)

(3)预付账款=34 000+6 800=40 800(元)

(4)预收账款=46 000+45 000=91 000(元)

(5)固定资产项目金额=400 000-50 000-6 000=344 000(元)

60.(1)购入生产线

借:在建工程　　6 880 000

　贷:应付票据　　6 880 000

(2)安装生产线,投入使用

借:在建工程　50 000

　贷:银行存款　50 000

借:固定资产　7 170 000

　贷:在建工程　7 170 000

(3)仓库毁损转入清理

借:固定资产清理　2 200 000

　累计折旧　800 000

　贷:固定资产　3 000 000

(4)保险公司核定赔偿,毁损仓库清理费用

借:其他应收款　1 600 000

　贷:固定资产清理　1 600 000

借:固定资产清理　15 000

　贷:库存现金　15 000

(5)仓库清理完毕,结转相关费用

借:营业外支出　615 000

　贷:固定资产清理　615 000

61.(1)借:原材料　12 000

　贷:应付票据　12 000

(2)借:原材料　20 000

　贷:在途物资　20 000

(3)借:应付账款　60 000

　贷:实收资本　60 000

(4)借:实收资本　26 000

　贷:银行存款　26 000

(5)根据会计恒等式:资产 = 负债 + 所有者权益,期初所有者权益

= 150 000 − 100 000 = 50 000(元)

根据上述经济业务,期末所有者权益 = 50 000 + 60 000 − 26 000 = 84 000(元)

62.(1)借:固定资产　3 000 000

　贷:实收资本　3 000 000

(2)借:固定资产　2 000 000

　无形资产　1 000 000

　贷:实收资本　3 000 000

借:银行存款　3 000 000

　贷:实收资本　3 000 000

(3)借:银行存款　4 000 000

　贷:实收资本　3 000 000

　　资本公积　1 000 000

(4)借:无形资产　4 000 000

贷:实收资本 3 000 000
　资本公积 1 000 000

63.(1)借:在途物资 5 000
　应交税费——应交增值税(进项税额) 650
　贷:银行存款 5 650

(2)借:原材料 80 000
　应交税费——应交增值税(进项税额) 10 400
　贷:应付账款 90 400

(3)借:原材料 5 000
　贷:在途物资 5 000

(4)借:应收账款 226 000
　贷:主营业务收入 200 000
　　应交税费——应交增值税(销项税额) 26 000

(5)借:银行存款 226 000
　贷:应收账款 226 000

64.(1)借:生产成本——甲产品 120 000
　——乙产品 78 000
　制造费用 3 000
　管理费用 2 000
　贷:原材料——A材料 203 000

(2)借:生产成本——甲产品 67 000
　——乙产品 47 000
　制造费用 17 100
　管理费用 22 800
　贷:应付职工薪酬 153 900

(3)借:制造费用 4 000
　管理费用 1 000
　贷:累计折旧 5 000

(4)借:主营业务收入 200 000
　应交税费——应交增值税(销项税额) 26 000
　贷:银行存款 226 000
借:库存商品 140 000
　贷:主营业务成本 140 000

(5)借:管理费用 3 390
　贷:应付职工薪酬 3 390
借:应付职工薪酬 3 390
　贷:主营业务收入 3 000
　　应交税费——应交增值税(销项税额) 390

借:主营业务成本　　2 100
　贷:库存商品　　2 100

65.(1)借:其他应收款——王征　　800
　贷:库存现金　　800

(2)借:固定资产　　30 000
　应交税费——应交增值税(进项税额)　　3 900
　贷:银行存款　　33 900

(3)借:应付账款——和信工厂　　76 518
　贷:银行存款　　76 518

(4)借:应收票据——三联公司　　158 200
　贷:主营业务收入　　140 000
　　应交税费——应交增值税(销项税额)　　18 200

(5)借:银行存款　　6 102
　贷:其他业务收入　　5 400
　　应交税费——应交增值增值税(销项税额)　　702

66.(1)83 200　(2)52 000　(3)37 700　(4)6.65

(5)借:库存商品——A 产品　　172 900
　贷:生产成本——A 产品　　172 900

项目	数量	直接材料	直接人工	制造费用	合计
月初在产品	3 000	5 400	3 300	2 100	10 800
本月生产成本	25 000	81 400	50 900	37 000	169 300
本月全部生产成本	28 000	86 800	54 200	39 100	180 100
减:月末在产品成本	2 000	3 600	2 200	1 400	7 200
本月完工产品成本	26 000	83 200	52 000	37 700	172 900
完工产品单位成本		3.2	2	1.45	6.65

67.(1)借:银行存款　　800 000
　贷:长期借款——本金　　800 000

(2)12 月 31 日借款利息 $=800\ 000\times8\%\times9/12=48\ 000$(元)

借:应付利息　　48 000
　在建工程　　16 000
　贷:银行存款　　64 000

(4)予以资本化的利息 $=800\ 000\times8\%\times3/12=16\ 000$(元)

借:长期借款——本金　　800 000
　应付利息　　48 000
　财务费用　　16 000
　贷:银行存款　　864 000

(5)借:长期借款——本金　800 000
　应付利息　48 000
　财务费用　16 000
　贷:银行存款　864 000

68.(1)借:应收账款　565 000
　贷:主营业务收入　500 000
　　应交税费——应交增值税(销项税额)　65 000
(2)借:坏账准备　200 000
　贷:应收账款　200 000
(3)借:银行存款　300 000
　贷:应收账款　300 000

(4)335 000。期末,应收账款应该按照未来现金流量现值低于其账面价值的差额计提。其账面价值减记至预计未来现金流量(不包括尚未发生的未来信用损失)现值。减记的金额确认为信用减值损失,计入当期损益。根据资料甲企业12月底未计提坏账准备之前,“应收账款”余额为200+56.5-20-30=206.5(万元),“坏账准备”余额为25-20=5(万元),所以12月应计提坏账准备的金额为206.5-170-5=31.5(万元)。

(5)借:信用减值损失　315 000
　贷:坏账准备　315 000

69.(1)借:应收账款　2 260 000
　贷:主营业务收入　2 000 000
　　应交税费——应交增值税(销项税额)　260 000
借:主营业务成本　1 500 000
　贷:库存商品　1 500 000
(2)借:银行存款　904 000
　贷:其他业务收入　800 000
　　应交税费——应交增值税(销项税额)　104 000
借:其他业务成本　590 000
　贷:原材料　590 000
(3)借:固定资产清理　220 000
　累计折旧　80 000
　贷:固定资产　300 000
借:银行存款　226 000
　贷:固定资产清理　200 000
　　应交税费——应交增值税(销项税额)　26 000
借:营业外支出　20 000
　贷:固定资产清理　20 000
(4)借:应收账款　7 684 000
　贷:主营业务收入　6 800 000

应交税费——应交增值税(销项税额)　　884 000
借:主营业务成本　　4 800 000
贷:库存商品　　4 800 000
(5)借:管理费用　　200 000
财务费用　　100 000
营业外支出　　50 000
贷:银行存款　　350 000
70.(1)借:库存现金　　652 000
贷:银行存款　　652 000
(2)借:应付职工薪酬　　652 000
贷:库存现金　　652 000
(3)借:应付职工薪酬　　28 000
贷:其他应收款　　2 000
其他应付款　　26 000
(4)借:生产成本　　560 000
贷:应付职工薪酬　　560 000
(5)借:制造费用　　50 000
贷:应付职工薪酬　　50 000
71.(1)固定资产入账金额 = 210 000 + 2 000 = 212 000(元)
(2)借:固定资产　　212 000
应交税费——应交增值税——进项税额　　27 480
贷:其他货币资金——银行本票　　200 000
应付账款　　39 480
(3)借:银行存款　　508 500
贷:主营业务收入　　450 000
应交税费——应交增值税(销项税额)　　58 500
借:主营业务成本　　300 000
贷:库存商品　　300 000
(4)借:应付职工薪酬——非货币性福利　　79 100
贷:主营业务收入　　70 000
应交税费——应交增值税(销项税额)　　9 100
借:主营业务成本　　50 000
贷:库存商品　　50 000
(5)借:应交税费——未交增值税　　50 000
贷:银行存款　　50 000
72.(1)借:待处理财产损益——待处理流动资产损益　　50
贷:其他应付款——腾达公司　　45
营业外收入　　5

(2)借:待处理财产损益——待处理流动资产损益　　2 260
　　贷:原材料——乙材料　　2 000
　　　应交税费——应交增值税(进项税额转出)　　260
(3)借:管理费用　　3 500
　　贷:待处理财产损益——待处理流动资产损益　　3 500
(4)借:待处理财产损益——待处理固定资产损益　　20 000
　　累计折旧　　30 000
　　贷:固定资产　　50 000
(5)借:应付账款——华星公司　　5 000
　　贷:营业外收入　　5 000

73.(1)借:银行存款　　1 000 000
　　贷:短期借款　　1 000 000
(2)借:原材料——甲材料　　20 000
　　　　——乙材料　　40 000
　　应交税费——应交增值税(进项税额)　　7 800
　　贷:应付账款——安利公司　　67 800
(3)借:生产成本　　160 000
　　管理费用　　70 000
　　销售费用　　70 000
　　贷:应付职工薪酬　　300 000
(4)借:应付职工薪酬　　300 000
　　贷:银行存款　　300 000
(5)借:管理费用——差旅费　　2 800
　　库存现金　　200
　　贷:其他应收款　　3 000

74.(1)借:固定资产　　160 000
　　应交税费——应交增值税(进项税额)　　20 800
　　贷:银行存款　　180 800
(2)借:在建工程　　106 000
　　应交税费——应交增值税(进项税额)　　13 000
　　贷:银行存款　　119 000
　借:在建工程　　4 000
　　贷:原材料　　4 000
　借:在建工程　　2 320
　　贷:银行存款　　2 320
　借:固定资产　　112 320
　　贷:在建工程　　112 320
(3)借:固定资产　　140 000
　　贷:实收资本　　140 000

(4)借:在建工程　　20 000
　　贷:工程物资　　20 000
　借:在建工程　　18 000
　　贷:银行存款　　18 000
　借:在建工程　　4 000
　　贷:应付职工薪酬　　4 000
(5)借:银行存款　　2 000
　　贷:在建工程　　2 000
　借:固定资产　　40 000
　　贷:在建工程　　40 000

75.(1)借入长期借款
　借:银行存款　　2 700 000
　　贷:长期借款　　2 700 000
(2)购入生产设备
　借:固定资产　　2 000 000
　　应交税费——应交增值税(进项税额)　　260 000
　　贷:银行存款　　2 260 000
(3)按月计提长期借款利息
　每月利息:2 700 000 ×7%/12 =15 750(元)
　借:财务费用　　15 750
　　贷:应付利息　　15 750
(4)按月计提固定资产折旧
　月折旧额 =(2 000 000 −50 000)/10/12 =16 250(元)
　借:制造费用　　16 250
　　贷:累计折旧　　16 250
(5)2020 年 12 月 31 日固定资产账面价值
　固定资产账面价值 =2 000 000 −16 250 ×11 =1 821 250 (元)

76.(1)借:销售费用　　800
　　贷:库存现金　　800
(2)借:管理费用　　7 200
　　贷:银行存款　　7 200
(3)借:税金及附加　　3 500
　　贷:应交税费——应交土地使用税　　3 500
(4)借:银行存款　　3 000
　　贷:财务费用　　3 000
(5)借:管理费用　　2 000
　　贷:累计摊销　　2 000

77.(1)借:本年利润　　1 253 000
　　贷:主营业务成本　　985 000

税金及附加　　75 000
销售费用　　40 000
管理费用　　60 000
财务费用　　20 000
其他业务成本　　22 000
营业外支出　　28 000
资产减值损失　　23 000
借:主营业务收入　　1 750 000
其他业务收入　　31 000
营业外收入　　65 000
贷:本年利润　　1846 000

(2)营业利润 =(1 750 000 + 31 000) -(985 000 + 22 000) - 75 000 - 40 000 - 60 000 - 20 000 - 23 000 = 556 000(元)

(3)利润总额 = 556 000 + 65 000 - 28 000 = 5 930 000(元)

净利润 = 593 000 - 148 250 = 444 750(元)

(5)借:所得税费用　　148 250
贷:应交税费——应交所得税　　148 250
借:本年利润　　148 250
贷:所得税费用　　148 250

78.(1)借:原材料　　80 000
应交税费——应交增值税(进项税额)　　10 400
贷:应付账款——乙公司　　90 400

(2)88 000。假定华联公司10日付款,现金折扣 = 80 000 × 2% = 1 600(元)

实际支付金额 = 90 400 - 1 600 = 88 800(元)

(3)借:应付账款——乙公司　　90 400
贷:银行存款　　88 800
财务费用　　1 600

(4)借:应付账款——乙公司　　90 400
贷:银行存款　　89 600
财务费用　　800

(5)借:应付账款——乙公司　　90 400
贷:银行存款　　90 400

79.(1)1月1日,借入短期借款,款项存入银行账户

借:银行存款　　900 000
贷:短期借款　　900 000

(2)1月31日,计提1月份短期借款利息

900 000 × 6% ÷ 12 = 4 500(元)

借:财务费用　　4 500
贷:应付利息　　4 500

(3)3月31日,用银行存款支付第一季度利息费用

借:应付利息 9 000

财务费用 4 500

贷:银行存款 13 500

(4)4月30日,计提4月份短期借款利息

借:财务费用 4 500

贷:应付利息 4 500

(5)6月30日,支付第二季度利息费用,同时归还本金

借:应付利息 9 000

财务费用 4 500

短期借款 900 000

贷:银行存款 913 500

80.(1)销售产品

借:银行存款 67 800

贷:主营业务收入 60 000

应交税费——应交增值税(销项税额) 7 800

借:主营业务成本 28 000

贷:库存商品 28 000

(2)购买材料

借:原材料 4 000

应交税费——应交增值税(进项税额) 520

贷:银行存款 4 520

(3)购入设备

借:固定资产 20 000

应交税费——应交增值税(进项税额) 2 600

贷:银行存款 22 600

(4)归还短期借款

借:短期借款 5 000

财务费用 450

贷:银行存款 5 450

(5)核销无法支付的应付账款

借:应付账款 10 000

贷:营业外收入 10 000

81.(1)预付货款

借:预付账款 72 000

贷:银行存款 72 000

(2)购入材料

借:原材料 240 000

应交税费——应交增值税(进项税额) 31 200

贷:预付账款 271 200

(3)补付款项

借:预付账款 199 200

贷:银行存款 199 200

(4)车间领用材料

借:生产成本 120 000

制造费用 11 000

贷:原材料 131 000

(5)行政管理部门领用材料

借:管理费用 6 000

贷:原材料 6 000

82.(1)营业利润=1 500 000+15 000-750 000-10 000-30 000-40 000-30 000-15 000-60 000=580 000(元)

(2)利润总额=580 000+100 000-80 000=800 000(元)

(3)净利润=600 000-150 000=450 000(元)

期末模拟题

模拟题一

一、单项选择题(每小题1分,共20分。每小题备选答案中,只有一个符合题意的正确答案。多选、错选、不选均不得分)

1.D 2.A 3.C 4.C 5.D 6.C 7.B 8.C 9.C 10.A 11.B 12.C 13.C 14.C 15.D 16.A 17.B 18.D 19.A 20.B

二、多项选择题(每小题2分,共40分。每小题备选方案中至少有两个符合题意的正确答案。多选、错选、不选均不得分)

1.ABCD 2.ACD 3.CD 4.ACD 5.ACD 6.ACD 7.ABCD 8.BCD 9.AB 10.ABCD 11.AC 12.ABD 13.BD 14.ABCD 15.ABCD 16.ABC 17.ABCD 18.BCD 19.ABCD 20.BCD

三、判断题(每小题1分,共20分。每小题判断结果正确的得1分,判断结果错误的扣1分,不判断不得分也不扣分)

1.× 2.× 3.× 4.√ 5.× 6.× 7.× 8.× 9.× 10.√ 11.√ 12.√ 13.× 14.× 15.× 16.× 17.√ 18.× 19.√ 20.×

四、计算分析题(本题包括两大题,每大题10分,共20分)

1.(1)2 (2)153.5 (3)5 (4)0.2 (5)153.5

2.(1)领用材料

借:生产成本 98 000

制造费用 3 000

管理费用 2 000

贷:原材料　　203 000

(2)分配工资费用

借:生产成本　　114 000

制造费用　　17 100

管理费用　　22 800

贷:应付职工薪酬　　153 900

(3)计提固定资产折旧

借:制造费用　　4 000

管理费用　　1 000

贷:累计折旧　　5 000

(4)销售商品

借:应收账款　　226 000

贷:主营业务收入　　200 000

应交税费——应交增值税(销项税额)　　26 000

借:主营业务成本　　140 000

贷:库存商品　　140 000

(5)丙产品作为福利分配

借:管理费用　　3 390

贷:应付职工薪酬　　3 390

借:应付职工薪酬　　3 390

贷:主营业务收入　　3 000

应交税费——应交增值税(销项税额)　　390

借:主营业务成本　　2 100

贷:库存商品　　2 100

模拟题二

一、单项选择题(每小题 1 分,共 22 分。每小题备选答案中,只有一个符合题意的正确答案。多选、错选、不选均不得分)

1. B　2. B　3. D　4. C　5. B　6B　7. A　8. D　9. A　10. C　11. D　12. D　13. A　14. A　15. D　16. D　17. C　18. C　19. A　20. B　21. A　22. D

二、多项选择题(本题共 20 题,每小题 2 分,共 40 分。每小题备选方案中至少有两个符合题意的正确答案。多选、错选、不选均不得分)

1. AD　2. AC　3. AD　4. BC　5. ACD　6. BD　7. AD　8. ABCD　9. AC　10. ACD　11. ABD　12. ACD　13. BCD　14. BC　15. AC　16. ABD　17. ABC　18. ABCD　19. CD　20. ABCD

三、判断题(每小题 1 分,共 20 分。每小题判断结果正确的得 1 分,判断结果错误的扣 1 分,不判断不得分也不扣分)

1. ×　2. ×　3. ×　4. √　5. √　6. ×　7. ×　8. ×　9. ×　10. √　11. ×　12. ×

13. × 14. × 15. × 16. √ 17. × 18. √ 19. × 20. ×

四、计算分析题(本题包括两大题,每大题10分,共20分)

1. 应收账款(30 000 + 12 000 - 2 000 = 40 000)

预付账款(16 000 + 15000 = 31 000)

存货(32 000 + 620 000 + 250 000 + 60 000 = 962 000)

固定资产(1 600 000 - 580 000 = 1 020 000)

应付账款(47 000)

预收账款(10 000 + 25 000 = 35 000)

应付股利(150 000)

未分配利润(1 120 000 - 860 000 = 260 000)

资产总计(1 302 000 + 123 000 = 2 532 000)

负债和所有者权益总计(832 000 + 1 700 000 = 2 532 000)

2. (1)营业收入(318 000 + 9 500 + 5 000 000 + 45 000 = 5 372 500元)

(2)营业成本(252 500 + 7 500 + 2 800 000 + 32 500 = 3 092 500元)

(3)营业利润 = 5 372 500 - 3 092 500 - 30 000 - 12 600 - 33 000 - 54 400 + 20 000
= 2 170 000(元)

(4)利润总额 = 2 170 000 + 3 000 - 13 000 = 2 160 000(元)

(5)所得税费用 = 2 160 000 × 25% = 540 000(元)

(6)净利润 = 2 160 000 - 540 000 = 1620 000(元)

模拟题三

一、单项选择题(每小题1分,共20分。每小题备选答案中,只有一个符合题意的正确答案。多选、错选、不选均不得分)

1. D 2. A 3. A 4. B 5. B 6. B 7. B 8. B 9. D 10. C 11. B 12. C 13. C 14. B 15. B 16. A 17. B 18. B 19. B 20. D

二、多项选择题(每小题2分,共40分。每小题备选方案中至少有两个符合题意的正确答案。多选、错选、不选均不得分)

1. AD 2. ABCD 3. AB 4. ABC 5. ABCD 6. ABD 7. ABC 8. ABC 9. CD 10. AB 11. ABCD 12. ABD 13. CD 14. BCD 15. CD 16. AC 17. BCD 18. ABD 19. AD 20. AC

三、判断题(每小题1分,共20分。每小题判断结果正确的得1分,判断结果错误的扣1分,不判断不得分也不扣分)

1. × 2. √ 3. × 4. × 5. × 6. × 7. × 8. √ 9. × 10. × 11. √ 12. × 13. √ 14. × 15. × 16. √ 17. × 18. × 19. × 20. ×

四、计算分析题(本题包括两大题,每大题10分,共20分)

1. (1)100 000(元) (2)1 325 + 12 240 = 13 565(元)

(3)171 045 + 100 000 - 135 65 = 257 480(元) (4)36 800

(5)269 000 + 368 00 - 48 320 = 257 480(元)